THE LANGUAGE GYM
FRENCH TRILOGY III

Copyright © G. Conti and D. Viñales

All rights reserved
ISBN: 9783911386050
Imprint: Independently Published

Edited by Aurélie Lethuilier & Jérôme Nogues

FRENCH
SENTENCE BUILDERS
TRILOGY

A lexicogrammar approach
Beginner to Pre-Intermediate

PART III

About the authors

Gianfranco Conti taught for 25 years at schools in Italy, the UK and in Kuala Lumpur, Malaysia. He has also been a university lecturer, holds a Master's degree in Applied Linguistics and a PhD in metacognitive strategies as applied to second language. He is now an author, a popular independent educational consultant and professional development provider. He has written around 2,000 resources for the TES website, which have awarded him the Best Resources Contributor in 2015. He has co-authored the best-selling and influential book for world languages teachers, "The Language Teacher Toolkit" and "Breaking the sound barrier: Teaching learners how to listen", in which he puts forth his Listening As Modelling methodology. Gianfranco writes an influential blog on second language acquisition called The Language Gym, co-founded the interactive website language-gym.com and the Facebook professional group Global Innovative Language Teachers (GILT). Last but not least, Gianfranco has created the instructional approach known as E.P.I. (Extensive Processing Instruction).

Dylan Viñales has taught for 15 years, in schools in Bath, Beijing and Kuala Lumpur in state, independent and international settings. He lives in Kuala Lumpur. He is fluent in five languages, and gets by in several more. Dylan is, besides a teacher, a professional development provider, specialising in E.P.I., metacognition, teaching languages through music (especially ukulele) and cognitive science. In the last five years, together with Dr Conti, he has driven the implementation of E.P.I. in one of the top international schools in the world: Garden International School. This has allowed him to test, on a daily basis, the sequences and activities included in this book with excellent results (his students have won language competitions both locally and internationally). He has designed an original Spanish curriculum, bespoke instructional materials, based on Reading and Listening as Modelling (RAM and LAM). Dylan co-founded the fastest growing professional development group for modern languages teachers on Facebook, Global Innovative Languages Teachers, which includes over 12,000 teachers from all corners of the globe. He authors an influential blog on modern language pedagogy in which he supports the teaching of languages through E.P.I. Dylan is the lead author of Spanish content on the Language Gym website and oversees the technological development of the site. He completed the NPQML qualification in 2021 and is now planning to pursue a Masters in second language acquisition.

Ronan Jézéquel has taught for 15 years, in schools in Frimley, Brighton and Kuala Lumpur in state and international settings. He lives in Sabah, Malaysia. He is fluent in three languages, and gets by in several more. Ronan is, besides a teacher, a keen mountain biker and an outdoor enthusiast. In the last five years, together with Dr Conti and Dylan Viñales, he has contributed to the implementation of E.P.I. in one of the top international schools in the world: Garden International School. This has allowed him to test, on a daily basis, the sequences and activities included in this book with excellent results. Ronan is the lead author of French content on The Language Gym website and he also brings the competitive element from his sporty background to TLG with the design of live games and features such as our leaderboard.

Acknowledgements

We would like to thank our editors, **Aurélie Lethuilier** & **Jérôme Nogues**, for their tireless work, proofreading, editing and advising on this book. They are talented, accomplished professionals who work at the highest possible level and add value at every stage of the process. Not only this, but they are also lovely, good-humoured colleagues who go above and beyond, and make the hours of collaborating a real pleasure.

Our sincere gratitude to all the people involved in the recording of the Listening audio files: **Lorène Martine Carver, Joanna Asse-Drouet, Nicolas Asse-Drouet & Ronan Jezequel**. Your energy, enthusiasm and passion come across clearly in every recording and is the reason why the listening sections are such a successful and engaging resource, according to the many students who have been alpha and beta testing the book.

Our sincere thanks to Simona and Stefano for their ongoing support, since the very beginning of the Sentence Builder books project. Some important structural elements in this book, such as the inclusion of a listening element at the start of every unit, are inspired by their excellent work as lead authors of the Primary Sentence Builders series.

Finally, our gratitude to the MFL Twitterati for their ongoing support of E.P.I. and the Sentence Builders book series. In particular a shoutout to our team of incredible educators who helped in checking all the units: **Dawn Michael, Alison Savage, Sev Bouclier, Darren Lester, Barry Agnew, Victoria Harrison, Becky Roberts, Ben Levi, Karl Santos & Lorène Martine Carver**. It is thanks to your time, patience, professionalism and detailed feedback that we have been able to produce such a refined and highly accurate product.

Merci à tous,
Gianfranco, Dylan & Ronan

DEDICATION

For Catrina
-Gianfranco

For Ariella & Leonard
-Dylan

For Mariana
-Ronan

Introduction

Hello and welcome to the first 'text' book designed to be an accompaniment to a French, Extensive Processing Instruction course. The book has come about out of necessity, because such a resource did not previously exist.

How to use this book

This book was originally designed as a resource to use in conjunction with our E.P.I. approach and teaching strategies. Our course favours flooding comprehensible input, organising content by communicative functions and related constructions, and a big focus on reading and listening as modelling. The aim of this book is to empower the beginner-to-pre-intermediate learner with linguistic tools - high-frequency structures and vocabulary - useful for real-life communication.

What's inside

The book contains 14 macro-units which concern themselves with a specific communicative function, such as 'Describing people's appearance and personality', 'Comparing and contrasting people', 'Saying what you like and dislike' or 'Saying what you and others do in your free time'. Each unit includes:

- a sentence builder modelling the target constructions;
- a set of listening activities to model and input-flood the target language
- a set of vocabulary building activities which reinforce the material in the sentence builder;
- a set of narrow reading texts exploited through a range of tasks focusing on both the meaning and structural levels of the text;
- a set of translation tasks aimed at consolidation through retrieval practice;
- a set of writing tasks targeting essential writing micro-skills such as spelling, functional and positional processing, editing and communication of meaning.
- a "Bringing it all together" section to recycle and interleave the target language seen in previous units

At the end of each term, there is also an End of Term - Question Skills unit. These units are designed to model asking and answering the key questions which have been studied throughout the term. This is also an additional opportunity for structured production as students move towards routinising the language and producing spontaneous speech by the end of the term.

Each sentence builder at the beginning of a unit contains one or more constructions which have been selected with real-life communication in mind. Each unit is built around that construction <u>but not solely on it</u>. Based on the principle that each E.P.I instructional sequence must move from modelling to production in a seamless and organic way, each unit expands on the material in each sentence builder by embedding it in texts and graded tasks which contain both familiar and unfamiliar (but comprehensible and learnable) vocabulary and structures.

The point of all the above micro-units is to implement lots of systematic recycling and interleaving, two techniques that allow for stronger retention and transfer of learning.

Listening files

These can be accessed by going to **language-gym.com/listening** – access is free, and you can also share this link with students if you want to set a listening homework.

Language Gym & Sentence Builders websites

Please note that both The Language Gym and SentenceBuilders.com websites are ideal supplements to this booklet. Both websites recycle every single lexical and structural item found in this book many times over via self-marking vocabulary and reading workouts, in addition to engaging and fun games and a powerful verb trainer.

SENTENCE BUILDERS TRILOGY
PART 3 - TABLE OF CONTENTS

	TERM 1		
1	Talking about a past holiday: where we went & stayed	1
2	Talking about a past holiday: what we did & our opinion of it	15
3	Back to reality: describing a typical day in the present, past & near future	27
RP	Mid point retrieval practice – Term 1	40
4	Describing a typical day at school	41
5	*OPTIONAL: Talking about when I went to *Le Carnaval de Nice*	53
QS	End of Term 1: Question Skills	65
-	BRINGING IT ALL TOGETHER AND FLUENCY GAMES	67
	TERM 2		
6	Talking about yesterday after school	73
7	Talking about what I did last weekend	85
RP	Mid point retrieval practice	97
8	Talking about a recent outing to the cinema with friends	98
9	Talking about a birthday party we went to	110
10	*OPTIONAL: Making plans for next weekend	122
QS	End of Term 2: Question Skills	134
-	BRINGING IT ALL TOGETHER AND FLUENCY GAMES	136
	TERM 3		
11	What jobs my family & I do, likes and dislikes	142
12	My dreams and aspirations: my life plans	155
RP	Mid point retrieval practice	167
13	Talking about celebrities & role models: their journey to success	168
14	My summer holiday & back-to-school plans	180
QS	End of Term 3: Question Skills	192
-	BRINGING IT ALL TOGETHER AND FLUENCY GAMES	194
	* Units marked with an asterisk are optional		

TERM 1 – OVERVIEW

This term you will learn:

Unit 1 – Talking about a past holiday: where we went & stayed
- Describe a past holiday
- Give your opinion about travel and accommodation

Unit 2 – Talking about a past holiday: what we did & our opinion of it
- Talk about what you, your family and your friends did during a holiday
- Give your opinion about what you liked and disliked

Unit 3 – Back to reality: describing a typical day in the present, past & near future
- Describe a typical day in the past, present and future tenses
- To say what you "had to do", "wanted to do" and "would like to do"

Unit 4 – Describing a typical day at school
- Talk about your typical routine on a school morning
- Say what classes you have at what time
- Say what the school rules are

Unit 5 – When I went to *Le Carnaval de Nice*
- Talk about a recent trip to a festival
- Say what you "must" and "must not" do at the festival to have fun and stay safe

TERM 1 - KEY QUESTIONS

Où es-tu allé(e) en vacances?	*Where did you go on holidays?*
Comment as-tu voyagé?	*How did you travel?*
Comment était le voyage?	*How was the trip?*
Où as-tu logé? C'était bien?	*Where did you stay? Was it good?*
Qu'est-ce que tu as fait pendant les vacances?	*What did you do during the holidays?*
Qu'est-ce que tu as aimé le plus de tes vacances?	*What did you like the most about your holidays?*
Que fais-tu normalement pendant ton temps libre?	*What do you normally do in your free time?*
Qu'est-ce que tu as fait hier après le collège?	*What did you do yesterday after school?*
Qu'est-ce que tu vas faire ce week-end?	*What are you going to do this weekend?*
À quelle heure commencent/finissent les cours?	*What time do lessons start/finish?*
Quels cours as-tu le matin?	*What lessons do you have in the morning?*
Qu'est-ce que tu fais après le collège?	*What do you do after school?*
Comment est le règlement de ton collège?	*What are the rules like in your school?*
Es-tu déjà allé(e) à un festival français?	*Have you ever been to any French festival?*
Quand y es-tu allé(e)?	*When did you go there?*
Quel temps faisait-il?	*What was the weather like?*
Qu'est-ce que tu as fait?	*What did you do?*
C'était comment?	*How was it?*

UNIT 1
Talking about a past holiday: where we went & stayed

In this unit you will learn how to:

- Describe a past holiday
- Talk about modes of transport
- Talk about different types of accommodation
- Give your opinion about travel and accommodation

Unit 1. Talking about a past holiday: where we went & stayed

Où es-tu allé(e) en vacances?	*Where did you go on holidays?*
Comment as-tu voyagé?	*How did you travel?*
Comment était le voyage?	*How was the trip?*
Où as-tu logé? C'était bien?	*Where did you stay? Was it good?*

L'été dernier	*Last summer*	je suis allé(e) en vacances	avec ma famille
Il y a un mois	*A month ago*	*I went on holidays*	*with my family*
Il y a une semaine	*A week ago*		

Je suis allé(e) *I went to*	**en Allemagne** *Germany*	**en Espagne** *Spain*	**en Irlande** *Ireland*
Nous sommes allé(e)s	**en Chine** *China*	**aux États-Unis** *USA*	**en Italie** *Italy*
We went to	**en Écosse** *Scotland*	**en France** *France*	**au Japon** *Japan*

J'ai voyagé *I travelled*	**en**	**avion** *plane*	**car** *coach*	**train** *train*
Nous avons voyagé *We travelled*	*by*	**bateau** *boat*	**voiture** *car*	

et le voyage *and the trip*	a duré *took/lasted*	une heure. deux heures.	**C'était confortable** *It was comfortable* **C'était amusant** *It was fun*	**C'était long** *It was long* **C'était rapide** *It was fast*

J'ai logé dans *I stayed in* **Nous avons logé dans** *We stayed in*	**un appartement** *a flat*	**une ferme** *a farm*
	une auberge de jeunesse *a youth hostel*	**un hôtel bon marché** *a cheap hotel*
	un camping *a campsite*	**un hôtel de luxe** *a luxury hotel*

J'ai logé chez *I stayed at* **Nous avons logé chez** *We stayed at*	**mes grands-parents** *my grandparents' house*

J'ai aimé cela parce que *I liked it because*	**les gens étaient sympas** *the people were nice*	**il y avait beaucoup de choses à faire** *there were lots of things to do*
J'ai passé un bon moment car *I had/spent a good time because*	**l'hôtel était génial** *the hotel was great*	**il y avait des plages magnifiques** *there were magnificent beaches*

Dans l'hôtel *In the hotel*	**il y avait** *there was/were*	**un gymnase** *a gym* **un parc aquatique** *a water park* **un restaurant** *a restaurant*	**un espace spa pour les parents** *a spa area for parents* **une salle de jeux pour les enfants** *a games room for kids* **un terrain de tennis** *a tennis court*

Unit 1. A past holiday (where we went and stayed): LISTENING

1. Multiple choice: tick the chunk you hear

e.g.	USA √	Spain	France
a.	A week ago	Yesterday	A month ago
b.	I stayed in	I went to	We went to
c.	By train	By coach	By plane
d.	We stayed	A flat	A youth hostel
e.	I went to	Spain	By car
f.	I stayed in	We stayed in	A cheap hotel
g.	Ireland	A month ago	With my family

2. Complete the words

a. V _ c _ n _ es — Holidays
b. All _ m _ _ n _ — Germany
c. J'ai v _ _ _ g _ — I travelled
d. No _ s a _ o _ s log _ — We stayed
e. J' _ _ p _ _ _ _ — I spent
f. Un _ f _ rm _ — A farm
g. Un _ p _ _ rt _ ment — A flat
h. J' _ i a _ m _ — I liked
i. S _ _ p _ — Nice
j. Un es _ _ ce — An area
k. Par _ a _ _ ati _ _ _ — Water park

3. Fill in the blanks

a. Il y a ___ ____, je suis allée en vacances avec ma famille.

b. _____ _____ _____ en Chine en avion.

c. Le voyage a duré deux heures et c'était _____.

d. Nous avons logé dans un hôtel _____ _____.

e. Il y avait beaucoup de _____ ____ _____.

f. Il y avait ____ _____ ___ _____ pour les enfants.

g. Il y avait aussi un _____ ____ _____.

4. Spot the intruders

Il y a un mois semaine, je suis allé en vacances avec mon ma famille. Nous sommes allés en la France. Nous avons voyagé pour en bateau et le voyage a duré les deux heures. C'était très amusant et mais rapide. Nous avons logé dans un grand hôtel de luxe et j'ai beaucoup aimé cela parce qu'il y avait beaucoup de choses à faire. Dans l'hôtel, il y avait aussi une salle de jeux pour des les enfants, mais il n'y avait pas de le parc aquatique.

5. Faulty translation: listen, identify and correct the errors

e.g.	In the hotel	there was	~~a tennis court.~~ a restaurant
a.	Last summer	I went on holiday	with my friends.
b.	I went to	France	with my brother.
c.	I travelled	by coach	and the trip took eight hours.
d.	We stayed in	a campsite	in the town centre.
e.	I liked it because	the people were nice	and the hotel was great.
f.	In the youth hostel	there was	a games room for kids.
g.	I stayed in	a luxury hotel	on the outskirts.
h.	We travelled	by train	and it was fun.

Unit 1. A past holiday (where we went and stayed): LISTENING

6. Complete the table in English

	Where did they go?	How did they travel?	What was the trip like?	Where did they stay?	Why did they like it?
a. Thierry					
b. Ninon					
c. Joanna					

7. Narrow listening: gapped translation

Hello, I am Albane and I am _____ years old. I am _____ and I _____ in Caen. Last summer, I went on holidays _____ _____ with my _____. We travelled by _____ and by _____ and the journey lasted two _____. It was _____, but quite _____. We stayed in a _____ _____ in the town centre. I had a great time because the _____ _____ _____ and the _____ was _____. In the hotel, there was a _____, a _____ and a _____ _____ for kids.

8. Listen to Fabien and answer the questions in English

a. How old is Fabien?

b. Where does Fabien live?

c. How long ago did he go on holiday?

d. Where did he go on holiday?

e. How long did the journey take?

f. What did Fabien think of the journey? (2 details)

g. Who did not like the journey?

h. Where did Fabien stay on holiday?

i. Why did he like his trip? (2 details)

j. What was there in the hotel? (2 details)

Unit 1. A past holiday (where we went & stayed): VOCAB BUILDING

1. Match

En bateau	A tennis court
En voiture	The people
Le voyage	At my grandparents' house
Un hôtel bon marché	By car
Un hôtel de luxe	A luxury hotel
Une ferme	A farm
Chez mes grands-parents	The journey
En avion	By plane
Un terrain de tennis	Last week
La semaine dernière	A cheap hotel
Les gens	By boat

2. Complete with the missing letter

a. Je suis allé aux États-Un _ s.
b. Je suis allé en Allema _ ne.
c. Je suis allée au Jap _ n.
d. Je suis allé en Espag _ e.
e. Je suis allée en Ital _ e.
f. Nous sommes allés en Chin _ .
g. Nous sommes allés en Éc _ sse.
h. Je suis allée en Irland _ .

3. Break the flow

a. LétédernierjesuisalléenAllemagne
b. Jesuisalléeenvacancesavecmafamille
c. Jaivoyagéenvoiture
d. Levoyageétaitlongetennuyeux
e. Jailogédansunhôteldeluxeprèsdelaplage
f. Lhôtelétaitgrandetmoderne
g. Jaipasséunbonmomentcarlhôtelétaitgénial
h. Deplusilyavaitbeaucoupdechosesàfaire

4. Complete with a suitable word

a. Il y a un mois, je suis allé en Italie en _____.
b. Le voyage était très _____.
c. L'hôtel était _____.
d. Je suis allé au Japon avec ma _____.
e. J'ai passé un bon _____.
f. Les gens étaient _____.
g. Dans l'hôtel, il y avait un _____.
h. Il y avait des plages _____.

5. Faulty translation: correct the English

a. Il y a trois mois, nous sommes allés en France.
   Two months ago, I went to France.
b. Le voyage en bateau était très lent.
   The car journey was very fast.
c. La semaine dernière.
   Last weekend.
d. J'ai passé un bon moment.
   I had a horrible time.
e. Il y avait des plages magnifiques.
   There were fantastic facilities.
f. Nous avons logé dans une auberge de jeunesse.
   We stayed in a luxury hotel.
g. Il y a avait beaucoup de choses.
   There were a lot of people.
h. Il y avait une salle de jeux.
   There was a tennis court.
i. Ma chambre était très spacieuse.
   My room was very small.

6. Sentence puzzle

a. Le dernier sommes France allés en mois nous.
   Last month we went to France.
b. allée avec J'y meilleure suis amie ma.
   I went there with my best friend.
c. voyagé en Nous train et c'était avons rapide.
   We travelled by train and it was fast.
d. Le était voyage amusant long, mais.
   The journey was long, but fun.
e. J'ai dans ville un hôtel logé marché bon en.
   I stayed in a cheap hotel in town.
f. J'ai un beau moment parce que les plages étaient bon et il passé faisait magnifiques.
   I had a great time because the beaches were fantastic and the weather was good.

Unit 1. A past holiday (where we went and stayed): VOCAB BUILDING

7. Complete with a verb from the table

a. L'été dernier, je suis _____ en Italie.

b. Mon frère et moi avons _____ en avion.

c. J'ai voyagé en _____.

d. Il y a deux ans, nous _____ allés au Japon.

e. Le voyage a _____ cinq heures.

f. Le voyage _____ long, mais confortable.

g. J'ai _____ dans une auberge de jeunesse.

h. Nous _____ logé dans un hôtel bon marché.

i. J'ai _____ cela car les gens étaient sympas.

j. Dans l'hôtel, il y _____ un très bon restaurant.

avons	voyagé	était	voiture	duré
aimé	logé	allé	sommes	avait

8. Verb anagrams

a. J'ai **aspés** un bon moment.
I had a good time.

b. Le voyage a **udér** six heures et **itéta** long.
The journey took six hours and was long.

c. Nous **mesoms** allés à la plage.
We went to the beach.

d. Nous avons **églo** dans un hôtel de luxe.
We stayed in a luxury hotel.

e. Dans l'hôtel, il y **vaita** une piscine.
In the hotel there was a swimming pool.

f. Les gens **entéiat** très sympas.
The people were very nice.

g. J'ai logé dans une **erbgeua** de jeunesse.
I stayed in a youth hostel.

h. J'ai **méia** cela car il y **tiava** un gymnase.
I liked it because there was a gym.

9. Gapped translation

a. Le mois dernier, nous sommes allés en Corse.   *Last _____ we went to Corsica.*

b. J'ai voyagé en avion et j'ai loué une voiture.   *I travelled by plane and I _____ a car.*

c. Il faisait beau tous les jours.   *The weather was _____ every day.*

d. Nous avons logé dans un hôtel bon marché.   *We stayed in a _____ hotel.*

e. L'hôtel était très loin de la plage.   *The hotel was very _____ the beach.*

f. J'ai beaucoup aimé l'hôtel.   *I _____ the hotel a lot.*

g. Il y avait beaucoup de choses à faire.   *There were lots of _____ to do.*

h. Un jour, nous avons fait une excursion en bateau.   *One day we went on a _____ trip.*

i. Nous avons passé un bon moment.   *We had a _____ _____.*

j. Il y avait un espace spa pour les parents.   *There was a spa area for _____.*

10. Translate into English

a. Nous avons voyagé en bateau.

b. Nous sommes allés aux États-Unis.

c. Nous avons voyagé en voiture.

d. Il y avait des plages magnifiques.

e. Mes parents ont passé un bon moment.

f. Nous avons fait du tourisme tous les jours.

g. Nous avons logé dans une auberge de jeunesse.

h. Il y avait beaucoup de choses à faire.

i. Nous nous sommes beaucoup amusés.

j. Nous avons fait des excursions tous les jours.

k. Les gens étaient très sympas.

l. Nous avons vu des plages magnifiques.

Unit 1. A past holiday (where we went and stayed): VOCAB BUILDING

11. Wordsearch: find the French translation of the sentences below and write them as shown in the example

J	S	U	S	A	L	L	M	U	S	A	F	A	M	J	C
A	V	E	C	M	A	F	A	M	I	L	L	E	I	A	É
M	E	I	A	R	I	R	G	R	U	I	F	R	L	I	T
D	N	U	N	B	O	N	M	O	M	E	N	T	L	V	A
A	I	L	F	A	I	S	A	I	T	B	E	A	U	O	I
N	Y	R	J	P	L	E	N	R	A	É	I	R	V	Y	T
S	A	O	E	R	T	Ô	T	F	T	P	D	E	O	A	R
U	V	G	S	É	M	I	L	A	J	E	M	S	N	G	A
N	N	O	U	S	A	V	O	N	S	L	O	G	É	É	P
H	A	N	I	R	E	D	I	S	T	S	E	W	R	E	I
Ô	L	M	S	I	V	O	N	R	E	J	E	L	A	N	D
T	Y	B	A	Y	S	I	D	E	O	T	R	A	R	C	E
E	D	P	L	J	A	I	A	I	M	É	C	E	L	A	R
L	A	E	L	L	R	A	T	L	A	R	B	I	G	R	K
R	D	**L**	**É**	**T**	**É**	**D**	**E**	**R**	**N**	**I**	**E**	**R**	T	E	L
I	E	N	C	É	T	A	I	T	A	M	U	S	A	N	T

e.g. *Last summer*
L'été dernier

a. *I went*

b. *With my family*

c. *I travelled by coach*

d. *It was fast*

e. *We stayed*

f. *In a hotel*

g. *It was fun*

h. *A good time*

i. *I liked it*

j. *The weather was good*

12. Categorise the sentences below with a T for "means of transport", an A for "accommodation" or a W for weather

a. L'hôtel était très beau.
b. Nous avons voyagé en bateau.
c. Nous avons logé dans une auberge de jeunesse.
d. Il faisait beau.
e. Nous avons fait une excursion en vélo.
f. Le car était sale et sentait mauvais.
g. Il y avait du vent le premier jour.
h. Nous avons logé dans un camping.
i. Mon frère a été au Japon en avion.
j. J'ai beaucoup aimé ma chambre.
k. Mes parents sont restés chez mon oncle.
l. Un jour, il a plu toute la matinée.
m. Nous avons loué un chalet à la montagne.
n. J'ai logé dans un appartement.

13. Slalom writing

e.g. We travelled by plane, and then by car.
a. The journey was long, boring and tiring.
b. Our hotel was near the city centre.
c. In the hotel there was a games room for kids.
d. My parents went shopping.
e. My sister went sightseeing with her boyfriend.
f. My brother and I went to the beach.
g. We had a great time. I want to go back there.

Nous avons voyagé	un bon moment.	sont allés	sommes allés	les magasins.
Le trajet	**en**	du tourisme	**et ensuite**	retourner.
Notre	parents	**avion,**	faire	**en voiture.**
Dans l'hôtel	hôtel	moi	jeux	du centre-ville.
Mes	est allée faire	long,	près	son petit ami.
Ma sœur	et	était	y	fatigant.
Mon frère	était	une salle de	ennuyeux et	pour les enfants.
Nous avons passé	il y avait	Je veux	avec	à la plage.

Unit 1. A past holiday (where we went and stayed): READING 1

L'an passé, je suis allée en France. Nous avons voyagé en train et ensuite nous avons loué une voiture. Le trajet a été long et ennuyeux. Nous avons logé dans un bon hôtel à Biarritz. L'hôtel était très près de la plage. J'ai beaucoup aimé. Il y avait une piscine fantastique, une salle de jeux pour les enfants et aussi un espace spa pour mes parents. La nourriture du restaurant était délicieuse donc nous avons bien mangé. Il a fait beau tous les jours, ainsi nous avons pu aller à la plage. Le soir, je suis restée à l'hôtel, mais mon frère aîné est allé en boîte tous les soirs.
(Orla, 13 ans. Tullamore)

L'an passé, je suis allée en Espagne. Nous avons voyagé en avion et ensuite nous avons loué une voiture. Le vol a été court, mais assez ennuyeux. Nous avons logé dans un hôtel bon marché près de Benidorm. L'hôtel était loin de la plage (à un kilomètre) ainsi nous devions marcher un peu pour aller à la plage. Je n'ai pas aimé l'hôtel. Il y avait une petite piscine sans eau et il n'y avait pas de gymnase. Le restaurant servait de la nourriture grasse et malsaine, ainsi nous n'avons pas mangé beaucoup. Heureusement, il faisait beau presque tous les jours, ainsi nous sommes souvent allés à la plage. Il y avait de bons magasins et j'ai acheté plein de vêtements. Le soir, mes parents sont allés dans des restaurants locaux. Je suis restée à l'hôtel avec ma sœur aînée. Ce que j'ai préféré, c'est qu'il y avait plein d'autres jeunes sympas à l'hôtel.
(Aoife, 14 ans. Kilkenny)

L'an passé, je suis allée aux Seychelles. J'y suis allée avec mes parents et mes cousins. Nous avons voyagé en avion et ensuite nous avons loué une voiture. Le voyage a été très long, mais divertissant. Sur l'île, il y avait beaucoup à faire pour les jeunes. C'était génial! Nous avons logé dans un hôtel quatre étoiles au bord de la mer. J'ai adoré l'hôtel. Il y avait deux salles de jeux pour les enfants, trois terrains de tennis, un gymnase énorme et cinq restaurants qui servaient de la nourriture des quatre coins du monde. La nourriture était savoureuse, ainsi nous avons beaucoup mangé. Il faisait beau et chaud, alors nous sommes allés à la plage tous les jours. Le soir je suis restée à l'hôtel pour me reposer et lire, mais mes cousins sont sortis au bar de la plage.
(Ciara, 12 ans. Armagh)

1. Find in Orla's text the French for

a. We rented
b. The journey
c. Long and boring
d. We stayed
e. Was very near
f. There was
g. A game room
h. A spa area
i. The food
j. Therefore
k. The weather was good
l. We were able to
m. Every day
n. In the evening
o. I stayed
p. But
q. My older brother
r. Went clubbing

2. Answer the following questions about Aoife

a. How did she travel to Spain?
b. What was the flight like? (2 details)
c. Where did they stay?
d. How far was the hotel from the beach?
e. How often did Aoife go to the beach?
f. What did her parents do at night?
g. What did Aoife buy there?
h. What was wrong with the swimming pool?
i. What was the best thing about the hotel?

3. Find someone who…

a. …stayed in a cheap hotel.
b. …stayed in a four-star hotel.
c. …went on holiday with their cousins.
d. …rented a car.
e. …stayed in a hotel without a gym.
f. …went to the beach every day.
g. …bought lots of clothes.
h. …loved the hotel.
i. …had a nice pool in their hotel.
j. …went to a beach bar.
k. …didn't like their hotel much.

Unit 1. A past holiday (where we went and stayed): READING 2

Je m'appelle Mary et je suis de Londres. L'été dernier, je suis allée en vacances avec mes amies. Nous sommes allées à Madagascar. Premièrement, nous avons voyagé en avion de Londres jusqu'à Antananarivo et ensuite nous avons pris un deuxième vol jusqu'à l'île *(the island)* de Sainte-Marie. Le premier vol a duré quinze heures et était très long, mais assez confortable. Le deuxième vol était plus court, seulement une heure. Pendant les vols, nous avons parlé, nous avons joué aux cartes et nous avons dormi.

À Sainte-Marie, nous avons logé dans un hôtel bon marché, mais très bien. L'hôtel était modeste, mais confortable. J'ai beaucoup aimé l'île parce qu'il y avait beaucoup de choses à faire. Dans l'hôtel, il n'y avait pas de gymnase, mais il était possible de louer des vélos. Le premier jour, nous avons fait une visite guidée de l'île à vélo. C'était très amusant et j'ai pris beaucoup de photos.

Chaque jour, nous avons exploré une partie différente de Madagascar. Nous avons visité un parc naturel, nous sommes allés faire les magasins dans de petites boutiques locales et nous avons goûté beaucoup de plats typiques comme le Romazava par exemple. Un soir, nous avons dîné dans un restaurant avec vue sur mer et nous avons mangé un délicieux repas en regardant le coucher du soleil *(sunset)*.

Nous avons passé beaucoup de temps en plein air à explorer la nature et à admirer les paysages incroyables. Cependant, le meilleur moment du voyage était quand nous avons fait une excursion pour voir des dauphins. Nous avons voyagé en bateau jusqu'à Nosy Be, une île où on peut voir régulièrement des dauphins. C'était une expérience inoubliable de les voir de près et d'apprendre comment ils vivent. J'ai pris plus de cent photos! C'étaient des vacances incroyables et je voudrais y retourner un jour.

Mary, 18 ans. Londres, Angleterre

1. Find the French in the text

a. Firstly we travelled by plane.

b. We took a second flight.

c. A cheap but very good hotel.

d. The hotel was modest.

e. It was possible to rent bicycles.

f. We visited a natural park.

g. We ate a delicious meal…

h. …while watching the sunset.

2. Gapped translation: paragraph 4

We spent a lot of time outdoors, to _____ nature and to admire the incredible _____. However, the _____ moment of the trip was when we went on a _____ to see _____. We travelled by _____ to Nosy Be, an _____ where one can regularly see _____ . It was an _____ experience to _____ them up close and _____ about how they live. I took more than _____ hundred _____! They were _____ holidays and I would like to go back there one _____ .

3. Spot and correct the MANY mistakes

a. Je m'appelle Mary et je suis du Londres.

b. Le dernier vol a duré quinze heures

c. J'ai beaucoup aime l'île

d. Il été possible de loué des vélos.

e. Nous sommes allé faire le magasin

f. Nous avons manger un délicieux repas

g. On peut vu régulièrement des daulphins

h. J'ai pris cent plus de photos.

4. Answer the questions as if you were Mary

a. Where did you go on holiday?

b. Describe the journey to get to where you went.

c. What was your accommodation like? (3 details)

d. What did you do on the first day?

e. What did you watch while having dinner?

f. What was the best moment of your trip?

g. Did you manage to get any photos? How many?

h. How would you describe the holidays?

Unit 1. A past holiday (where we went and stayed): READING & WRITING

1. Complete with the options provided in the box below

L'année dernière, je suis allée en _____. Nous avons voyagé en _____. Le voyage a été assez _____ et ennuyeux. Nous avons logé dans un hôtel _____ (mais bien) à Marseille. L'hôtel était très près du _____, j'ai _____. Il y avait une très _____ piscine, une salle de jeux pour les enfants et aussi un espace spa pour mes parents. Le restaurant servait de la nourriture _____, ainsi nous avons beaucoup mangé. Il faisait _____ tous les jours, donc nous avons souvent été à la plage. Le soir, je ne suis pas _____, mais mon frère aîné est allé en boîte tous les soirs.
(Joanne, 13. Reading)

sortie	long	adoré	grande	avion
bon marché	chaud	France	centre-ville	savoureuse

2. Complete the sentences below with any suitable word

a. L'an passé je suis allé en _____.

b. J'ai voyagé en _____.

c. Le trajet était _____ et _____.

d. Nous avons logé dans un hôtel _____ _____.

e. L'hôtel était près du _____-_____.

f. J'ai aimé l'hôtel car il était _____.

g. Dans l'hôtel il y avait une _____.

h. Heureusement il a fait _____.

i. Le matin nous sommes allés à la _____.

j. Je soir j'____ ____ un livre.

k. J'____ _____ des souvenirs.

l. La nourriture était _____.

m. J'ai passé ___ ____ _____.

n. L'année prochaine, je voudrais y _____.

3. Translate into French

a. Last year
b. I travelled by car
c. I stayed
d. In a cheap hotel
e. Near the beach
f. There was
g. A big pool
h. Delicious food
i. The weather was good
j. Nearly every day
k. Fortunately
l. I had fun

4. Cast your mind back to a recent holiday of yours and answer the questions

a. Où es-tu allé(e) en vacances?
b. Quand y es-tu allé(e)
c. Comment as-tu voyagé?
d. Avec qui y es-tu allé(e)
e. Où as-tu logé?
f. Où était l'hôtel?
g. Comment était l'hôtel?
h. Qu'est-ce qu'il y avait dans l'hôtel?
i. Combien de temps y es-tu resté(e)?
j. Comment était la nourriture?
k. Quel temps faisait-il?

Unit 1. A past holiday (where we went and stayed): WRITING

1. First letters: translate the text. Each box should only contain one word.

Last summer I travelled to Germany by car. It was very long but fun. I stayed in a flat in the city centre.

L'	d	j'	v	e
A	e	v	C'	t
l	m	a	J'	l
d	u	a	e	c

2. Faulty translation: correct the English

a. Nous sommes allés dans un camping en France. — *We went to the mountains in France.*
b. J'ai aimé cela car les gens étaient sympas. — *I hated it because people were pretty.*
c. Dans l'hôtel, il y avait une salle de jeux. — *In the hotel there was a water park.*
d. J'ai logé dans un hôtel de luxe avec un spa. — *We stayed at a cheap hotel with a gym.*
e. J'ai aimé cela car il y avait de belles plages. — *I loved it because there were beautiful beaches.*
f. Il y a un mois, je suis allé à Paris avec mes amis. — *A week ago, I went to Paris with my friends.*
g. Le voyage en car a duré trois heures. — *The trip by coach lasted thirteen hours.*
h. Comment était le voyage? — *Where did you go?*
i. Je suis allée dans la ferme de mon oncle. — *I went to my grandparents' farm.*

3. Gapped translation (there is one word too many)

a. _____ es-tu allé(e)? — *Where did you go?*
b. _____ es-tu allé(e) en vacances. — *When did you go on holiday?*
c. _____ as-tu voyagé? — *How did you travel?*
d. _____ as-tu logé? — *Where did you stay?*
e. Avec _____ y es-tu allé(e)? — *Who did you go with?*
f. Où _____ l'hôtel? — *Where was the hotel?*
g. Je suis allé(e) _____ Italie. — *I went to Italy.*
h. L'hôtel était _____ de la plage. — *The hotel was near the beach.*
i. Je n'ai pas _____ le camping. — *I didn't like the campsite.*
j. Ce n'était pas _____. — *It wasn't comfortable.*
k. Il n'y _____ pas grand-chose à faire. — *There was not much to do.*

confortable	qui	où	en	où	avait
aimé	quand	près	comment	était	loin

4. Answer the questions in French. Aim to write 100-120 words.

a. Quand es-tu allé(e) en vacances pour la dernière fois?

b. Où es-tu allé(e)?

c. Avec qui y es-tu allé(e)?

d. Comment as-tu voyagé?

e. Comment était le voyage?

f. Où as-tu logé?

g. Tu as aimé le voyage? Pourquoi?

TERM 1 - BRINGING IT ALL TOGETHER – 1

1. Bonjour, je m'appelle Jean-Louis, mais mes amis m'appellent Jeanlou, c'est mon surnom *(nickname)*. J'ai quinze ans et j'habite à Stuttgart, une ville dans le sud-ouest de l'Allemagne. Mes parents sont français. Mon père s'appelle Francis et ma mère s'appelle Marianne. Nous habitons dans une assez grande maison dans la banlieue de la ville. Elle est jolie et spacieuse.

2. Normalement, nous allons en vacances en France pour rendre visite à notre famille. Nous voyageons toujours en avion et nous restons chez mes grands-parents. J'adore la France parce qu'il fait beau en été, mais mes amis me manquent *(I miss my friends)* parce que nous passons tout l'été en France.

3. Cependant, il y a un mois, je suis allé en vacances en Chine avec ma famille. Nous avons voyagé en avion et le voyage a duré quinze heures car nous devions changer de vol à Vienne, la capitale de l'Autriche. Le voyage était très long, mais assez confortable et très amusant. Pendant le voyage, j'ai écouté de la musique et j'ai regardé deux films.

4. Nous sommes allés à Shanghai et nous avons logé dans un hôtel de luxe. Dans l'hôtel, il y avait un restaurant, un gymnase et un terrain de tennis. Le restaurant était très bon et j'ai joué au tennis avec mon père tous les matins. Cependant, je n'ai pas utilisé le gymnase parce que je n'avais pas envie *(I didn't want to)* de faire de l'exercice.

5. J'ai adoré les vacances en Chine. L'hôtel était génial et il y avait beaucoup de choses à faire. Le premier jour, nous avons fait du tourisme en centre-ville et le soir, nous avons mangé de la nourriture typique. Le deuxième jour, nous sommes allés à Shanghai Disneyland, un parc d'attractions. J'ai passé un bon moment et les gens étaient sympas. Après, nous sommes rentrés à l'hôtel et nous avons mangé au restaurant. J'ai mangé des frites et du poulet et et j'ai bu un coca. J'ai aussi pris une glace.

6. Dans le futur, je voudrais retourner en Chine. Cependant ma mère dit que cet été, nous allons aller en France. Mon père dit qu'il préfère aller au Japon. On verra! *(we will see!)*.

Jeanlou, 15 ans. Stuttgart, Allemagne

1. Answer the following questions in English
a. What is Jeanlou's full name?
b. Where is Stuttgart?
c. How does Jeanlou describe his house?
d. Where does he usually go on holiday?
e. Where does he usually stay?
f. When did he go on holiday to China?
g. How long was the journey to China?
h. Where did Jeanlou stay in Shanghai?
i. What did he do every morning?
j. What did he do on the second day? (2 details)

2. Find the French equivalent in Jeanlou's text
a. It is my nickname (1)
b. On the outskirts of the city (1)
c. We always travel by plane (2)
d. I miss my friends (2)
e. However, a month ago (3)
f. The trip was very long (3)
g. I listened to music (3)
h. In the hotel there was (4)
i. I didn't use the gym (4)
j. The hotel was great (5)
k. I had a good time (5)
l. I would like to return (6)
m. My mother says (6)

3. Complete the translation of paragraph 3
However, a _____ ago I went on _____ to _____ with my _____. We _____ by _____ and the trip lasted ___ _____ because ___ had to change _____ in Vienna, the capital of Austria. The _____ was very _____ but it was _____ comfortable and _____ _____. During the _____, I _____ to music and _____ two _____.

TERM 1 - BRINGING IT ALL TOGETHER – 1

	Jules et son amie Ninon parlent de leurs vacances. Ils habitent tous les deux à Paris.
Jules	Où es-tu allée en vacances, Ninon?
Ninon	L'été dernier, je suis allée en vacances à Rome en Italie avec ma famille.
Jules	Quelle chance! Comment as-tu voyagé?
Ninon	J'ai voyagé en avion et le voyage a duré trois heures.
Jules	Comment était le voyage?
Ninon	Le voyage était assez confortable, mais pas très amusant.
Jules	Où as-tu logé à Rome?
Ninon	J'ai logé dans un hôtel bon marché en centre-ville, très près du Colisée.
Jules	Et comment était l'hôtel? Tu as aimé?
Ninon	Oui, l'hôtel était génial. Il y avait un restaurant et un espace spa pour les parents.
Jules	Super! Dis-moi en plus *(tell me more)*.
Ninon	Eh bien, les gens étaient sympas et il y avait beaucoup de choses à faire. J'ai adoré visiter le Colisée et voyager en avion.
Jules	Génial! Moi aussi, je voudrais voyager en avion.
Ninon	Tu n'as jamais voyagé *(you've never travelled)* en avion?
Jules	Non, je ne suis jamais allé *(I've never been)* en vacances à l'étranger *(abroad)*! Ma famille a un appartement à Guéthary, un village sur la côte.

4. Is each statement True (T), False (F), or Not Mentioned (NM)?

a.	Jules and Ninon are friends.	
b.	Jules and Ninon work in Paris.	
c.	Ninon went on holiday to Rome last week.	
d.	Ninon travelled by plane.	
e.	The journey started at 3:00.	
f.	The flight was quite comfortable.	
g.	The flight was very fun.	
h.	Ninon stayed in an expensive hotel in the city centre.	
i.	The hotel was great.	
j.	Ninon did not like the local people in Rome.	
k.	There were many things to do in Rome.	
l.	Jules has never travelled by plane.	
m.	Jules' family have a holiday home in London.	

5. Complete the statements

a. _____ went on holiday last summer with _____ family.

b. Ninon thought the flight was _____ _____ but not very _____.

c. Ninon stayed in a _____ hotel in the _____ _____.

d. Ninon thought the people in Rome were _____ and there was _____ to do.

e. Jules' family have a _____ in Guéthary, a _____ on the _____.

UNIT 2
Talking about a past holiday: what we did and our opinion of it

In this unit you will learn how to:

• Talk about what you, your family and your friends did during a holiday
• Give your opinion about what you liked and disliked
• Say if you would like to return the following year or not

Unit 2: Talking about a past holiday: what we did and our opinion of it

Qu'est-ce que tu as fait pendant les vacances?		What did you do during the holidays?	
Qu'est-ce que tu as aimé le plus de tes vacances?		What did you like the most about your holidays?	
Pendant les vacances *During the holidays*	j'ai fait beaucoup de choses	*I did many things*	
	je n'ai pas fait grand-chose	*I didn't do much*	
	j'ai passé du temps *I spent time*	avec ma famille	*with my family*
		seul(e)	*alone*

Le premier jour *On the first day*		**Le deuxième jour** *On the second day*	
j'ai acheté des souvenirs	*I bought souvenirs*	j'ai nagé dans la mer	*I swam in the sea*
j'ai bronzé	*I sunbathed*	j'ai pris des photos	*I took photos*
j'ai fait une promenade	*I went for a walk*	j'ai rencontré un garçon/une fille sympa *I met a nice boy/girl*	
j'ai essayé des plats typiques	*I tried typical dishes*		
j'ai joué avec mes cousins	*I played with my cousins*	j'ai visité des sites historiques *I visited historic places*	
j'ai loué un vélo	*I rented a bike*		
j'ai mangé de la nourriture délicieuse *I ate delicious food*		je me suis reposé(e) à la plage *I rested at the beach*	

La plupart du temps *Most of the time*	je me suis couché(e) tard	*I went to bed late*
	Je me suis levé(e) tard	*I got up late*

Le matin *In the morning*	je suis allé(e) *I went*	au centre commercial *to the shopping mall*	**pour** *to*	acheter des choses *buy things*
		au centre-ville *to the city centre*		bronzer *sunbathe*
		à la montagne *to the mountain*		faire les magasins *go shopping*
L'après-midi *In the afternoon*	nous sommes allé(e)s *we went*	au parc *to the park*		manger une glace *eat an ice cream*
		à la plage *to the beach*		nager dans la mer *swim in the sea*
Le soir *In the evening*	j'ai fait *I did*	de la natation *swimming*	de la randonnée *hiking*	
	nous avons fait *we did*	de la plongée *diving*	du tourisme *sightseeing*	

Ce que j'ai aimé le plus, c'était quand... *What I liked the most was when...*			
...j'ai dîné au restaurant	*I had dinner in a restaurant*	**avec**	**ma famille** *my family*
...j'ai passé du temps	*I spent time*		**mes grands-parents** *my grandparents*
...j'ai vu un match de foot	*I saw a football match*		**mon/ma meilleur(e) ami(e)** *my best friend*

À mon avis *In my opinion*	c'étaient des vacances *they were ... holidays*	inoubliables *unforgettable*	
		formidables/atroces *really good/bad*	
et *and*	je (ne) voudrais (pas) *I would -not- like*	y retourner *to go back there*	l'année prochaine *next year*
mais *but*			

Unit 2. A past holiday (what we did & our opinion): LISTENING

1. Dictation

a. J'ai f _ _ _ / beauc _ _ p de / c _ _ s _ s

b. J'ai pas _ _ / du t _ mp _

c. J'ai l _ _ é / u _ / v _ _ _

d. J'ai j _ _ _ / av _ _ / m _ _ / cous _ _ _

e. Je m _ s _ _ s cou _ _ _ / t _ r _

f. J'ai f _ _ _ / de la plo _ _ _ _

g. À / l _ / m _ _ _ _ _ _

h. Ce q _ _ / j'ai ai _ _ / le p _ _ _

i. C'é _ _ _ _ _ _ / d _ _ / vac _ _ _ _ _

j. Je / _ _ / v _ _ _ _ _ _ _ / p _ _

2. Listen and fill in the gaps

a. Pendant ____ vacances ____ _____ beaucoup de choses.

b. Le _____ jour ____ _____ des souvenirs.

c. Le deuxième _____ j'ai essayé des plats _____.

d. La _____ du temps, je me _____ _____ tard.

e. L' _____-_____ nous sommes _____ à la _____.

f. J'ai ___ un _____ de _____ avec mon _____ ami.

g. J'ai _____ du _____ avec mes grands-parents.

h. À mon avis _____ des vacances _____.

i. Je _____ y retourner l'année _____.

3. Spot the intruders

Pendant les dernières vacances, j'ai fait beaucoup de les choses. Le premier jour, j'ai loué un du vélo et j'ai rencontré un garçon très sympa. Le matin, je suis allée tôt au parc et ensuite l'après-midi, je suis allée au le centre commercial pour me faire les magasins. Le deuxième jour, premièrement j'ai bronzé et après j'ai nagé dans la mer. Le soir, je suis allée au centre-ville pour manger une délicieuse glace. Ce que j'ai aimé le moins plus, c'était quand pour j'ai dîné au restaurant avec ma ta meilleure amie.

4. Multiple choice: spot the intruders

	The most	Restaurant	**_Best friend_**
e.g.			
a.	Holidays	Not much	Many
b.	Second	First	Beach
c.	Day	I bought	Nice
d.	Time	I got up	Late
e.	Afternoon	Mountain	Hiking
f.	Evening	We went	Restaurant
g.	One day	Time	Friend
h.	In my opinion	Holidays	Terrible

5. Faulty translation: listen, identify and correct the errors

*e.g. In the morning, I went to the ~~beach~~ **park** to sunbathe.*

a. During the holidays, I spent time alone.

b. On the first day, I rented a bike.

c. On the second day, I tasted typical dishes.

d. On the second day, I went to bed late.

e. In the afternoon, we went to the park to eat an ice cream.

f. In the evening, I did some sightseeing.

g. In my opinion, they were unforgettable holidays.

Unit 2. A past holiday (what we did & our opinion): LISTENING

6. Listening slalom: follow the speaker from top to bottom and number the boxes accordingly

a.	b.	c.	d.	e.
In the morning	In the afternoon	On the first day	In the evening	On the second day
I went	we went	I went	I went	I went
to the city centre	to the park	to the beach	to the shopping mall	to the mountain
to sunbathe	to buy	and	to eat an ice cream	to swim in the sea
with my brother.	with my cousins.	things.	I rented a bike.	with my sister.

7. Narrow listening: gapped translation

Hello, my name is Georges and I am _____. Last _____ I went on holiday with my _____. We went to England and we _____ in a _____ hotel in London. _____ the holidays, I did _____ things. On the _____ day, I _____ typical dishes and I took _____. I also met a nice _____. On the _____ day, I went for a _____ and I _____ souvenirs. In the _____, I did _____ and I went to the _____ _____ to go shopping. What I liked the _____ was when I saw a _____ with my family. In my _____, they were _____ holidays and I would like to _____ next year.

8. Listen to the two conversations and answer the questions below in English

Conversation 1
a. Where did Lorène go on holiday?

b. What did Lorène do on the first day? (2 details)

c. What did Lorène do at night on the second day?

d. What was the best thing about Lorène's holiday?

e. Would Lorène like to return?

Conversation 2
a. Where did Samuel go on holiday?

b. What did Samuel do on the first day?

c. What did Samuel do on the second day?

d. What was the best thing about his holiday?

e. Would Samuel like to return next year?

Unit 2. A past holiday (what we did & our opinion): VOCAB BUILDING

1. Match

J'ai loué un vélo	Hiking
J'ai nagé dans la mer	I sunbathed
J'ai pris des photos	I went to bed
Randonnée	I went diving
J'ai acheté	I rented a bike
J'ai bronzé	I visited
J'ai fait de la plongée	I rested
Je me suis reposé	A walk
Une promenade	I bought
J'ai rencontré	I swam in the sea
J'ai visité	I met
Je me suis couché	I took photos

2. Missing letters

a. J'ai l_ué un vél_.
b. J'ai achet_ des s_uv_nirs.
c. J'ai br_nz_.
d. J'ai f_i_ de la pl_ng_e.
e. J'ai renc_nt_é un garç_n s_mp_.
f. J'ai f_it une pr_men_ de au c_ _tre-vi_ _e.
g. J'ai go_té des pla_s t_piques.
h. J'ai na_é dans la m_r.
i. J'ai _ait de la r_nd_nnée à la c_mpag_e.
j. J'ai pr_s be_ucou_ de photos.
k. Je me su_s couc_é ta_d
l. Je m_ suis re_os_.

3. Faulty translation: correct the English

a. Le premier jour — On the second day
b. J'ai fait de la randonnée — I went diving
c. J'ai fait une promenade — I went for a run
d. Je me suis reposé — I danced
e. J'ai rencontré un garçon — I met a girl
f. J'ai essayé des plats — I ate dishes
g. Je n'ai pas fait grand-chose — I did a lot
h. Ce que je n'ai pas aimé — What I liked
i. J'ai fait de la plongée — I went sailing
j. J'ai nagé dans la mer — I swam in the pool
k. J'ai loué un vélo — I rented a horse
l. Je me suis couché tard — I went to bed early

4. Spot and add the missing word

a. La plupart temps — Most of the time
b. J'ai rencontré garçon — I met a boy
c. J'ai bronzé à plage — I sunbathed at the beach
d. J'ai loué un — I rented a bike
e. Je me reposé — I rested
f. J'ai une promenade — I went for a walk
g. J'ai joué mes cousins — I played with my cousins
h. J'ai nagé la mer — I swam in the sea
i. Je n'ai fait grand-chose — I didn't do much
j. Le deuxième — On the second day
k. À avis — In my opinion

5. Sentence puzzle

a. grand-chose premier Le jour, je n'ai fait pas. — On the first day, I didn't do much.
b. allé matin, je suis à Le piscine la. — In the morning, I went to the pool.
c. musique J'ai en écoutant de la bronzé. — I sunbathed listening to music.
d. me Je plage suis reposé à avec mon la ami. — I rested on the beach with my friend.
e. temps Mon la a passé du à plage frère. — My brother spent time at the beach.
f. avons Nous déjeuné de restaurant au l'hôtel. — We had lunch in the hotel restaurant.
g. allé ma sieste, je au Après centre-ville suis. — After my nap, I went to the city centre.

Unit 2. A past holiday (what we did & our opinion): VOCAB BUILDING

6. Gapped translation

a. Le premier jour, je n'ai pas fait grand-chose. — *On the _____ day, I didn't do _____.*

b. Le deuxième jour, j'ai fait de la randonnée. — *On the _____ day I went _____.*

c. J'ai fait une promenade à la plage. — *I _____ for a _____ on the _____.*

d. Je me suis reposé en lisant un livre. — *I _____ reading _____.*

e. J'ai rencontré beaucoup de gens sympas. — *I _____ a lot of nice _____.*

f. Un jour, j'ai essayé des plats typiques. — *One _____ I tried typical _____.*

g. Le quatrième jour, nous avons fait du tourisme. — *On the fourth day we went _____.*

h. La plupart du temps, il faisait mauvais. — *Most of the _____, the weather was _____.*

i. J'ai nagé et j'ai fait de la plongée tous les jours. — *I _____ and I went _____ every day.*

j. J'ai rencontré un garçon suédois. — *I _____ a Swedish _____.*

k. Il était très amusant et sympa. — *He was very _____ and _____.*

l. Nous sommes toujours en contact. — *We are still __ _____.*

7. Complete with the correct option

a. J'ai loué _____.
b. J'ai fait une _____ au centre-ville.
c. Je n'ai pas fait _____.
d. Je me suis reposée en lisant un _____.
e. J'ai nagé _____.
f. J'ai passé _____ avec ma famille.
g. Le _____ jour, j'ai fait de la plongée.
h. J'ai essayé des _____ typiques.
i. J'ai visité des _____ historiques.
j. J'ai rencontré _____ très sympa.
k. J'ai acheté des vêtements et des _____.
l. J'ai _____ beaucoup de photos.
m. Le _____ jour, il faisait mauvais.
n. J'ai joué de la _____ à la plage.
o. Le soir, je me suis _____.

pris	plats	promenade
grand-chose	un vélo	dans la mer
du temps	premier	souvenirs
une fille	livre	sites
guitare	dernier	reposée

8. Insert an appropriate verb

a. Le premier jour, _____ un vélo.
b. _____ une promenade en ville.
c. _____ de la nourriture délicieuse.
d. _____ beaucoup de souvenirs.
e. _____ à la plage.
f. _____ un garçon sympa.
g. _____ au basket avec mon cousin.
h. _____ à la plage (car j'étais fatigué).
i. _____ au centre commercial.
j. _____ du temps avec ma famille.
k. _____ un match de foot.

9. Complete the table

	Français	English
a.	De la randonnée	
b.	Je me suis réveillé	
c.		I took photos
d.		I tried typical dishes
e.	Le troisième jour	
f.	J'ai passé du temps	
g.	J'ai bronzé	

Unit 2. A past holiday (what we did & our opinion): READING 1

L'été dernier, je suis allé en France avec ma famille. Nous avons voyagé en avion et puis nous avons loué une voiture. Nous avons logé dans un hôtel, près de Marseille. L'hôtel était au bord de la mer. J'ai beaucoup aimé. Il a fait beau tous les jours, ainsi nous avons pu aller souvent à la plage. Nous avons passé nos matinées à bronzer et à faire des sports nautiques tels que de la plongée, du kayak et de la voile. Le soir, nous nous sommes reposés à l'hôtel.

Le jour avant de rentrer au Québec, nous avons fait une excursion à Saint-Tropez. C'était très intéressant car c'est une ville très historique. Nous avons visité la Citadelle de Saint-Tropez et nous avons pris plein de photos. Ce que j'ai préféré, c'était quand mon frère et moi avons rencontré deux filles allemandes très jolies et que nous sommes allés manger au restaurant ensemble. C'était génial!

Nous nous sommes levés et couchés tard tous les jours. Ainsi, nous étions très fatigués à la fin des vacances. C'étaient des vacances exceptionnelles et je voudrais y retourner dans le futur.
Marcel, 13 ans. Montréal

L'hiver dernier, en décembre, je suis allé à Innsbruck, en Autriche. Nous avons voyagé en voiture. Nous avons logé dans un chalet à la montagne. J'ai beaucoup aimé car c'était confortable et la nourriture était délicieuse.

Il a neigé tous les jours, ainsi nous avons pu skier. Les pistes étaient magnifiques, mais il y avait beaucoup de gens. Nous avons passé nos matinées à skier. L'après-midi, nous nous sommes reposés et nous avons fait les magasins. Mes parents ont acheté beaucoup de souvenirs et ma sœur et moi avons acheté de jolis vêtements.

Deux jours avant de rentrer en Écosse nous avons visité Vienne. C'était intéressant car c'est une très belle ville historique. Nous avons vu un ancien palais, des musées et l'opéra. Nous avons pris plein de photos. De plus, nous avons goûté des plats typiques autrichiens. C'était délicieux! Mon frère et moi avons rencontré plein de gens et nous avons discuté un moment avec eux. C'était amusant et nous avons beaucoup rigolé.

C'étaient des vacances inoubliables et je voudrais y retourner.
Ross, 14 ans. Glasgow

1. Answer in English
a. How did Marcel travel to France?
b. How far was his hotel from Marseille?
c. Where was the hotel?
d. What was the weather like?
e. How did they spend the mornings?
f. What did they do in the evenings?
g. When did they go on a trip to Saint-Tropez?
h. What is the name of the monument they visited?
i. Where were the two girls they met from?
j. Why were they tired by the end of the holidays?

2. Tick the items that you can find (in French) in Marcel's text
a. Summer
b. Car
c. Near
d. By the shore
e. We were able to
f. We took many photos
g. The best thing was
h. Together
i. We went to bed
j. First of all

3. Ross' text: find the French equivalent
a. Last winter
b. We stayed
c. I liked a lot
d. There were
e. Many people
f. We rested
g. We went shopping
h. Many souvenirs
i. Nice clothes
j. Two days before
k. Typical dishes
l. We met

4. Ross' text: find the French
a. A season starting with 'h': _____
b. A means of transport with 'v': _____
c. An adjective with 'i': _____
d. A verb with 's': _____
e. A verb with 'r': _____
f. An adjective with 'a': _____
g. A noun with 'p': _____
h. A verb with 'd': _____

Unit 2. A past holiday (what we did & our opinion): READING 2

La semaine dernière, je suis rentrée d'Italie. J'ai passé une semaine avec ma famille. J'ai logé dans un hôtel bon marché près de la gare. Ma chambre était petite, mais agréable. À Rome, il y avait beaucoup de choses à faire. J'ai visité le centre-ville, beaucoup de musées et de ruines romaines! J'ai aussi vu de nombreux monuments, des églises et des palais historiques. Ce que j'ai aimé le plus c'était quand j'ai rencontré un garçon italien. On a passé un bon moment ensemble. J'ai aussi passé du temps à une plage qui était à une heure de Rome en voiture.
Florence, 13 ans. Mende, France

Il y a deux mois, mon frère aîné est allé seul en France. Il est resté dans un petit village de pêcheurs en Bretagne, à une heure de Quimper. Il a loué une maison au bord de la mer. La maison était propre et confortable, mais il n'y avait ni télévision, ni internet. La plage était géniale, donc il a passé toutes ses journées à bronzer, nager et à faire des promenades au bord de la mer. Le soir, il a goûté des plats typiques et ensuite il est allé en boîte à Audierne.
Liam, 16 ans. Reading, Royaume-Uni

L'hiver dernier, mes parents sont allés en France. Ils ont passé deux semaines à Chamonix dans les Alpes françaises. Ils ont logé dans un hôtel quatre étoiles très près d'une piste de ski fantastique. La vue était magnifique. Il a neigé tous les jours, donc il y avait beaucoup de neige. Ils se sont levés tôt et ont skié tous les matins et pendant une heure l'après-midi. Il n'y avait pas beaucoup de monde, donc c'était très amusant. Le soir, ils ont mangé de la nourriture française, c'était délicieux.
Gala, 12 ans. Barcelone, Espagne

4. Faulty translation: correct the English translation of Florence's text

Last week, I returned from Cuba. I spent a week in Rome with my pet. I stayed in a cheap caravan near the train station. My room was huge, but nice. In Rome, there are few things to do. I visited the city centre, many mausoleums and lots of Roman bones! I also saw many ancient people, churches and historic palaces. The funniest thing was when I met a nice guy from Portugal. We had a boring time together. I also spent money at a nearby beach that was about a day from Rome by camel.

1. Find the French in the texts
a. My room was small but pleasant
b. What I liked the most
c. We had a great time together
d. By car
e. A small fishing village
f. Rented a house
g. By the seaside
h. (He) tasted traditional dishes
i. He went clubbing
j. Last winter
k. A fantastic ski slope
l. There weren't many people
m. They ate French food

2. Find someone who...
a. ...sunbathed and swam every day.
b. ...went out partying.
c. ...tasted traditional dishes.
d. ...stayed at cheap hotel.
e. ...got up early to go skiing.
f. ...stayed at a 4-star hotel.
g. ...went to a nearby beach.
h. ...had snow every day.
i. ...stayed at small fishing town.
j. ...had fantastic views from the hotel.
k. ...saw loads of churches and palaces.
l. ...stayed by the seaside.

3. Correct the mistakes
a. C'était tres amusant
b. Il y avait des plage magnifique
c. J'ai loge dans un hotel bonne marche
d. On a passer un bon moment assemble
e. Il n'y avait ni télévision, pas internet
f. Il y avait beaucoup du neige
g. J'ai visite le ville-centre
h. Ils on mangé de la nourriture français
i. Mes parents est allé à France

Unit 2. A past holiday (what we did & our opinion): READING & WRITING

Paul: Ce que j'ai préféré, c'était l'excursion dans la ville historique. Il y avait plein de monuments anciens, y compris un château. C'était intéressant.

Éric: Le mieux pour moi, c'était quand nous sommes allés danser jusqu'à trois heures du matin.

Marie: Ce que j'ai préféré, c'était le restaurant près de mon hôtel car nous avons goûté des plats typiques. La nourriture était si savoureuse!

Charles: Le mieux pour moi, c'était quand nous sommes allés skier avec mes cousins. C'était vraiment amusant!

Philippe: Ce que j'ai préféré, c'était quand nous sommes allés voir un concert à Bordeaux. C'était vraiment génial!

Gabriel: Le mieux pour moi, c'était quand mon frère et moi avons rencontré deux filles de Nice à la plage. Elles étaient si belles et vraiment marrantes!

Anne: Ce que j'ai préféré, c'était quand nous avons loué une moto pour faire le tour de la ville.

Véronique: Le mieux pour moi, c'était de faire les magasins. J'ai acheté plein de jolis vêtements!

1. Find someone who...
a. ...rented a means of transport
b. ...went skiing with relatives
c. ...watched a concert
d. ...went on a cultural trip
e. ...tried lots of local food
f. ...went shopping and bought clothes
g. ...went dancing until late
h. ...met two pretty girls

2. Find the French equivalent
a. The best thing was   i. A lot of monuments
b. A motorbike   j. So tasty
c. Nice clothes   k. At the beach
d. To go shopping   l. So beautiful
e. Near my hotel   m. We met
f. We tasted   n. The historic town
g. It was really great! o. Including a castle
h. I bought   p. We rented

3. Complete with the correct verb

a. Le premier jour je suis ____ en excursion. — *On the first day I went on a trip.*

b. Mes parents ont ____ de la randonnée. — *My parents went hiking.*

c. Mon frère a ____ au foot avec ses amis. — *My brother played football with his friends.*

d. Nous avons _____ du temps avec nos grands-parents. — *We spent time with our grandparents.*

e. Je me suis ____ tard tous les jours. — *I got up late every day.*

f. J'ai __ des sites historiques. — *I saw historic places.*

g. Le dernier jour _____ le meilleur. — *The last day was the best.*

h. Nous avons ____ une promenade en ville. — *We went for a walk in town*

i. Mon père a ____ un petit bateau. — *My father rented a small boat.*

j. J'ai ____ beaucoup de photos de vieux monuments. — *I took many photos of old monuments.*

Unit 2. A past holiday (what we did & our opinion): WRITING

1. Rock-climbing translation

e.g. On the first day I didn't do much.
a. One day we rented a bike and went for a ride around the town.
b. In the afternoon I relaxed listening to music and reading.
c. They were unforgettable holidays and I would love to go back there.
d. What I liked the most was when we went clubbing.
e. The day before going back I met two girls from Marseille.

y retourner.	**grand-chose.**	boîte.	Marseille.	et en lisant.	en ville.
fait	et je voudrais	de la musique	faire un tour	en	deux filles de
ai rencontré	en écoutant	nous sommes allés	inoubliables	**pas**	et sommes allés
détendu	rentrer j'	c'était quand	**je n'ai**	loué un vélo	vacances
des	**jour**	nous avons	je me suis	de	aimé le plus
Le premier	Un jour	L'après-midi	C'étaient	Ce que j'ai	Le jour avant

2. Tangled translation: rewrite in French

a. Un **day** nous avons fait **an** excursion à la **mountain**.
b. Nous **stayed in** un hôtel près de la **beach**.
c. Dans l'hôtel **there were** plein de choses **to do** pour les **young people**.
d. Nous avons mangé de la **food** vraiment **delicious**.
e. Heureusement il a fait **nice weather** tous les **days**.
f. Nous avons été **to the beach** très souvent.
g. Nous **sunbathed** et nous **played** au volley.
h. **We met** des gens sympas. C'était **great**!
i. Le soir, **I went shopping**. J'ai acheté **many things**.

3. Translate into French

a. On the first day, I visited the old town.
b. On the second day, I rented a bike.
c. In the morning, I got up late.
d. I sunbathed at the beach until noon.
e. Yesterday, I went for a walk.
f. We swam in the sea.
g. We stayed in a cheap hotel.
h. We tried typical dishes.
i. The weather was good every day.

4. Complete the following sentences creatively

a. L'été dernier je suis allé en _____ avec mes _____
b. Nous avons voyagé en _____ et le voyage était _____ et _____
c. Pendant le voyage _____
d. Nous avons logé dans _____ qui était en _____
e. Le premier jour _____
f. Le deuxième jour _____
g. Le dernier jour nous avons fait une excursion. Nous sommes allés à _____
h. À mon avis, c'étaient des vacances _____
i. L'année prochaine, _____

TERM 1 - BRINGING IT ALL TOGETHER – 2

1. Bonjour, je m'appelle Nicolas et j'ai treize ans. Je suis de Calais, une ville dans le nord de la France. J'habite dans un appartement au centre-ville. J'adore mon appartement car il est très moderne, même s'il est un peu petit. Je vis avec mes parents et ma sœur. Ma sœur s'appelle Isabelle et je m'entends bien avec elle parce qu'elle est sympa.

2. Normalement, je vais en vacances en Espagne avec ma famille. Cependant, l'été dernier, je suis allé à Lisbonne avec la famille de mon ami. Lisbonne, c'est la capitale du Portugal. Nous avons voyagé en voiture et le voyage a duré presque *(nearly)* huit heures. Le voyage était amusant, mais assez long. Pendant le voyage, nous avons raconté des blagues *(we told jokes)* et nous avons écouté de la musique.

3. À Lisbonne, nous avons logé dans un hôtel de luxe. Dans l'hôtel, il y avait un gymnase, un restaurant et une salle de jeux pour les enfants. À mon avis, l'hôtel était génial et il y avait beaucoup de choses à faire. Pendant les vacances, j'ai visité beaucoup d'endroits *(places)* et j'ai passé du temps avec mon ami et sa famille.

4. Le premier jour, nous avons loué des vélos et nous sommes allés à la plage pour nager dans la mer. Je me suis aussi reposé et j'ai rencontré une fille très sympa. L'après-midi, nous sommes allés au centre commercial pour faire les magasins et pour manger une glace. Le soir, nous sommes allés au restaurant au centre-ville et nous avons mangé des plats typiques. J'ai beaucoup aimé goûter *(to taste)* la nourriture de Lisbonne.

5. La plupart du temps, je me suis levé tard. Cependant, le deuxième jour, je me suis levé tôt car nous avions beaucoup de choses à faire. Le matin, nous avons fait de la randonnée dans la banlieue de la ville. L'après-midi, j'ai joué aux cartes avec mon ami dans un parc et nous avons bu un coca. Nous avons aussi mangé un sandwich. Le soir, nous avons fait du tourisme au centre-ville. Nous nous sommes couchés très tard.

6. Ce que j'ai aimé le plus, c'était quand j'ai vu un match de foot avec mon ami parce que c'était très divertissant. Après, j'ai acheté des souvenirs au stade et je suis rentré à l'hôtel. À mon avis, c'étaient des vacances inoubliables et je voudrais y retourner dans le futur.

Nicolas, 13 ans. Calais, France

1. Answer the following questions in English
a. Who does Nicolas live with?
b. Why does he get along with his sister?
c. Where does he usually go on holiday?
d. Where did he go on holiday last year?
e. Who did he go on holiday with?
f. How long did the journey take?
g. Where did he stay when on holiday?
h. What did he do first on the first day?
i. What did he do in the morning on the second day?
j. What was the best part of his holiday?

2. Find the French equivalent in Nicolas' text
a. It is very modern (1)
b. My friend's family (2)
c. We listened to music (2)
d. In the hotel there was (3)
e. A games room for kids (3)
f. I visited many places (3)
g. We rented some bikes (4)
h. We went to the beach (4)
i. I met a very nice girl (4)
j. (In order) to go shopping (4)
k. I got up late (5)
l. What I liked the most was when (6)
m. I bought souvenirs (6)

3. Complete the translation of paragraph 5
Most of the _____, I got up _____. However, on the _____ day I got up _____ because we had a lot of _____ to do. In the _____, we did _____ on the outskirts of the city. In the _____, I played _____ with my _____ in a _____ and we _____ a Coca-Cola. We also _____ a _____. In the evening, we did _____ in the city centre. My friend and I went to bed _____ late.

TERM 1 - BRINGING IT ALL TOGETHER – 2

Éric est le grand-père de Louis. Ils parlent au téléphone des vacances de Louis en Angleterre.	
Louis	Allo, bonjour. J'écoute. *("I am listening", a common way of answering the phone).*
Éric	Bonjour mon petit-fils *(grandson)*. C'est ton grand-père. Comment ça va champion?
Louis	Bonjour grand-père. Ça va très bien, merci. Et toi? Je viens juste de rentrer de vacances.
Éric	Très bien. Oui, c'est pour cela que je t'appelle. Qu'est-ce que tu as fait pendant les vacances?
Louis	J'ai fait beaucoup de choses. Le premier jour, j'ai fait une promenade dans le centre de Londres et j'ai pris beaucoup de photos.
Éric	Qu'est-ce que tu as mangé? Tu sais qu'il faut bien manger.
Louis	J'ai mangé beaucoup de nourriture anglaise. Le troisième jour, j'ai mangé du poisson avec des frites et j'ai aussi mangé du gâteau aux carottes.
Éric	Et, comment vont tes parents? Qu'est-ce qu'ils ont fait pendant leurs vacances?
Louis	Ils vont très bien. Pour mon père, le meilleur jour était quand nous sommes allés faire du tourisme dans la vieille ville. Cependant, pour ma mère, c'était quand nous avons loué des vélos.
Éric	Fantastique! Et, tu as bien dormi?
Louis	Oui, j'ai beaucoup dormi... mais la plupart du temps, je me suis levé tard parce que je me suis couché tard le jour avant.
Éric	Mais bon, tu étais en vacances, donc il est important de bien dormir. Comment était le voyage pour aller en Angleterre?
Louis	Le voyage était très amusant car nous avons voyagé en voiture et ensuite en bateau. Es-tu déjà allé en Angleterre?
Éric	Non, Louis. Je ne suis jamais allé en Angleterre. Je n'aime pas le froid.

4. True (T), False (F) or Not Mentioned (NM)?

a.	Louis is Éric's grandad.	
b.	Louis has just got back from a holiday.	
c.	Louis did many things on holiday.	
d.	On the first day, Louis went to the beach.	
e.	On the first day, Louis went for a walk.	
f.	On the first day, Louis took many photos.	
g.	Louis ate a lot of English food.	
h.	On the third day, Louis ate fish and chips.	
i.	Louis did not like English cakes.	
j.	For Louis' father, the best thing was hiking.	
k.	For Louis' mother, the best thing was renting bikes.	
l.	Louis did not get a lot of sleep.	
m.	Louis travelled by car and by boat.	

5. Complete the statements

a. Louis went for a walk in the _____ of _____ on the _____ day.

b. Louis and his _____ did sightseeing in the _____ _____.

c. Louis got up _____ because he went to bed _____ the night _____.

d. _____ thinks that is important to sleep well on holiday.

e. _____ has never been to England because he doesn't like the _____.

UNIT 3
Back to reality: describing a typical day in the present, past & near future

In this unit you will learn how to:

• Describe a typical day in the past, present & future tenses
• Give your opinion about what you like & dislike to do

Aujourd'hui
Today

Hier
Yesterday

Demain
Tomorrow

Unit 3. Describing a typical day in the present, past & near future

Que fais-tu normalement pendant ton temps libre?	What do you normally do in your free time?

PRESENT (INDICATIVE)

En général *In general*	**Le week-end** *At the weekend*	**Pendant la semaine** *During the week*

j'aide mes parents	*I help my parents*	je mange au restaurant	*I eat in a restaurant*
je fais du vélo	*I ride my bike*	je range ma chambre	*I tidy my bedroom*
je fais mes devoirs	*I do my homework*	je sors avec mon petit ami	*I go out with my boyfriend*
je joue à la PlayStation	*I play on the PS*	je sors avec ma petite amie	*I go out with my girlfriend*
je joue avec mon frère	*I play with my bro*	je vais au centre commercial	*I go to the shopping mall*

J'aime *I like*		Je dois *I have (to)*	
aller au parc	*to go to the park*	aider mon frère	*to help my brother*
jouer avec mes amis	*to play with my friends*	étudier	*to study*
sortir avec mes amis	*to go out with my friends*	faire mes devoirs	*to do my homework*

Qu'est-ce que tu as fait hier après le collège?	What did you do yesterday after school?

PAST (PERFECT TENSE)

Hier *Yesterday*	**Vendredi dernier** *Last Friday*	**La semaine dernière** *Last week*

j'ai acheté du matériel scolaire	*I bought school equipment*
j'ai aidé mon frère	*I helped my brother*
j'ai fait du footing au parc	*I went jogging in the park*
j'ai fait une promenade	*I went for a walk*
j'ai joué de la guitare	*I played the guitar*
j'ai lu un livre	*I read a book*
j'ai mangé dans un restaurant chinois	*I ate in a Chinese restaurant*
j'ai rangé le salon	*I tidied the living room*
je suis allé(e) au stade	*I went to the stadium*
je suis sorti(e) avec mon/ma meilleure(e) ami(e)	*I went out with my best friend*

Qu'est-ce que tu vas faire ce week-end?	What are you going to do this weekend?

FUTURE (IMMEDIATE)

Ce week-end *This weekend*	**La semaine prochaine** *Next week*	**Demain** *Tomorrow*

je (ne) dois (pas)	*I (don't) have (to)*	aider à la maison	*to help at home*
je (ne) vais (pas)	*I'm (not) going (to)*	aller au cinéma	*to go to the cinema*
		faire mes devoirs	*to do my homework*
je (ne) veux (pas)	*I (don't) want*	jouer de la guitare	*to play the guitar*
		ranger ma chambre	*to tidy my room*
je (ne) voudrais (pas)	*I would (not) like*	rencontrer mes amis	*to meet up with my friends*

Unit 3. Describing a typical day (past/present/future): LISTENING

1. Fill in the blanks

a. Je _ _ _ _ _ ma chambre après le collège.

b. Je joue à la PlayStation dans _ _ _ _ _ _ _ _ _.

c. Pendant la semaine je _ _ _ _ avec mon petit ami.

d. Je vais _ _ _ _ _ _ _ au centre commercial.

e. Pendant _ _ semaine je ne _ _ _ _ _ jamais au _ _ _ _ _ _ _ _ _.

f. Je dois _ _ _ _ _ mon _ _ _ _ dans la cuisine.

g. J'aime aller au _ _ _ _ avec mes _ _ _ _.

h. Aujourd'hui, je _ _ _ _ faire mes _ _ _ _ _ _ _.

2. Break the flow

a. Jesorsavecmonpetitamiaprèslecollège

b. Jaidesouventmesparents

c. Pendantlasemainejefaisduvélo

d. Jefaismesdevoirsdansmachambre

e. Jemangeaurestaurantavecmesparents

f. Jaimesortiravecmesamis

g. Jaimeallerauparcavecmonpetitami

h. Jedoisaidermonfrère

3. Missing letters

a. Hier, j'ai f _ _ _ du f _ _ _ _ _ au p _ _ _.

b. J'ai aidé mon f _ _ _ _ avec ses d _ _ _ _ _ _.

c. Je suis a _ _ _ au s _ _ _ _ pour v _ _ _ un match.

d. J'ai j _ _ _ de la g _ _ _ _ _ avec mon groupe.

e. V _ _ _ _ _ _ _ dernier, j'ai r _ _ _ _ le salon.

f. J'ai m _ _ _ _ dans un restaurant c _ _ _ _ _ _.

g. J'ai fait une p _ _ _ _ _ _ _ avec mon c _ _ _ _.

h. H _ _ _, je s _ _ _ allé au centre commer _ _ _ _.

4. Spot the differences

a. Parfois, je mange au centre commercial.

b. Je joue à la Playstation avec mon chat.

c. Le week-end, je vais au stade.

d. Le week-end, je mange à la maison.

e. Je dois aller au parc avec mon ami.

f. J'aime aider ma mère dans le salon.

g. Le samedi, j'aime lire avec ma petite amie.

h. Je vais aller au parc avec mon chien.

5. Multiple choice quiz: select the correct option

	1	2	3
a. Julien	tidied	helped	ate
b. Michel	stadium	mall	park
c. Martine	friend	boyfriend	girlfriend
d. Ryan	piano	guitar	ukulele
e. Paloma	Indian	Chinese	Italian
f. Gianfranco	brother	sister	mother
g. Ronan	Friday	Saturday	Sunday
h. Dylan	pet	friend	girlfriend

6. Narrow listening: gap-fill

a. Salut, je m'_____Thomas. Le week-end, en _____, je vais au centre commercial avec mes amis. _____, le week-end dernier, je suis allé à la _____ avec ma famille.

b. Salut, je m'appelle Julie. Pendant la _____ je dois _____ beaucoup de choses. Je dois aider mon père dans la _____ et faire mes devoirs dans ma _____. Je n'_____ _____ du tout ça!

c. _____, je m'appelle Jean-Louis. Le week-end _____, j'ai fait du _____ et après je suis allé à la _____ pour faire de la natation. J'aime beaucoup la _____!

Unit 3. Describing a typical day (past/present/future): LISTENING

7. Fill in the gaps: future intention

a. Je vais _____ ma _____.

b. Je veux _____ mes amis.

c. Je dois _____ mes _____.

d. Je vais _____ du ukulélé avec _____ ami.

e. Je _____ aller au cinéma _____ mon ami.

f. Je dois _____ à la _____.

8. What & when? Listen and complete

	Activity	Past/Present/Future
e.g	Helping at home	Present
a.		
b.		
c.		
d.		
e.		

9. Listening slalom: follow the speaker from top to bottom and number the boxes accordingly

a.	b.	c.	d.	e.
My name is Léa.	My name is Léon.	My name is Sébastien.	My name is Sarah.	My name is Charles.
Every day	In general	Last weekend	Next weekend	Yesterday
I ate in a restaurant	I do my homework	during the week	I went to the cinema	I am going to go
to the shopping mall	I do	at home	with my parents	with my boyfriend.
I also went for a walk	with my best friend	and	after school	many things.
and I am going to play	I played	I always help	in the park	and I also play
my parents.	the piano.	the ukulele.	the guitar.	with my dog.

10. Faulty translation: correct the English

Hi, my name is Nicolas. In general, at the weekend I do many things. I play basketball with my sister and I go to the stadium. However, next weekend was different. I went for a walk in the park with my cat and after I ate in a Chinese restaurant with my girlfriend. I also played the piano in my bedroom. Next weekend I want to play with my friends. I would like to go to the shops and watch a new film. However, I also have to go jogging and help at school.

Unit 3. Describing a typical day (past/present/future): VOCAB BUILDING

1. Match: time markers

Hier	At the weekend
Samedi prochain	Tomorrow
Demain	Last weekend
Samedi dernier	The day before yesterday
Dans deux jours	In two days
La semaine dernière	Two days ago
Le week-end	Yesterday
Avant-hier	Last week
Il y a deux jours	Last Saturday
Le week-end dernier	Next Saturday

2. Complete the table

Français	English
Je fais	
Je vais	
	I have to
	I want
Je sors	
Je me lève	
Je joue	
	I tidy
	I eat

3. Match: activities

Je vais me lever tôt	I am going to ride a bike
Je vais lire un livre	I am going to study
Je vais étudier	I am going to have fun
Je vais sortir	I am going to get up early
Je vais m'amuser	I am going to help my dad
Je vais faire les magasins	I am going to go out
Je vais aider mon père	I am going to read a book
Je vais faire du sport	I am going to go shopping
Je vais faire du vélo	I am going to do sport

4. Identify: past, present or future?

e.g. Hier, j'ai joué au foot (PAST)

a. Ce week-end, je vais aller en ville.

b. J'aide mes parents tous les jours.

c. Samedi dernier, je suis allé au parc.

d. La semaine dernière, j'ai mangé dans un restaurant chinois.

e. Demain, je vais jouer du piano.

f. Je vais au parc avec ma sœur.

g. Il y a deux jours, je suis allée à un concert au centre-ville.

5. Choose the correct translations

	1	2
I went	je suis allé	je vais aller
I did	j'ai fait	je fais
I helped	j'ai aide	j'ai aidé
I ate	j'ai mangé	je mange
I played	je jouer	j'ai joué
I wanted	j'ai voulu	je voudrais
I drank	je bois	j'ai bu
I read	j'ai lu	je vais lire
I saw	je vois	j'ai vu
I took	je prends	j'ai pris
I swam	j'ai nagé	j'ai nager

6. Break the flow

a. Hierjesuisalléaucinémaavecmapetiteamie

b. Demainjevaisfairelescoursesavecmonpère

c. Lasemainedernièrejaipêchéavecmamère

d. Mesamisetmoiallonsvoirunfilmémouvant

e. Hierjenairienfait.Jemesuisjustereposé

f. Lesoirjaidesouventmonfrèreavecsesdevoirs

g. Avanthierjaibeaucoupétudiépourmesexamens

h. Cetaprèsmidijevaisfaireduvéloavecmesamis

i. Leweekendjefaistoujoursbeaucoupdesport

j. Hierjaifaitdelamusculationavecmoncousin

Unit 3. Describing a typical day (past/present/future): VOCAB BUILDING

7. Complete the table with the options provided below

Hier	Aujourd'hui	Demain
		Je vais faire du vélo
	Je me lève	
		Je vais sortir avec Léa
	Je prends un café	
		Je vais faire de la boxe
	Je vais au ciné	
		Je vais jouer de la guitare
	Je mange un œuf	

Je vais manger un œuf	Je vais prendre un café	Je vais me lever	Je sors avec Léa
J'ai mangé un œuf	Je suis allé au ciné	J'ai fait du vélo	J'ai fait de la boxe
Je vais aller au ciné	J'ai joué de la guitare	J'ai pris un café	Je me suis levé
Je joue de la guitare	Je fais du vélo	Je fais de la boxe	Je suis sorti avec Léa

8. Translate into English

a. J'ai fait les courses	f. J'ai vu un film	k. Je dois étudier
b. Je vais jouer aux échecs	g. Je vais me lever	l. Je me couche toujours tard
c. Je lis des romans	h. J'ai joué aux cartes	m. Je veux sortir avec mon ami
d. J'ai mangé des fruits de mer	i. J'aide mes parents	n. Je ne peux pas jouer
e. Je fais mon lit	j. Je me suis détendu	o. Je m'amuse beaucoup

9. Sentence puzzle: rewrite the sentences in the correct order

a. n' Hier grand-chose fait ai je pas — *Yesterday I didn't do much*

b. regardé Avant-hier film ai un j' — *The day before yesterday I watched a film*

c. Le tâches je week-end les ménagères fais — *At the weekend I do the chores*

d. dernier Samedi ma copine suis je avec sorti — *Last Saturday I went out with my girlfriend*

e. les dois je tôt jours lever Tous me — *Every day I have to get up early*

f. lui a jours Il échecs joué avec j'ai deux y aux — *Two days ago I played chess with him*

g. matin Ce aller vais je plage à la — *This morning I am going to go to the beach*

h. écoutant Hier radio me suis détendu je en la — *Yesterday I relaxed listening to the radio*

i. vélo Demain parc le dans vais du faire je — *Tomorrow I'm going to ride my bike in the park*

Unit 3. Describing a typical day (past/present/future): VOCAB BUILDING

10. Complete with the correct option

a. En général, le week-end _____ mon père dans le jardin.

b. Le week-end dernier _____ sa voiture et ensuite _____ à la PlayStation.

c. Demain je vais _____ tôt car _____ du footing dans le parc.

d. Avant-hier _____ au ciné avec ma copine. _____ le dernier film de Luc Besson.

e. Pendant la semaine, d'habitude _____ à sept heures.

f. Ce soir _____ aller faire les courses avec ma mère. Je _____ *[I hate]* faire les courses!

g. Il y a trois jours _____ du lèche-vitrines avec mes amies. J'_____ un bon moment!

h. Aujourd'hui _____ sortir avec ma copine. Je dois _____ pour mon examen de maths.

i. Hier _____ de spécial. _____ en écoutant de la musique et _____ un roman.

j. En général _____ mes devoirs à la bibliothèque avant de rentrer à la maison.

je ne peux pas	me lever	nous avons vu	je me suis détendu	déteste	étudier
je n'ai rien fait	je suis allé	je fais	je dois	je vais faire	en lisant
ai passé	j'aide	je me lève	j'ai lavé	j'ai joué	j'ai fait

11. Guided translation (verbs only)

a. *I played* — J'_ _ j _ _ _

b. *I am going to go* — J _ v _ _ _ a _ _ _ _

c. *I saw* — J'_ _ v _

d. *I did* — J'_ _ f _ _ _

e. *I have to* — J _ d _ _ _

f. *I don't want* — J _ n _ v _ _ _ p _ _

g. *I eat* — J _ m _ _ _ _

h. *I can't* — J _ n _ p _ _ _ p _ _

i. *I went* — J _ s _ _ _ a _ _ _

j. *I am going to do* — J _ v _ _ _ f _ _ _ _

k. *I helped* — J'_ _ a _ _ _

l. *I tidied up* — J'_ _ r _ _ _ _

12. Complete with the correct verb in the appropriate tense (perfect, present or future tense)

a. Hier _____ au cinéma avec mon amie. — *Yesterday I went to the cinema with my friend.*

b. Il y a deux jours _____ un très bon livre. — *Two days ago I read a very good book.*

c. Samedi prochain _____ au stade. — *Next Saturday I am going to go to the stadium.*

d. Aujourd'hui _____ pour mon test. — *Today I have to study for my test.*

e. Tous les dimanches, _____ faire du footing. — *Every Sunday I like to go jogging.*

f. Demain _____ me lever tôt. — *Tomorrow I am going to get up early.*

g. Vendredi dernier _____ avec ma copine. — *Last Friday I went out with my girlfriend.*

h. Avant-hier _____ au parc. — *The day before yesterday I went to the park.*

i. Aujourd'hui _____ sortir avec elles. — *Today I don't want to go out with them.*

j. Je _____ beaucoup de sport. — *I don't do a lot of sport.*

k. Demain _____ du vélo. — *Tomorrow I am going to ride my bike.*

l. La semaine dernière _____ des vêtements. — *Last week I bought some clothes.*

Unit 3. Describing a typical day (past/present/future): READING 1

Ce que je fais pendant le week-end

En général, je fais beaucoup de choses le week-end.

Le samedi est le jour du sport. D'habitude, le matin, je fais du footing au parc avec mon meilleur ami, Léon. Nous nous levons très tôt et nous courons pendant deux heures. Samedi dernier, nous avons couru jusqu'à huit heures et demie. J'adore courir. Ensuite, je vais au centre sportif avec Léon et deux autres amis, Arnaud et Denis. Nous jouons au badminton, au ping-pong ou au tennis. Nous nous amusons beaucoup, mais je ne gagne jamais. Le soir, je fais de l'escalade avec mon père et mon frère cadet.

Le dimanche matin, je fais encore du footing, mais seulement pendant une demi-heure. Ensuite je rentre à la maison en voiture avec mes parents, je fais mes devoirs et je passe l'après-midi en jouant sur mon ordinateur ou en regardant la télé avec ma famille. Rien de spécial. En général, nous dînons chez mes grands-parents paternels. Je les adore, car ils sont très affectueux et aimables.

Le week-end prochain sera différent, car je vais aller en excursion à Paris avec mon collège. Nous allons visiter le Sacré-Cœur et d'autres monuments et lieux historiques de la ville. Il y a beaucoup de magasins branchés à Paris et donc je vais acheter beaucoup de vêtements.

L'année dernière nous sommes allés à Nice et c'était formidable. Nous avons fait du tourisme le matin et l'après-midi nous avons fait un tour en ville. Il y avait beaucoup à voir et à faire. Mon ami Denis et moi avons rencontré deux jolies filles très sympas avec qui nous sommes toujours en contact.

Tanguy, 15 ans. Rennes

1. Find in the text the French equivalent for:

a. In general, I do many things

b. My best friend

c. We ran until 8:30

d. I love running

e. We have lots of fun

f. I never win

g. Only for half an hour

h. I spend the afternoon playing

i. Nothing special

j. I am going to go on a trip

k. I am going to buy

l. We went sightseeing

m. We went for a walk in town

n. There was a lot to see and do

2. Correct the statements

a. At the weekend Tanguy doesn't do much.

b. On Saturdays he gets up late.

c. He always wins at racket sports.

d. In the evening he goes cycling with his father and older brother.

e. On Sundays he does more running than on Saturdays.

f. On Sunday mornings he spends time studying on his computer.

g. They usually have dinner at his grandparents, who are very strict.

h. Next weekend he is going to visit his family in Paris.

i. He is going to buy souvenirs.

j. He is going to go clubbing in the centre of the city.

k. Tanguy and Denis met two girls in Nice but didn't get their contact details.

3. Correct the mistakes in the translation of the last two paragraphs of Tanguy's text

Next week will be different because I am going to go on a trip to Paris with my family. We are going to visit the Sacré-Cœur and other monuments and historic buildings of the city. There are many beautiful places in Paris, therefore I am going to do a lot of sightseeing.

Last month we went to Nice, and we had a boring time. We went hiking in the morning and in the afternoon, we went for a walk around the beach. There was a lot to eat and drink. My friend Denis and I met two boring and very mean girls. We are no longer in touch with them.

Unit 3. Describing a typical day (past/present/future): READING 2

Ce que j'aime de mon quartier, c'est qu'il y a beaucoup de choses à faire pour les jeunes. Le week-end, quand j'ai du temps libre, je fais beaucoup de choses avec mes meilleurs amis. Premièrement, nous faisons beaucoup de sport. Par exemple, samedi dernier nous avons fait du vélo dans le bois près de chez moi. C'était amusant. Nous sommes tombés plusieurs fois, mais heureusement personne ne s'est fait mal. Ensuite nous avons fait de la musculation au gymnase du centre sportif près du collège.

Finalement, nous avons fait de l'escalade. Il y a un mur d'escalade assez grand à la salle de sport. Heureusement, il n'y avait pas beaucoup de monde, ainsi nous avons pu grimper plusieurs fois sans avoir à attendre. C'était épuisant, mais nous nous sommes beaucoup amusés.

Dans mon quartier, il y a aussi deux grands centres commerciaux. Il y a beaucoup de magasins pour les vêtements, les jeux vidéo, l'informatique et la musique et des fast-foods. Je sais que la restauration rapide est mauvaise pour la santé, mais j'adore ça.

Dimanche dernier, je suis allé faire du lèche-vitrines avec mon meilleur ami. Mon ami Xavier est très beau, fort et marrant. Nous avons rencontré deux filles sympas et nous avons passé la journée avec elles. Une des filles, Julie, était très amusante et j'ai passé beaucoup de temps à discuter avec elle.

Le week-end prochain, je vais sortir avec elle. Nous allons aller au cinéma pour voir le dernier film des X-Men. Ensuite on ira au parc. Ce sera génial!

Yvan, 13 ans. Lyon

3. Answer the questions below in French

a. Qu'est-ce qu'Yvan et ses amis ont fait dans le bois?

b. Comment s'est passé leur séance d'escalade?

c. Combien de centres commerciaux y a-t-il dans le quartier d'Yvan?

d. Comment est Xavier physiquement?

e. Qu'ont-ils fait avec les filles?

f. Que vont faire Yvan et Julie le week-end prochain?

1. Find in the text the French equivalent for the following sentences

a. What I like about

b. I do many things

c. In the wood near my house

d. We fell a few times

e. Nobody got hurt

f. There weren't many people

g. It was very tiring

h. I know that junk food is bad

i. I went window-shopping

j. We met a couple of nice girls

k. We spent the whole day

l. I spent a lot of time

m. Chatting with her

2. Gapped sentences

a. At the weekend, when he has _____, Yvan and his friends do a lot of things.

b. First of all, they do _____.

c. Last Saturday they _____ in the _____ his house.

d. They _____ a few times, but no one _____.

e. They also _____ in the gym near the school.

f. Finally, they _____ on the climbing wall.

g. It was _____ but they had lots of fun.

h. Last Sunday, Yvan and his friends went _____ in the shopping centre.

i. He got to know two nice girls and they spent the whole day _____.

j. He spent a lot of time _____ with Julie.

k. Next weekend he is going to _____.

Unit 3. Describing a typical day (past/present/future): READING & WRITING

Le week-end dernier

Qu'est-ce que tu as fait le week-end dernier?

Sylvie: J'ai beaucoup mangé et je me suis détendue en jouant aux cartes avec ma sœur et mes cousins.

Marine: Je n'ai rien fait. Je me suis juste reposée.

Fernand: Je suis resté au lit car j'étais malade.

Mélanie: J'ai fait les courses avec ma mère et je suis allée au cinéma avec mes parents. C'était très barbant!

Béatrice: J'ai aidé mes parents. J'ai tondu la pelouse et j'ai passé la serpillère dans le salon.

Paul: En général, je sors avec ma copine. Cependant elle n'a pas pu car elle devait étudier pour son contrôle de chimie.

Alice: J'ai lu un livre très intéressant. J'ai aussi fait de l'escalade en plein air à la montagne.

Carmen: Je suis allée à Bordeaux avec mes parents. Nous avons fait du tourisme et pris plein de photos.

Raphaël: J'ai fait beaucoup de sport. J'ai fait du footing, de la musculation et de la plongée. C'était génial! Cependant je n'ai pas étudié du tout…

Léa: Je me suis occupée de la fille de ma voisine.

2. Complete with any suitable word

a. En général, je range ma _____.

b. Le week-end, je _____ à la PlayStation.

c. J'aime aussi jouer avec mes _____.

d. Pendant la semaine, je sors avec ma _____.

e. En général, je _____ du vélo au parc.

f. Hier soir, j'ai joué de la _____.

g. La semaine dernière, j'ai _____ au restaurant.

h. Vendredi _____ j'ai fait du footing en ville.

i. Hier j'ai fait une _____ à la plage.

1. Find someone who…

a. …did a lot of sport.
b. …had a very boring time.
c. …tidied the living room.
d. …went sightseeing.
e. …couldn't go out with his girlfriend.
f. …was ill and stayed in bed.
g. …helped their parents.
h. …had to study for a chemistry test.
i. …went to the cinema.
j. …relaxed by playing cards.
k. …took a lot of pictures.
l. …didn't do anything.
m. …went rock climbing.
n. …went shopping.
o. …looked after their neighbour's daughter.

3. Write an extension of the sentence said by each person on the left

e.g. Sylvie: Je suis aussi allée au restaurant.

Marine:

Fernand:

Mélanie:

Béatrice:

Paul:

Alice:

Carmen:

Raphaël:

Léa:

Unit 3. Describing a typical day (past/present/future): WRITING

1. Complete Martine's text with the verbs from the table (there is one word too many)

Bonjour, je _____ Martine. Samedi dernier, _____ beaucoup de choses. Premièrement, j'ai fait du _____ dans les bois. _____ très amusant. Après, mes amis et moi _____ allés au gymnase près de chez moi. Nous avons fait de la musculation. Ensuite, nous _____ fait de l'escalade au parc. Plus tard, nous sommes allés au centre-ville pour _____ du lèche-vitrines au centre commercial. J'ai _____ un garçon très sympa. Il _____ Charles. Nous avons passé toute l'après-midi à _____. Le week-end prochain, nous _____ _____ ensemble. Nous allons _____ un film au cinéma et ensuite, nous allons _____ au restaurant. Je crois que ce _____ génial. Je _____ aussi jouer de la guitare dans ma chambre. Finalement, je _____ _____ parce que lundi, j'ai un _____ de mathématiques.

faire	manger	j'ai fait	voir	c'était
sera	m'appelle	parler	vélo	sortir
rencontré	s'appelle	sommes	allons	avons
voudrais	piano	étudier	dois	examen

2. Complete with a suitable word

a. Quand j'ai le temps, je range ma _____.

b. J'aide toujours ma _____.

c. Parfois, je mange au _____.

d. Je sors avec mon _____.

e. Le samedi, j'aime _____ au foot.

f. Après le collège, je dois faire mes _____.

g. Hier, j'ai acheté un _____.

h. Hier, j'ai fait une _____ dans le _____.

i. Le week-end dernier, _____ de la guitare.

j. Demain, je vais _____ à la maison.

k. Je vais _____ mes devoirs.

l. Je voudrais _____ mes amis.

m. Demain, je vais _____ au cinéma.

3. Answer the questions below in French and in full sentences

a. Comment tu t'appelles?

b. Combien de personnes y a-t-il dans ta famille?

c. Décris ton frère ou ta sœur.

d. Comment est ton/ta meilleur(e) ami(e)?

e. Que fais-tu pour aider à la maison?

f. Quelle est la chose que tu préfères dans ta ville?

g. Qu'est-ce qu'il y a pour les jeunes dans ta ville?

h. Parle-moi d'une journée d'école typique?

i. Qu'as-tu fait hier pendant l'heure du déjeuner?

j. Qu'est-ce que tu as fait hier soir?

k. Que vas-tu faire aujourd'hui après le collège?

TERM 1 - BRINGING IT ALL TOGETHER – 3

1. Bonjour, je m'appelle Anna et j'habite à Dijon, une ville dans l'est de la France. J'habite dans une maison assez moderne avec ma famille. Dans ma famille, il y a six personnes: ma mère, mon père, ma sœur aînée, mon frère cadet, ma grand-mère et moi. Je m'entends bien avec ma grand-mère parce qu'elle est très sympa et elle m'aide toujours.

2. En général, je range ma chambre juste après m'être levée. Ensuite, je m'habille et je joue un peu à la PlayStation. J'aime jouer sur ma console de jeux avant d'aller au collège. Après le collège, je fais mes devoirs dans le salon et je vais au centre commercial avec mes amis. J'aime sortir avec mes amis car nous nous amusons bien ensemble. Le soir, avant de me coucher, je dois aider mon frère avec ses devoirs.

3. Comme nous vivons à la campagne, il y a beaucoup d'endroits à explorer. Ainsi, pendant la semaine, je fais du vélo tous les jours et le week-end, je fais du vélo avec mon père et mon frère. D'habitude, nous allons quelques heures à la montagne et nous passons toujours un bon moment. Ma sœur préfère sortir avec ses amies, donc elle ne vient pas avec nous.

4. Cependant, samedi dernier, ma sœur, ma mère et ma grand-mère nous ont accompagnées *(accompanied us)* à vélo. C'était génial et j'ai aidé ma grand-mère quand elle en avait besoin. Ensuite, nous sommes allés au stade pour voir un match de foot. Après, nous avons dîné dans un restaurant chinois avant de rentrer à la maison. Je me suis couchée vers une heure du matin et le jour suivant *(the next day)*, je me suis levée très tard.

5. Il y a trois mois, je suis allée en vacances en Allemagne avec ma famille et je me suis aussi couchée tard tous les soirs. Nous avons fait du tourisme tous les jours et c'était passionnant. Nous avons voyagé en avion et nous avons logé dans un hôtel bon marché. À mon avis, c'était des vacances formidables et je voudrais y retourner l'année prochaine.

6. Le week-end prochain, je ne vais pas faire de vélo parce que je dois me reposer. Je vais aller au cinéma avec mes amis et aider à la maison.

Anna, 15 ans. Dijon, France

1. Answer the following questions in English
a. Where is Dijon?
b. Who does Anna get on with?
c. What does Anna do as soon as she gets up?
d. What does she have to do before bed?
e. When does she ride her bike?
f. What does her sister prefer to do?
g. What did she do after her bike ride last Saturday?
h. What kind of restaurant did she eat in?
i. Where did Anna go on holiday three months ago?
j. What won't Anna do next weekend?

2. Find the French equivalent in Anna's text
a. She always helps me (1)
b. I get dressed (2)
c. Before going to bed (2)
d. There are lots of places (3)
e. I ride my bike (3)
f. A few hours (3)
g. Last Saturday (4)
h. After, we had dinner (4)
i. Before going back home (4)
j. I got up very late (4)
k. Three months ago (5)
l. I would like to go back (5)
m. I have to rest (6)

3. Complete the translation of paragraph 2
_____, I _____ my _____ right after I get up. _____, I get _____ and I play _____ on the PlayStation. I like to play on my _____ console _____ going to school. _____ school, I do my _____ in the _____ room and I go to the _____ with my friends. I _____ to go out with my friends _____ we have _____ together. In the _____, before going to _____, I have to _____ my _____ with _____ homework.

TERM 1 - BRINGING IT ALL TOGETHER – 3

Éric et Julien parlent du temps libre et de ce qu'ils vont faire ce week-end.	
Éric	Salut, comment ça va? Tout va bien?
Julien	Oui, mec *(man)*, tout va bien. Et toi?
Éric	Oui… je suis assez fatigué. Hier j'ai fait du footing au parc pendant deux heures.
Julien	Tu aimes faire de l'exercice *(exercise)*?
Éric	En vérité, non. Cependant, j'essaye de faire du sport ou du footing au moins *(at least)* trois fois par semaine.
Julien	C'est pour cela que tu es fatigué! Moi, je ne fais presque jamais d'exercice, mais hier, j'ai fait une promenade au centre-ville avec ma petite amie.
Éric	Et, qu'est-ce que vous avez fait?
Julien	Nous sommes allés au cinéma pour voir un film et nous avons mangé au restaurant italien. Tu aimes la nourriture italienne?
Éric	Oui, j'adore, mais ce week-end je vais manger dans un restaurant chinois pour l'anniversaire de mon ami.
Julien	Génial! Tu as des devoirs à faire ce week-end? Moi, je dois faire mes devoirs de mathématiques.
Éric	Oui, je dois faire mes devoirs d'anglais pour l'examen de mercredi prochain, mais je voudrais aussi jouer du ukulélé.
Julien	Moi, j'adore jouer de la guitare pendant mon temps libre. Dimanche, je vais aller au parc pour jouer de la guitare. Si tu veux, tu peux venir avec ton ukulélé.
Éric	Je voudrais bien. On se retrouve au parc dimanche à midi.

4. True (T), False (F) or Not Mentioned (NM)?

a.	Éric and Julien are talking about free time.	
b.	Julien is feeling well.	
c.	Éric is quite tired.	
d.	Éric did jogging in the park all day yesterday.	
e.	Éric loves exercising.	
f.	Éric plays football twice a month.	
g.	Julien rarely exercises.	
h.	Éric went out with his girlfriend yesterday.	
i.	Julien went for a walk around the shopping mall.	
j.	Julien ate at a restaurant yesterday.	
k.	Éric is going to an Italian restaurant this weekend.	
l.	Julien has maths homework to do this weekend.	
m.	Éric has English homework to do this week.	

5. Complete the statements

a. _____ went for a walk in the city centre with his _____.

b. _____ would like to play the _____ but he has homework to do.

c. _____ loves to play the guitar in his _____ _____.

d. _____ agrees to meet up _____ at the park this Sunday.

e. The boys are going to meet up at _____.

TERM 1 – MIDPOINT – RETRIEVAL

1. Answer the following questions in French

Où es-tu allé(e) en vacances?	
Comment as-tu voyagé?	
Comment était le voyage?	
Où as-tu logé?	
C'était bien?	
Qu'est-ce que tu as fait pendant les vacances?	
Qu'est-ce que tu as aimé le plus de tes vacances?	
Que fais-tu normalement pendant ton temps libre?	
Qu'est-ce que tu as fait hier après le collège?	
Qu'est-ce que tu vas faire le week-end prochain?	

2. Write a paragraph in the first person singular (I) providing the following details

a. Your name is Dominique.

b. You are French and you live in Paris.

c. You are 15 years old and you live with your parents.

d. Last summer, you went on holiday to Germany.

e. You travelled by plane and you stayed in a luxury hotel.

f. During your holiday, you went shopping in the city centre.

g. On the second day, you met a nice boy and watched a football match with him.

h. In your free time, you usually like to go to the park with your friends.

i. Last weekend, you ate at a Chinese restaurant.

3. Write a paragraph in the third person singular (he/she) about a friend or a family member.

Say:

a. Their name, their age and where they are from.

b. Where they went on holiday last year and how they got there.

c. Where they stayed and their opinion.

d. Three things they did on their holiday.

e. What they usually do in their free time.

f. What they did after school yesterday.

g. What they are going to do this weekend.

UNIT 4
Describing a typical day at school

In this unit you will learn how to:

- Talk about your typical routine on a school morning
- Say what classes you have at what time
- Give an opinion about your classes
- Talk about after-school activities
- Say what the school rules are

Unit 4. Back to reality: describing a typical day at school

À quelle heure commencent/finissent les cours?	What time do lessons start/finish?
Quels cours as-tu le matin?	What lessons do you have in the morning?
Qu'est-ce que tu fais après le collège?	What do you do after school?
Comment est le règlement de ton collège?	What are the rules like in your school?

J'arrive au collège	I arrive at school	**à** *at*	deux, trois, quatre, cinq, six, sept, huit, neuf	**heures**	**du matin** *in the morning*
J'ai mon premier cours	I have my first class				
Les cours commencent	Lessons start				**de l'après-midi** *in the afternoon*
La récréation est	Breaktime is				
Je discute avec mes amis	I chat to my friends				
Le déjeuner est	Lunchtime is				
Les cours finissent	Lessons end				
Je sors du collège	I leave school				
Je rentre à la maison	I go back home		**midi**	*midday/noon*	

En première heure	First lesson	**j'ai cours d'/de**	anglais
En deuxième heure	Second lesson		français
En dernière heure	Last lesson		mathématiques

J'aime	I like	**l'espagnol**	**parce que c'est**	amusant
Je n'aime pas	I don't like			difficile
				facile

Après le collège *After school*	**je fais** *I do*	des activités périscolaires	after-school activities
		mes devoirs à la bibliothèque	my homework in the library
	je vais au club d'échecs		I go to chess club

Dans mon collège *At my school*		**il y a quelques règles** *there are a few rules*	
on (ne) doit (pas) *one must (not)*	aller aux toilettes pendant les cours	go to the toilet during lessons	
	courir dans les couloirs	run in the corridors	
on (ne) peut (pas) *one can (not)*	faire la queue à la cantine	queue up in the canteen	
	fumer	smoke	
tu dois *you have to*	lever la main avant de parler	raise one's hand before speaking	
	mâcher du/de chewing-gum	eat chewing gum	
tu ne dois pas *you don't have to*	manger dans les salles de classe	eat in the classrooms	
	utiliser le téléphone portable	use the mobile phone	
je (ne) peux (pas) *I can (not)*	**porter** *wear*	des/de baskets	trainers
		des/de boucles d'oreilles	earrings
		des/d' écouteurs	headphones
je dois *I have to*		des/de jupes courtes	short skirts
		des/de jupes longues	long skirts
je ne dois pas *I don't have to*		du/de maquillage	make-up
		un/d' uniforme	a uniform

Author's note: in the negative form in French "des", "du" or "un" turns into "de" or "d'" in front of a vowel
Examples: On ne doit pas porter de maquillage.   Je ne dois pas porter d'uniforme.

Unit 4. A typical day at school: LISTENING

1. Fill in the blanks

a. La _____ est à dix heures du matin.

b. Le _____ est à midi.

c. Les cours commencent à _____ heures.

d. En première _____, j'ai cours d'anglais.

e. J'aime le _____ car c'est utile et amusant.

f. Après le collège, je _____ du sport.

g. Je vais au club d'_____.

h. On ne peut pas _____.

récréation	heure	fais	huit
français	déjeuner	échecs	fumer

2. Break the flow

a. J'arriveaucollègeàseptheures

b. J'aimonpremiercoursàseptheuresetdemie

c. Jenaimepaslanglaiscarcestennuyeux

d. Jesorsducollègeàquatreheuresdelaprès-midi

e. Aprèslecollègejevaisauclubdéchecs

f. Onnedoitpasmangerdanslessallesdeclasse

g. Ondoitleverlamainavantdeparler

h. Onnepeutpasporterdécouteursenclasse

3. Spot the differences

a. Dans mon collège, il y a quelques classes.

b. On ne doit pas jouer dans les salles de classe.

c. Les cours commencent à huit heures du matin.

d. En première heure, j'ai cours d'anglais.

e. On ne peut pas fumer à la cantine.

f. On ne peut pas porter de jupes longues.

g. On ne peut pas porter de maquillage, ni de baskets.

4. Spot and correct the errors

a. La récréation est à dix heures et quart.

b. Les cours commencent à neuf heures.

c. En première heure, j'ai cours d'espagnol.

d. Après la collège, je vais au club d'échecs.

e. On ne peut pas fumer de chewing-gum.

f. Je dois faire la queue à la cantine.

g. On ne peut pas porter de camouflage.

5. Complete the translations

a. Every day, I _____ ____ _____ at eight in the morning.

b. My _____ lesson is mathematics. It is very _____!

c. After school, I do ___ _____ __ ____ _____. It is a bit _____.

d. At my school, one cannot _____ _____ _____ or _____.

e. One cannot wear _____ or _____.

f. You have to _____ your _____ before _____.

g. In ____ _____, one must _____ _____. I _____ _____ __.

h. One can _____ _____ _____ _____ at breaktime.

Unit 4. A typical day at school: LISTENING

6. Faulty translation: listen, identify and correct the errors

e.g. ~~Breaktime~~ **Lunchtime** is at midday. I eat in the canteen with my ~~parents~~ **friends**.

a. Classes start at seven in the morning. First period I have Spanish.

b. During the week, after school I do my homework in the classroom.

c. After school, I go back to school and I play with my brother.

d. At my school, one cannot go to the toilet during lessons, but you cannot wear earrings.

e. Once a week, one must queue up in the bathroom.

f. I have to eat chewing gum before speaking, but I must not use my pen.

7. Listening slalom: follow the speaker from top to bottom and number the boxes accordingly

a.	b.	c.	d.	e.
At my school	Classes start	There are	I leave school	One must
at seven	there are many	at four	queue up	a few rules
at my school.	and first lesson	rules.	and I go back home	in the canteen
but one cannot	One must not	I have French.	One cannot	by bus.
After school	go to the toilet	wear make-up	I love it	smoke
during	or eat	nor use	I do my homework	because it's
the mobile phone.	lessons.	in the classrooms.	easy and fun.	in my bedroom.

8. Listen to Denis and answer the questions in English

a. How old is Denis?

b. Where does Denis go to school?

c. What time do his classes start?

d. What class does he have first?

e. What is his opinion of this class?

f. What is Denis' last class?

g. What club does Denis do after school?

h. What is his opinion of it?

i. What are the two rules that he really dislikes?

j. What rule does he say is ok?

Unit 4. A typical day at school: VOCAB BUILDING

1. Match

J'arrive au collège	I eat in the canteen
Je sors du collège	I leave school
Je fais mes devoirs	I go to the canteen
Je vais à la bibliothèque	Breaktime is at nine
Je vais à la cantine	I do my homework
Je mange à la cantine	I have my last lesson
La récré est à neuf heures	I go to the library
J'ai mon dernier cours	I have English
J'ai anglais	I arrive at school
J'écoute le professeur	I have history
J'ai histoire	I chat with my friends
Je discute avec mes amis	I listen to the teacher

2. Missing letters

a. Le troisi__me cours.
b. Le premie__ cours.
c. J'__rrive au collège.
d. Je so__s du collège.
e. Je f__is mes devoirs.
f. J'écoute le pro__esseur.
g. Je disc__te avec mes amis.
h. Je mange dans la cantin__.
i. Je fais la qu__ue à la cantine.
j. Il y a une pause pour m__nger.

3. Complete with the missing words

a. En général j'_ _ _ _ _ _ au collège à huit heures et quart.
b. Le lundi, mon p _ _ _ _ _ _ cours est espagnol.
c. Ensuite, nous avons la r _ _ _ _ _ _ _ _ _.
d. Pendant la récréation je d _ _ _ _ _ _ avec mes amis.
e. Après, j'ai mon d _ _ _ _ _ _ _ cours, qui est le cours d'histoire.
f. Je n'aime pas l'histoire car c'est très e _ _ _ _ _ _ _.
g. Puis, c'est le d _ _ _ _ _ _ _.
h. Je dois faire la q _ _ _ _ à la cantine.
i. D'habitude, je m _ _ _ _ des pâtes avec du poulet.
j. Mon d _ _ _ _ _ _ cours est à deux heures et demie.

4. Put the actions below in chronological order

J'arrive au collège	
J'ai mon premier cours	
J'ai mon dernier cours	
Je me lève	1
Les cours finissent	
J'ai récréation	
Je me douche	
Je sors du collège	
Je mets mon uniforme	
Je mange à la cantine	
Je rentre chez moi à pied	
Je vais au collège à pied	

5. Spot and correct the grammar/spelling mistakes

a. Je vais au club échecs.
b. J'arrive en collège à huit heures.
c. J'ai maths de cours.
d. Pendant le récréation.
e. Je sors de collège.
f. Je vais au bibliothèque.
g. Je peux porter des jupes courts.
h. Je ne dois pas porte des boucles d'oreilles.
i. On ne peut pas mâcher de l'uniforme.
j. J'ai mon cours dernier.
k. Mon deuxieme cours est anglais.
l. Les cours finir à trois heures.

Unit 4. A typical day at school: VOCAB BUILDING

6. Gapped translation

a. Dans mon collège on ne peut pas fumer. — *In my school one cannot _____.*

b. Mon premier cours est anglais. — *My _____ class is English.*

c. Le vendredi, mon premier cours est informatique. — *On Fridays, my first class is _____.*

d. La récréation est à neuf heures et demie. — *Breaktime is at _____.*

e. Pendant la récréation, je joue au basket. — *During breaktime, I play _____.*

f. On ne peut pas porter de boucles d'oreilles. — *One cannot wear _____.*

g. Je fais mes devoirs dans la bibliothèque. — *I do my homework in the _____.*

h. On doit faire la queue à la cantine. — *You must _____ in the canteen.*

i. On ne peut pas manger dans les classes. — *One cannot eat in the _____.*

j. Je dois porter un uniforme scolaire. — *I have to wear a _____ _____.*

7. Likely or unlikely: write L for likely or U for unlikely next to each sentence below

a. On ne doit pas fumer.
b. On peut manger en classe pendant les cours.
c. On ne peut pas porter de boucles d'oreilles.
d. On peut mâcher du chewing gum.
e. On ne doit pas respecter les professeurs.
f. On ne peut pas lire de livres à la bibliothèque.
g. On ne peut pas étudier.
h. On peut insulter les professeurs.
i. On peut frapper ses camarades de classe.
j. On doit écouter les professeurs.
k. Tu dois apporter ton animal à l'école.

8. Sentence puzzle

a. pas peut On fumer ne
b. uniforme On porter doit l'
c. la faire On la queue doit à cantine
d. utiliser On peut ne pas le portable
e. devoirs faire dois tes Tu
f. huit Les commencent cours à et quart heures
g. On chewing gum ne mâcher pas peut de
h. peut On boucles d'oreilles ne porter pas de
i. doit respecter les On professeurs
j. On la avant main doit parler de lever

9. Complete with a suitable word

a. On ne peut pas _____ de cigarettes.
b. Les cours _____ à trois heures.
c. Je rentre à la _____ en bus.
d. À l'heure du _____ je mange peu.
e. On doit _____ la queue à la cantine.
f. Je fais mes devoirs dans la _____.
g. On ne peut pas porter de _____.
h. On doit _____ les professeurs.
i. On doit _____ ses devoirs.

10. Faulty translation: correct the English

a. On ne doit pas discuter en classe.
   One must not eat in lessons.

b. On ne peut pas porter de jupes courtes.
   One cannot wear trainers.

c. On doit lever la main avant de parler.
   One must raise their hand before moving around.

d. On ne peut pas mâcher de chewing gum.
   One cannot use the mobile phone.

e. On ne peut pas fumer dans les couloirs.
   One cannot run in the corridors.

f. On ne peut pas porter de baskets.
   One cannot wear smart shoes.

Unit 4. A typical day at school: READING 1

Salut, je suis Guillaume. Je vais te parler d'une journée d'école typique dans mon collège. En général, j'arrive au collège vers huit heures, quinze minutes avant le début des cours. Les cours commencent à huit heures et quart.

Le lundi, mon premier cours est géographie. Je ne supporte pas [I can't stand] ce cours, car le prof est très ennuyeux et dans son cours on ne fait jamais de travail de groupe. Ensuite nous avons la récréation.

Pendant la récréation je joue au basket avec mes amis. Après la récréation, j'ai français. J'adore cette matière car le prof est très divertissant et je peux apprendre en jouant. J'apprends énormément! Ensuite j'ai anglais. Je n'aime pas beaucoup cette matière car la prof crie souvent et est trop stricte. Puis c'est l'heure de manger.

Je passe l'heure du déjeuner dans la cantine avec mes amis. Nous mangeons en discutant. Lundi dernier, j'ai mangé du riz avec du poulet et j'ai bu un coca. C'est très mauvais pour la santé car cela contient beaucoup de sucre (trente-cinq grammes par canette!), mais j'aime ça. Mon dernier cours est éducation physique. J'adore ça car je suis très sportif.

Dans mon collège, les règles sont assez strictes. On doit porter l'uniforme; on ne peut pas utiliser de portable; il est interdit de fumer; on ne peut pas courir dans les couloirs et on doit faire ses devoirs tous les jours. Si on ne respecte pas les règles les sanctions sont très sévères. Vendredi dernier, je n'ai pas fait mes devoirs et j'ai dû passer une heure avec le directeur à ranger son bureau.

Guillaume, 13 ans. Saint-Jean-de-Luz

1. Find the French equivalent
a. I arrive at school

b. Lessons start

c. We never do group work

d. During break

e. I have English

f. Then it is lunch break

g. We eat while chatting

h. I ate rice

i. The rules are quite strict

j. It's forbidden to smoke

2. Correct the statements
a. Guillaume loves Geography.

b. At lunchtime he plays basketball.

c. He learns little in the French lessons.

d. The English teacher never shouts.

e. Every Monday he eats rice with chicken.

f. There are 30 grams of sugar in a Coke.

g. He hates sport.

h. Every Friday he must tidy up the headteacher's office.

3. Correct the mistakes in these sentences from Guillaume's text and then translate them
a. J'arrive à collège vers huit heures.

b. Pendant la récréation je joue le basket.

c. On fait jamais de travail de groupe.

d. Nous mangeons et discutant.

e. J'adore le car je suis très sportif.

f. On ne peut utiliser de portable.

g. On ne peut pas courir les couloirs.

h. On doit faire ses devoirs tous jours.

i. Si on ne respecte pas la règles.

j. J'ai dû passer heure avec directeur.

4. Answer the following questions
a. When does he get to school?

b. When do the lessons start?

c. What does he do during break?

d. What is his French teacher like?

e. What 2 things make him dislike English?

f. What 2 things did he eat last Monday?

g. Why does he like P.E.?

h. Name 4 school rules he mentions.

i. What happens if one breaks the rules?

j. What did he do wrong last Friday?

k. What was his punishment?

Unit 4. A typical day at school: READING 2

Salut, je suis Mariane. Je vais te parler d'une journée typique d'école dans mon collège. En général, j'arrive au collège vers huit heures et demie. Les cours commencent à neuf heures moins vingt.

Le vendredi, mon premier cours est histoire. Je n'aime pas ce cours car le prof est antipathique et dans son cours on ne fait jamais rien d'amusant. J'apprends très peu. Ensuite nous avons la récréation. Pendant la récréation je joue dans la cour et je mange un morceau dans la cantine. Après la récréation, j'ai espagnol. J'adore cette matière car le prof est très marrant et il nous raconte des blagues. Je peux apprendre tout en parlant avec mes amis. J'apprends énormément! Ensuite, j'ai dessin. Je n'aime pas vraiment cette matière car la prof crie beaucoup et n'explique pas bien. Après, c'est l'heure de midi.

Je passe l'heure du déjeuner à jouer au foot dans la cour avec mes amis. Nous mangeons, nous discutons et on se raconte des blagues. Hier, j'ai mangé de la viande avec des pommes de terre et j'ai bu un jus d'orange. Mon dernier cours, c'est chimie. J'adore cette matière car la prof est très sympa et j'apprends beaucoup. C'est mon cours préféré.

À mon avis, dans mon collège il y a trop de règles. On doit porter l'uniforme; il est interdit de fumer; on ne peut pas courir dans les couloirs; on n'a pas le droit d'utiliser les ascenseurs; on doit toujours lever la main avant de parler en classe. Si on ne respecte pas les règles, les sanctions sont très sévères. Mercredi dernier je suis arrivée au collège en retard et j'ai dû passer une heure avec la directrice à nettoyer son bureau. C'était très pénible!

Mariane, 12 ans. Arcachon

1. Complete the sentences below based on the text

a. My name is Mariane. I am going to talk to you about a typical **school day**.

b. I usually get to school at around ____

c. On Fridays my first lesson is _____.

d. I don't like history because the teacher is _____ and we don't do anything _____.

e. I have Spanish after _____.

f. The Spanish teacher is funny and tells us _____.

g. I don't like art a lot because the teacher _____ a lot and doesn't _____ well.

h. I spend lunch break playing _____ with my friends in the _____.

i. We eat, ____ and tell each other jokes.

j. Yesterday, I ate _____ with _____ and I drank an _____ _____.

k. My _____ lesson is chemistry. I love the teacher because she is very _____.

2. Find in the last paragraph of Mariane's text the French equivalent of the following items

a. There are too many rules.

b. One must wear.

c. One doesn't have the right to use.

d. It's forbidden to smoke.

e. One cannot run.

f. Before speaking.

g. The punishments.

h. I had to spend one hour.

3. Correct the false statements

a. Mariane ne mange pas pendant la récré.

b. Mariane déteste les langues étrangères.

c. La prof de dessin ne crie jamais.

d. Mariane est végétarienne.

e. Mariane déteste la chimie.

f. Il n'y a pas beaucoup de règles dans son collège.

g. Mariane est toujours ponctuelle.

4. Translate the last paragraph of Mariane's text into English

Unit 4. A typical day at school: READING & WRITING

Le collège

Marie: Dans mon collège, il y a quelques règles. On doit beaucoup étudier et on ne peut pas fumer.

Sonia: Dans mon école, on ne peut pas manger dans les classes pendant l'heure du déjeuner.

Marcel: Dans mon collège, on ne peut pas parler sans lever la main.

Jean: Dans mon école, on ne peut pas aller aux toilettes pendant les cours et il est interdit de fumer.

Julien: Dans mon collège, on ne peut pas jouer aux jeux vidéo, ni utiliser le portable.

Martine: Dans mon école, on ne peut pas porter de jupes courtes, ni de baskets.

Susanne: Dans mon collège, on ne peut pas mâcher de chewing gum, ni manger dans les couloirs.

Margaux: Dans mon collège, on peut faire beaucoup de sport, y compris de la natation car il y a une très grande piscine.

Caroline: Dans mon école, on ne peut pas avoir les cheveux rasés ni porter de maquillage.

1. Find someone who...

a. ...can do a lot of sport.
b. ...cannot eat in a classroom at lunchtime.
c. ...cannot chew gum.
d. ...cannot talk without raising their hand.
e. ...must study a lot.
f. ...cannot play video games.
g. ...cannot go to the toilet during lessons.
h. ...cannot shave their head.
i. ...cannot eat in the corridors.
j. ...cannot use their mobile phone.
k. ...cannot wear make-up.
l. ...cannot wear trainers.

2. Complete with a suitable word or phrase

a. La récré est à neuf _____ du matin.

b. Les cours _____ à huit heures dix.

c. Je sors du _____ à quatre heures et demie.

d. En première heure, j'ai cours de _____.

e. _____ le collège, je fais mes devoirs chez moi.

f. Dans mon collège, _____ fumer.

g. Je n'aime pas les maths car c'est _____.

h. À _____ heures, j'ai cours d'anglais.

i. Dans mon collège, on doit porter un _____.

3. Write an extension of the sentence said by each person on the left

e.g. Marie: Cet après-midi, je dois étudier pour un examen d'anglais.

Sonia:

Marcel:

Jean:

Julien:

Martine:

Susanne:

Margaux:

Caroline:

Unit 4. A typical day at school: WRITING

1. Match questions and answers

Comment vas-tu au collège?	Car elle m'aide tout le temps.
À quelle heure arrives-tu?	Oui, nous faisons de l'athlétisme et de la natation.
Quel est ton premier cours le vendredi?	J'y vais en vélo.
Pourquoi tu n'aimes pas ton prof d'histoire?	Elles sont très strictes. Je n'aime pas cela!
Qui est ton prof préféré?	Je mange et je discute avec mes amis.
Pourquoi?	Vers huit heures moins le quart du matin.
Que fais-tu pendant la récré?	Car il est antipathique et me gronde souvent.
Vous faites du sport à l'école?	La prof de français.
À quelle heure rentres-tu chez toi?	En première heure, j'ai dessin.
Comment sont les règles dans ton collège?	Qu'on ne peut pas porter de maquillage.
Quelle est la règle que tu aimes le moins?	Vers trois heures et demie de l'après-midi.

2. Translate into French

a. *I arrive at school at around 8.*   J'_____ a__ c_____ v____ h_____ h_____.

b. *Today, my first lesson is English.*   A_____, m__ p_____ c_____ e____ a_____.

c. *Afterwards, I have Spanish.*   E_____ j'__ e_____.

d. *Lunch break is at noon.*   L'h_____ d__ d_____ e___ à m_____.

e. *My last lesson is ICT.*   M__ d_____ c_____ e____ i_____.

f. *I hate this subject.*   J__ d_____ c_____ m_____.

g. *In my school there a few rules.*   D_____ m___ c_____ i__ __ q_____ r_____.

h. *One cannot wear make-up.*   O__ n__ p_____ p___ p_____ d__ m_____.

3. Translate the two paragraphs into French. After, write a 150-250 words text about a typical school day of yours, listing five key rules

a. I usually arrive at school at 8:15. On Mondays, my first lesson is history. I love history because the teacher is friendly and fun. Then I have break until 9:30. During break, I usually chat with my best friend Paul or with my girlfriend. My second lesson is English. I don't like this subject. Lunch is at noon. After lunch, I have two more lessons: English and Maths. I don't like these subjects because they are too hard. At my school, the rules are very strict. One cannot run in the corridors, one cannot wear make-up or earrings, one cannot use the lift, one cannot talk without putting their hand up and girls cannot wear make-up.

b. The rules of my school are very strict. First, one must arrive at 7:45 sharp *(pile)*. Secondly, one must wear a uniform. I hate it, because I cannot wear my favourite baseball cap *(casquette)* and trainers. Also, I cannot chew gum nor use my mobile phone. I also can't play video games during break and lunch break. In class, one cannot talk without raising one's hand and cannot go to the toilet. However, what I like about my school is that the teachers are nice, I learn a lot and one can do a lot of sport.

TERM 1 - BRINGING IT ALL TOGETHER – 4

1. Bonjour, comment ça va? Je m'appelle Enzo et je suis français. J'habite à Saint-Martin, une île aux Antilles. J'habite dans une assez grande maison en centre-ville. J'habite avec mes parents et mes quatre frères. Dans mon quartier, il n'y a pas grand-chose à faire, mais il y a un centre sportif près de chez moi donc nous y allons tous les jours.

2. Le matin, je me lève à six heures et demie et je prends le petit-déjeuner dans la salle à manger avec ma famille. En général, nous mangeons du pain avec du beurre et de la confiture et nous buvons du jus d'orange, mais hier, j'ai pris des croissants et du jus de pêche *(peach)*. J'aime faire mes devoirs après le petit-déjeuner. À sept heures et demie, je vais au collège en bus.

3. Les cours commencent à huit heures et demie. Tous les jours, j'ai cours d'anglais en première heure et cours de mathématiques en deuxième heure. J'adore l'anglais parce que c'est amusant, mais je déteste les maths parce que je ne suis pas bon *(I'm not good at it)*. La récré est à dix heures et demie et le déjeuner est à midi.

4. Dans mon collège, il y a quelques règles et à mon avis, elles sont très importantes. On ne peut pas mâcher de chewing-gum, ni manger dans les salles de classe. On ne doit pas utiliser le téléphone portable et on ne peut pas aller aux toilettes pendant les cours. On doit porter un uniforme et il est interdit de *(forbidden)* porter des baskets, du maquillage et des écouteurs. On ne peut pas non plus porter de boucles d'oreilles, ce qui me paraît un peu strict.

5. Les cours finissent à trois heures. Après le collège, je vais au club d'échecs et ensuite je vais au centre sportif avec mes frères et mes amis. Nous jouons toujours au foot. Cependant, hier, nous avons fait du footing au parc et de la natation à la piscine municipale. J'ai adoré ça, même si c'était très fatigant. Quand je suis arrivé à la maison, j'ai dîné avec ma famille et j'ai joué de la guitare dans ma chambre avant de me coucher.

6. Demain, c'est jeudi. C'est mon jour préféré car j'ai éducation physique et j'ai aussi cours de musique. Ce sont mes deux cours favoris car les professeurs sont sympas et amusants.

Enzo, 11 ans. Saint-Martin, Antilles

1. Answer the following questions in English
a. What is Enzo's house like?
b. What is near his house?
c. What did he have for breakfast yesterday?
d. What does he do at 7:30 in the morning?
e. What time do his lessons start at?
f. What subject doesn't Enzo like?
g. What time do lessons finish at?
h. Who does Enzo go to the sports centre with?
i. What did he do when he got home yesterday?
j. What classes does Enzo have on Thursday?

2. Find the French equivalent in Enzo's text
a. My four brothers (1)
b. We go there every day (1)
c. Usually we eat bread (2)
d. I like to do homework after breakfast (2)
e. Lessons start at (3)
f. Breaktime is at 10:30 (3)
g. It is forbidden (4)
h. After school (5)
i. We always play football (5)
j. Yesterday, we went jogging (5)
k. It was very tiring (5)
l. Tomorrow is Thursday (6)
m. The teachers are nice and fun (6)

3. Complete the translation of paragraph 4
In my school, there are a few _____ and in my opinion, they are _____ important. One _____ eat _____ _____ nor eat in the _____. One must not use the _____ _____ and one cannot go to the _____ during _____. You _____ to wear _____ and it is forbidden to wear _____, _____ and _____. Nor can you wear _____ which to me seems a bit _____.

TERM 1 - BRINGING IT ALL TOGETHER – 4

	Alice et Olivier sont frère et sœur et ils parlent des règles du collège. Olivier n'aime pas les règles.
Alice	Moi j'adore le collège. Je pense que c'est très bien organisé et les règles sont importantes.
Olivier	Mais qu'est-ce que tu dis là? Les règles sont stupides. Je déteste le collège et les règles.
Alice	Olivier, s'il te plaît. Quelles sont les règles que tu n'aimes pas?
Olivier	On ne peut pas aller aux toilettes pendant les cours. Et si un jour je me pisse dessus *(wee myself)*?
Alice	On peut aller aux toilettes pendant la récré. Les cours commencent à neuf heures et la récré est à onze heures, donc il faut juste se retenir *(hold it)* pendant deux heures.
Olivier	On ne peut pas non plus utiliser le téléphone portable ou les écouteurs. Moi j'adore écouter de la musique quand j'étudie et le téléphone m'aide aussi.
Alice	Olivier, non. Ce n'est pas possible. Écouter de la musique et utiliser le portable sont des distractions!
Olivier	C'est ton opinion. Et toi, tu dois porter des jupes longues, il est interdit de porter des jupes courtes.
Alice	Pour moi, peu importe *(it doesn't matter)*. Je préfère porter des jupes longues. Le collège c'est pour apprendre, pas pour faire des défilés de mode *(fashion shows)*.
Olivier	Alice, tu ne penses pas que c'est trop strict de ne pas pouvoir mâcher de chewing-gum?
Alice	Bon ok, c'est un peu strict. Mais si c'est la règle, alors il faut respecter cela.
Olivier	Ah, je comprends. C'est que tu as peur *(you are scared)*.
Alice	Tu as raison – ce que j'ai moi, c'est du respect pour les règles. Pas comme toi Olivier.

4. True (T), False (F) or Not Mentioned (NM)?

a.	Alice loves school.	
b.	Olivier thinks school is well organised.	
c.	Olivier thinks school rules are silly.	
d.	Olivier often uses the toilet during lessons.	
e.	Olivier is worried about weeing himself.	
f.	Breaktime is at 11:00.	
g.	Olivier hates listening to music.	
h.	Alice thinks mobile phones are a distraction to learning.	
i.	Wearing short skirts is prohibited.	
j.	Alice does not like long skirts.	
k.	Alice thinks eating chewing gum is disgusting.	
l.	Alice says you have to respect the rules.	
m.	Alice thinks Olivier lacks respect.	

5. Complete the statements

a. Alice and Olivier are _____.

b. Olivier likes to _____ __ _____ and use his _____ _____ while studying.

c. Alice prefers to wear _____ _____ than _____ _____.

d. Alice agrees that not being able to eat _____ _____ is a bit _____.

e. _____ says that _____ is scared of the rules.

UNIT 5
Talking about when I went to *Le Carnaval de Nice*

In this unit you will learn how to:

- Talk about a recent trip to a festival
- Say what you "must" and "must not" do at the festival to have fun and stay safe
- Say what activities you did in the past

Unit 5: When I went to *Le Carnaval de Nice*

Es-tu déjà allé(e) à un festival français?	*Have you ever been to any French festival?*
Quand y es-tu allé(e)?	*When did you go there?*
Quel temps faisait-il?	*What was the weather like?*
Qu'est-ce que tu as fait?	*What did you do?*
C'était comment?	*How was it?*

Le week-end dernier	je suis allé(e) / nous sommes allé(e)s	à Nice	pour participer *to take part*	au *in the*	carnaval *carnival*

J'y suis allé(e) *I went there*	avec mon meilleur ami / avec ma meilleure amie / seul(e)	Je me suis réveillé(e) *I woke up* / Il/elle s'est réveillé(e) *He/she woke up*	à huit heures / très tôt *very early*

J'ai voyagé / Nous avons voyagé	en	avion / voiture	et après	en	car / train	Le voyage était	long	mais et	amusant / ennuyeux

J'ai loué *I rented* / Nous avons loué *We rented*	une voiture *a car*

Le jour du carnaval *On the day of the carnaval*	je suis arrivé(e) *I arrived* / nous sommes arrivé(e)s *we arrived*	tôt *early*	en ville *in town*	pour trouver un bon emplacement *to find a good spot*

Pendant ce carnaval *During this carnival*		il y a quelques règles importantes *there are a few important rules*	
On ne doit jamais *One must never* / On ne doit pas *One must not*	apporter *(to) bring*	de boissons alcoolisées *alcoholic drinks* / de feux d'artifice *fireworks*	
Il est recommandé *It's recommended*	de porter *to wear*	un déguisement *fancy dress* / des lunettes de soleil *sunglasses*	

Le matin	il faisait beau *the weather was nice* / il y avait des nuages *it was cloudy* / il y avait du soleil *it was sunny*	mais ensuite	le soir	il a plu un peu *it rained a bit* / il faisait froid *it was cold* / il y avait de l'orage *it was stormy*

	moi	mes amis et moi
Pendant le carnaval *During the carnival*	j'ai beaucoup rigolé *I laughed a lot* / j'ai pris beaucoup de photos *I took a lot of photos* / j'ai rencontré des gens sympas	nous avons beaucoup rigolé / nous avons pris beaucoup de photos / nous avons rencontré des gens sympas *we met some nice people*

Après la fête *After the party* / Le soir	je suis rentré(e) / nous sommes rentré(e)s *I/we went back*	à l'hôtel	et	j'ai dîné *I dined* / je me suis douché(e) / je me suis reposé(e) *I rested*	nous avons dîné / nous nous sommes douché(e)s *we showered* / nous nous sommes reposé(e)s

Finalement	je me suis couché(e) / nous nous sommes couché(e)s *I/we went to bed*	à	dix heures	C'était une expérience	incroyable *incredible* / inoubliable *unforgettable* / mémorable *memorable*

Unit 5. When I went to *Le Carnaval de Nice*: LISTENING

1. Multiple choice: tick the verbs you hear

e.g.	J'ai pris ✓	J'ai mangé	J'ai rigolé
a.	J'ai joué	J'ai rigolé	Je suis allé
b.	Je me suis levé	Je suis rentré	Je me suis couché
c.	Je suis rentré	J'ai rencontré	J'ai mangé
d.	Nous sommes arrivés	Je me suis douché	Nous sommes allés
e.	On ne doit pas	On ne peut pas	On peut
f.	Nous avons pris	Nous avons mangé	Nous avons rencontré
g.	Nous nous sommes reposés	Nous nous sommes réveillés	Nous avons dîné

2. Complete the words

a. Nous sommes _ _ _ _ _ _ _   *We returned*
b. Je suis _ _ _ _ _ _   *I arrived*
c. J'ai _ _ _ _   *I rented*
d. Il a _ _ _   *It rained*
e. Nous avons _ _ _ _ _ _ _ _ _   *We met*
f. Je me suis réve_ _ _ _   *I woke up*
g. J'ai _ _ _ _ _ _   *I laughed*
h. Je me suis _ _ _ _ _ _   *I showered*
i. Je me suis _ _ _ _ _ _   *I went to bed*
j. On ne _ _ _ _ _ pas   *One mustn't*

3. Spot the intruders

a. Le week-end dernier, je suis allée à Nice avec ma ta meilleure amie pour participer au le carnaval.
b. Nous avons voyagé en le car et le voyage était très long, mais assez amusant. Quand je suis arrivée, j'ai loué une belle voiture.
c. Le matin jour du carnaval, je ne me suis réveillée pas très tôt.
d. Le matin, il faisait super beau, mais ensuite, dans l'après-midi, il y avait des nuages noirs.
e. Pendant du le carnaval, j'ai beaucoup rigolé et j'ai vu pris des photos.
f. Après la fête, nous nous sommes rentrés à l'hôtel et ensuite nous avons dîné.
g. Finalement, nous nous sommes couchés à dix heures dix. C'était une des expérience incroyable.
h. Pendant le carnaval, il est généralement recommandé de porter un déguisement et des lunettes noires de soleil.

4. Fill in the blanks

a. Le week-end _____, je suis _____ à Nice avec mes _____ pour participer au carnaval.
b. Nous avons _____ en _____ et le voyage était long et _____ .
c. Le _____ du carnaval, je me suis _____ à huit heures.
d. Nous _____ arrivés _____ en ville pour _____ un bon emplacement.
e. _____ la fête, nous sommes rentrés à l'hôtel _____ nous nous sommes _____ .
f. Finalement, nous _____ sommes couchés à _____ heures. C'était une expérience _____.
g. Pendant ce carnaval, il y a quelques _____ importantes. On ne doit pas _____ de boissons alcoolisées.
h. De _____ , il est recommandé de _____ un déguisement.

Unit 5. When I went to *Le Carnaval de Nice*: LISTENING

5. Faulty translation: listen, identify and correct the errors

e.g.	I travelled by plane	~~and it was~~ but it wasn't	fun.
a.	During the carnival	I saw	a lot of photos.
b.	Finally,	we went to bed	at 11:00.
c.	After the party,	we went back to	the campsite.
d.	We met some	funny	people.
e.	In the afternoon,	the weather was good,	but cold.
f.	We travelled by car	and the journey was	fast.
g.	In the afternoon,	it was cloudy. In the evening,	it rained a lot.

6. Narrow listening: gapped translation

a. Hello, my _____ is Franck and _____ _____, I went to Nice with my _____ _____ to _____ _____ in Le Carnaval de Nice. _____ travelled by _____ and then we _____ a _____. The trip was _____, but _____.

b. On the day of the carnival, I woke up at _____, but my _____ woke up very early at _____. In the _____, the weather was _____, but in the afternoon, it was _____.

c. During the carnival, we _____ lots of _____ people. After the party, we _____ _____ to the _____ and we had _____. In my opinion, it was an _____ experience.

7. Listen to Tamara and answer the questions in English

Part 1
a. How old is Tamara?
b. How did she travel to Nice? (2 details)
c. How does she describe the trip?

Part 2
a. At what time did she get to Nice?
b. What was the weather like in the morning?
c. What was the weather like later on?
d. What did Tamara and her friends do during the carnival? (2 details)

Part 3
a. What did Tamara and her friends do at the hotel?
b. How does Tamara describe the overall experience?

Unit 5. When I went to *Le Carnaval de Nice*: VOCAB BUILDING

1. Match

Je suis allé à Nice	She woke up
Pour participer à	The trip was hard
Elle s'est réveillée	I went to Nice
On a loué une voiture	There are a few rules
Le voyage était dur	We rented a car
Nous sommes arrivés tôt	To take part in
Il y a quelques règles	We arrived early
On ne doit pas	To bring alcohol
Apporter de l'alcool	It was cloudy
Il est recommandé de	One must not
Porter un déguisement	It's recommended
Il y avait des nuages	To wear fancy dress

2. Missing letters

a. Le week-end __ernier
b. Je suis all__ à Nice
c. Je me suis levé très t__t
d. Le j__ur du carnaval
e. Pend__nt le carnaval
f. Il y a quelques r__gles importantes
g. Il a pl__ un peu
h. Le ma__in
i. Des l__nettes de soleil
j. Nous avons beaucoup ri__olé
k. Nous avons rencontr__ des gens sympas

3. Faulty translation

a. Mon meilleur ami — *My boyfriend*
b. Il s'est levé à 8h00 — *I got up at eight*
c. Nous sommes arrivés tôt — *We arrived late*
d. Le voyage était dur — *The trip was slow*
e. Apporter de l'alcool — *To bring drugs*
f. Lunettes de soleil — *Binoculars*
g. Il y avait de l'orage — *It was sunny*
h. Il a plu un peu — *It rained a lot*
i. J'ai beaucoup rigolé — *I cried a lot*
j. Je suis retourné à l'hôtel — *I returned home*
k. Je me suis couché à 22h00 — *I woke up at ten*

4. Spot and add in the missing word

a. J'ai voyagé voiture — *I travelled by car*
b. Le voyage long — *The trip was long*
c. Pendant carnaval — *During the carnival*
d. Gens sympas — *Nice people*
e. On ne doit — *You must not*
f. Il y avait soleil — *It was sunny*
g. Il a plu un — *It rained a bit*
h. J'ai pris de photos — *I took a lot of photos*
i. Je rentré — *I went back*
j. Je suis couché — *I went to bed*
k. Il beau — *The weather was good*

5. Sentence puzzle: rewrite the sentences in the correct order

a. week-end allé à Le Nice dernier suis je — *Last weekend I went to Nice*
b. au participer Pour carnaval — *To take part in the carnival*
c. trouver Pour emplacement bon un — *To get a good spot*
d. quelques y Il règles a importantes — *There are a few important rules*
e. apporter ne pas doit On d'alcool — *One must not bring alcohol*
f. plu l' Il peu après-midi a un — *It rained a bit in the afternoon*
g. une incroyable C'était expérience — *It was an incredible experience*
h. sympas rencontré gens des J'ai — *I met some nice people*
i. rigolé Nous beaucoup avons — *We laughed a lot*

Unit 5. When I went to *Le Carnaval de Nice*: VOCAB BUILDING

6. Complete with the verb in the perfect form

a. La semaine dernière je _____ à Nice.   *Aller*

b. Mon ami et moi _____ en train.   *Voyager*

c. Je _____ tôt, à sept heures.   *Se lever*

d. Nous _____ tôt en ville.   *Arriver*

e. J'_____ beaucoup de gens sympas.   *Rencontrer*

f. Je _____ à l'hôtel à pied.   *Rentrer*

g. Nous _____ beaucoup de photos.   *Prendre*

h. Nous _____ beaucoup _____.   *Rigoler*

i. Je _____ à l'hôtel.   *Se doucher*

j. Puis, je _____.   *Se reposer*

k. Mon ami et moi _____ tard.   *Se coucher*

l. C'_____ une expérience mémorable.   *Être*

7. Bonne ou Mauvaise idée?
e.g. On ne doit pas apporter de l'alcool: B (Bonne idée)

a. On doit insulter les gens dans la rue:

b. On doit porter un masque de plongée:

c. On doit se déguiser pour le carnaval:

d. On doit dormir pendant la fête:

e. On doit arriver tard sur le site pour avoir un bon emplacement:

f. On doit prendre plein de photos durant le carnaval:

g. On doit amener plein de feux d'artifice:

8. Gapped translation

a. Le week-end dernier, je suis allé à Nice — _____ weekend, I went to Nice

b. J'y suis allé pour participer au carnaval — I went there to _____ in the carnival

c. Je suis allé avec mon meilleur ami, Charles — I went with my _____ friend, Charles

d. Nous avons voyagé en train et puis en car — We _____ by train and then by coach

e. Il y a quelques règles importantes — There are _____ important rules

f. On ne doit pas apporter de boissons alcoolisées — One must not bring _____

g. Le matin, il faisait beau — In the morning the weather was _____

h. ...mais dans l'après-midi il a plu un peu — ...but in the afternoon it _____ a bit

i. Pour trouver un bon emplacement — To find a good _____

j. Nous avons rencontré des gens sympas — We _____ some nice people

9. Translate into English

a. Le matin

b. Il y avait des nuages.

c. Mais ensuite il a fait beau

d. J'ai rencontré beaucoup de gens.

e. J'ai beaucoup rigolé.

f. Nous avons pris beaucoup de photos.

g. Il faisait froid.

h. Nous sommes rentrés à l'hôtel.

i. Nous nous sommes douchés.

j. Nous avons dîné tard.

k. Je me suis reposé après le dîner.

l. C'était une expérience inoubliable.

UNIT 5. When I went to *Le Carnaval de Nice*: READING 1

Salut, je suis Marc. J'ai passé un moment mémorable le week-end dernier.

Je suis allé à Nice avec mon meilleur ami, pour participer au carnaval. Mon meilleur ami s'appelle Christophe et il est très marrant et sportif. Il adore les sports nautiques comme le surf, la plongée et la voile par exemple.

Le jour du voyage, nous nous sommes réveillés très tôt, à cinq heures. Nous avons voyagé en avion et puis on a loué une voiture. Le trajet a été long, mais divertissant. On a bien rigolé en écoutant de la musique et en regardant les paysages. Le jour du carnaval, nous sommes arrivés tôt en ville pour trouver un bon emplacement.

Durant le carnaval, il y a quelques règles importantes. On ne doit pas apporter d'alcool, ni de feux d'artifice afin d'éviter les problèmes.

Par ailleurs, il est recommandé de porter un déguisement afin de créer une vraie atmosphère de fête et des lunettes de soleil car il fait souvent très beau à Nice. Cette année il faisait beau le matin, mais il a plu l'après-midi.

Pendant le carnaval, j'ai rencontré beaucoup de gens sympas. Mon ami Christophe et moi avons pris beaucoup de photos. C'était vraiment génial!

Le soir, nous sommes rentrés à l'hôtel et nous nous sommes douchés. Puis nous avons mangé des fruits de mer dans un restaurant chic. Finalement, nous nous sommes couchés vers onze heures. C'était une expérience inoubliable!

Marc, 18 ans. Calais

1. Find the French equivalent

a. *I had a memorable time*

b. *Take part in*

c. *We woke up*

d. *We rented a car*

e. *We arrived early*

f. *During the carnival*

g. *There are a few rules*

h. *Sunglasses*

i. *The weather was good*

j. *We took a lot of photos*

k. *It was really great*

l. *Finally, we went to bed*

m. *An unforgettable experience*

2. Answer the questions in French in full sentences, as if you were Marc

a. Quand es-tu allé à Nice, Marc?

b. Avec qui es-tu allé?

c. Comment as-tu voyagé?

d. Pourquoi les règles sont-elles importantes?

e. Pourquoi est-il recommandé de porter un déguisement?

f. Quel temps faisait-il le matin?

g. Qu'as-tu fait pendant le carnaval? (2)

h. Qu'as-tu mangé au restaurant?

3. Complete the sentences

a. *My best friend is called Christophe and he is very _____ and _____ .*

b. *On the day of the trip we _____ _____ very early, at _____ .*

c. *I had a great time _____ to music and _____ the landscape.*

d. *On the day of the festival we got there _____ to find a _____ _____ .*

e. *One mustn't bring _____ nor _____ in order to _____ issues.*

f. *In the evening we _____ to the hotel and we _____ .*

Unit 5. When I went to *Le Carnaval de Nice*: READING 2

Salut, je suis Christophe. Le week-end dernier était assez intéressant. Je suis allé à Nice dans le sud-est de la France avec mon ami Marc, pour participer au carnaval. Marc est très intelligent, mais il est un peu paresseux. Il adore jouer de la guitare, mais ne fait presque jamais de sport. En réalité, il aime juste la musique et voudrait devenir musicien professionnel.

Le jour du voyage, je me suis levé à cinq heures du matin. C'était trop tôt! Ensuite, j'ai voyagé en avion et en train avec Marc. Le voyage a duré quatre heures et c'était long et ennuyeux. Ce n'était pas marrant du tout. Le jour du carnaval, nous nous sommes levés tôt pour trouver un bon emplacement. Je ne sais pas pourquoi.

Durant le carnaval il y a quelques règles à respecter. Premièrement, on ne doit pas apporter de boissons alcoolisées. De plus, il est interdit d'apporter des feux d'artifices pour éviter les accidents. Il est par ailleurs recommandé de porter un déguisement. Le matin, il faisait beau, mais trop chaud. Puis, l'après-midi il a plu un peu. Je n'ai pas du tout aimé le temps.

Pendant le carnaval, je n'ai rencontré personne. J'ai pris beaucoup de photos, mais j'ai ensuite perdu mon appareil photo. Je déteste quand il y a trop de monde autour de moi, c'était horrible!

Le soir je suis rentré à l'hôtel avec Marc et je me suis douché. J'ai mangé des fruits de mer avec Marc et puis je me suis couché. J'étais content car cette horrible journée était enfin terminée. C'était une expérience décevante *[disappointing]* et je ne voudrais jamais y retourner.

Christophe, 18 ans. Boulogne-sur-Mer

1. Find the French equivalent
a. Was quite interesting

b. To take part in

c. To play the guitar

d. On the day of the trip

e. It wasn't fun at all

f. To get a good spot

g. I don't know why

h. To avoid accidents

i. I lost my camera

j. I hate when there are too many people

k. I would never like to return there

2. Translate into English the following sentences from the text above
a. Dans le sud-est de la France.

b. Je me suis levé à cinq heures du matin.

c. Ce n'était pas marrant du tout.

d. Il y a quelques règles à respecter.

e. Il est interdit d'apporter des feux d'artifices.

f. Il faisait beau, mais trop chaud.

g. J'étais content car cette journée était terminée.

h. C'était une expérience décevante.

3. Write T, F or NM and correct the incorrect statements
a. He woke up at five in the morning.

b. He thought that it was a good trip.

c. They arrived late at the carnival.

d. He met a lot of people.

e. There was a big storm in the afternoon.

f. He liked the weather.

g. He hates it when there are too many people.

h. He is keen to return next year.

Unit 5. When I went to *Le Carnaval de Nice*: READING & WRITING

Le Carnaval de Nice

Arielle: Je suis allée au carnaval de Nice et j'ai adoré! J'ai pris plein de photos. C'était une expérience inoubliable.

Rose: Je suis allée au carnaval de Nice il y a dix ans, c'était très amusant!

Léon: Il y a trop de règles! On ne peut même pas apporter d'alcool, c'est nul!

Matéo: J'ai rencontré beaucoup de nouveaux gens sympas. De plus, il a fait beau toute la journée, c'était génial!

Sarah: J'ai adoré tous les déguisements! J'étais moi-même déguisée en sirène.

Denis: J'étais complètement trempé, il a plu toute la soirée. Quel cauchemar!

Jean: Je suis rentré à l'hôtel et je me suis douché. La douche était la meilleure partie de la journée.

Léa: Tout de suite après le carnaval, mes amis et moi sommes allés au restaurant.

Dylan: Quand je suis allé au carnaval, nous avons eu un gros orage l'après-midi. Ainsi, je n'ai rencontré personne.

Natasha: Il y avait plein de règles, mais elles sont importantes pour la sécurité.

1. Find someone who...

a. ...thinks there are too many rules.

b. ...had a lot of rain and got drenched.

c. ...went to Nice a decade ago.

d. ...experienced a storm in the afternoon.

e. ...thinks rules are important for safety.

f. ... hasn't met anyone due to poor weather.

g. ...had really good weather all day.

h. ...went for food straight after the party.

i. ...enjoyed showering at the end of the day.

j. ...had an unforgettable experience.

k. ...loves that they could meet new people.

l. ...was dressed up as a mermaid.

2. Complete with a suitable word

a. Je suis allé à Nice pour participer au _____ .

b. J'y suis allé avec mon _____ .

c. Nous avons loué une _____ .

d. Le voyage était très _____ .

e. Nous sommes arrivés à _____ heures.

f. J'ai rencontré plein de _____ sympas.

g. J'ai logé dans un _____ de luxe.

h. J'ai _____ rigolé.

i. J'ai _____ l'hôtel car il était très propre.

j. Le soir, nous avons _____ dans un bon restaurant, c'était délicieux.

3. Write an extension of the sentence said by each person on the left

e.g. Arielle: Je voudrais y retourner un jour.

Rose:

Léon:

Matéo:

Sarah:

Denis:

Jean:

Léa:

Dylan:

Natasha:

Unit 5. When I went to *Le Carnaval de Nice*: WRITING

1. Complete the text with the options below
Le mois dernier je _____ avec mon cousin à Nice, pour participer au carnaval. Le jour du voyage, je me suis réveillé très tôt, à six heures. J'ai voyagé en avion et puis j'_____ une voiture. Le trajet était long, mais amusant. Je me suis détendu en _____ de la musique. Le jour du carnaval, nous sommes arrivés tôt pour trouver un bon _____. Pendant le carnaval, il y a _____ règles importantes. La plus importante est de ne pas _____ d'alcool. Le matin, _____ et il y a eu de l'orage, mais l'après-midi il _____ beau. Pendant le _____, j'ai rencontré plein de gens sympas et mon cousin et moi nous avons beaucoup _____. Le soir, je suis rentré à l'hôtel et je me suis _____. Ensuite, je suis allé au restaurant avec mon _____ et nous avons bien mangé. _____ une expérience inoubliable. Je _____ encore y retourner l'an prochain.

| quelques | carnaval | il a plu | suis allé | apporter | cousin | emplacement |
| douché | ai loué | c'était | a fait | rigolé | écoutant | voudrais |

2. Complete the grid with the appropriate perfect tense form of the verbs below

J'/Je	Nous
ai rencontré	
	avons mangé
ai voyagé	
	sommes arrivés
me suis couché	
	nous sommes levés
me suis douché	

3. Guided translation
a. L'___ d_____ je ____ a_____ à N_____ .
Last summer I went to Nice.
b. J'y s_____ a_____ a____ m_ m_____ a____ Jean.
I went with my best friend Jean.
c. N_____ y s_____ a_____ p_____ p_____ au c_____ .
We went there to take part in the carnival.
d. I_____ des r_____ i_____ .
There are some important rules.
e. On ne d_____ p___ a_____ de b_____ a_____ .
One must not bring alcoholic drinks.
f. Le m_____ i_ f_____ b_____, m____ l'_____-_____ il a p_____ .
In the morning it was sunny, but in the afternoon it rained.

4. Translate the following text into French
Hi. My name is Pierre. Last year I went to the southeast of France. I went to take part in the Nice carnival. I went with my best friend Thomas. He is kind and funny. We travelled by plane and then by train. The trip was very long, but quite fun.

On the day of the carnival, we arrived quite early to get a good spot. In this carnival there are some important rules. One must not bring alcoholic drinks or fireworks. It is also recommended to wear fancy dress and sunglasses.

In the morning, the weather was nice and it was very hot. Later, there was a storm and it rained a lot.

During the carnival, I took a lot of photos and I laughed a lot, it was incredible!

It was an unforgettable experience and I would like to return again next year.

5. Write a 150 to 250 words paragraph in which you talk about a make-believe trip to the Nice carnival. Mention:
- When you went.
- Who you went with.
- What they are like.
- How you travelled.
- How the trip was.
- Some of the main rules of the Nice carnival.
- Three things you did during the carnival.
- What you did afterwards.
- Your impressions of the experience.

TERM 1 - BRINGING IT ALL TOGETHER – 5

1. Bonjour, je m'appelle Jean. J'ai dix-neuf ans et j'habite à Nantes, une ville dans l'ouest de la France. J'habite dans un appartement dans la banlieue de la ville. Mon appartement est assez moche, mais il est dans un bâtiment moderne. J'adore mon quartier parce qu'il y a beaucoup de choses à faire.

2. Normalement, je vais en vacances à l'étranger. Par exemple, l'année dernière je suis allé en Espagne, il y a deux ans je suis allé en Angleterre et il y a trois ans au Maroc. Quand je vais en vacances, je loge toujours dans un hôtel de luxe en centre-ville. Je préfère aussi voyager en avion parce que c'est plus rapide et confortable, même si c'est plus cher.

3. Cependant, je viens de rentrer d'un voyage à Nice où j'étais pour participer au carnaval, une fête connue pour le défilé des chars *(chariots parade)* et les arts de la rue. J'y suis allé avec mes amis et nous avons voyagé en car. Le voyage était très long, mais aussi assez tranquille et confortable. Nous avons logé dans une auberge de jeunesse bon marché.

4. Le jour du carnaval, je me suis réveillé très tôt, vers six heures. Nous nous sommes réveillés tôt pour arriver de bonne heure en ville et trouver un bon emplacement. Le matin, il y avait des nuages, mais l'après-midi, il faisait beau. Pendant le carnaval, j'ai pris beaucoup de photos. Mes amis et moi avons beaucoup rigolé et nous avons rencontré des gens sympas. C'était très amusant.

5. Après la fête, nous sommes rentrés à l'auberge de jeunesse. Je me suis douché et nous sommes tous allés au restaurant. J'ai mangé des frites avec du poisson et j'ai bu un coca. Finalement, je me suis couché vers dix heures. C'était une expérience inoubliable.

6. Pendant le carnaval, il y a quelques règles importantes qui sont fondamentales pour la sécurité de tous les participants. Il est interdit d'apporter des boissons alcoolisées et des feux d'artifice pour éviter les problèmes et les accidents. Par ailleurs, il est recommandé de porter un déguisement car c'est plus marrant.

Jean, 19 ans. Nantes, France

---

1. Answer the following questions in English
a. Why does Jean love where he lives?
b. Where does Jean normally go on holiday?
c. Where did Jean go on holiday two years ago?
d. Why does Jean prefer to travel by plane?
e. How did Jean travel to Nice?
f. Where did Jean stay in Nice?
g. Why did Jean and his friends wake up early?
h. What was the weather like in the afternoon?
i. What did Jean do during the carnival?
j. What did Jean do first after the carnival?

2. Find the French equivalent in Jean's text
a. On the outskirts of the city (1)
b. There are many things to do (1)
c. Two years ago I went to England (2)
d. I always stay in a luxury hotel (2)
e. Even if it's more expensive (2)
f. Where I was to participate in (3)
g. We travelled by coach (3)
h. It was quite calm and comfortable (3)
i. I woke up very early (4)
j. In the morning, it was quite cloudy (4)
k. We met some nice people (4)
l. After the party (5)
m. It was an unforgettable experience (5)

3. Complete the translation of paragraph 6

During the _____, there are a few important _____ that are fundamental for the safety of ____ participants. It's forbidden to _____ alcoholic drinks and _____ to avoid _____ and _____ . In addition, it is _____ to wear _____ _____ because it's more _____ .

TERM 1 - BRINGING IT ALL TOGETHER – 5

Danièle et Gaël sont cousins. Ils parlent de leur voyage au Carnaval de Nice.	
Danièle	Je ne savais pas *(I didn't know)* que tu étais aussi au Carnaval de Nice la semaine dernière.
Gaël	Oui, j'y suis allé avec mes amis. Et toi, avec qui y es-tu allée?
Danièle	J'y suis allée avec ma meilleure amie. Nous avons voyagé en train et après, en taxi.
Gaël	Comment était le voyage?
Danièle	Le voyage était très long, mais c'est passé vite car nous nous sommes bien amusées. Et toi, comment as-tu voyagé?
Gaël	Nous avons voyagé en car, c'était très long et assez ennuyeux.
Danièle	Où as-tu logé?
Gaël	J'ai logé dans un hôtel bon marché à cinq minutes de la fête. J'ai adoré ça, même s'il n'y avait pas de gymnase dans l'hôtel.
Danièle	Mon amie et moi avons logé dans une auberge de jeunesse. C'était à dix minutes à pied de la fête.
Gaël	Comment as-tu trouvé la fête? Tu as aimé?
Danièle	Oui, j'ai adoré la fête. Pendant le carnaval, j'ai beaucoup rigolé car il y avait des déguisements et des gens marrants. Et toi?
Gaël	Moi aussi, j'ai bien rigolé. J'ai pris beaucoup de photos et j'ai rencontré des gens sympas.
Danièle	Écoute, je voudrais y retourner l'année prochaine. Ça serait cool d'y aller ensemble. Qu'est-ce que tu en penses?
Gaël	Oui, génial! Je suis d'accord!

4. True (T), False (F) or Not Mentioned (NM)?

a.	Danièle and Gaël are siblings.	
b.	Danièle did not know that Gaël also went to Nice.	
c.	Gaël went to Nice with his friends.	
d.	Danièle went to Nice with her sister.	
e.	Danièle travelled by train and taxi.	
f.	Danièle had a lot of fun on the journey.	
g.	Gaël's journey was very long.	
h.	Gaël stayed in a luxury hotel.	
i.	Gaël's accommodation was five minutes from the festival.	
j.	Danièle stayed at a campsite.	
k.	Danièle loved the festival.	
l.	Gaël didn't like the carnival.	
m.	Danièle would like to go back next year.	

5. Complete the statements

a. Danièle's journey was very _____ but felt very _____ because it was fun.

b. Gaël found the journey there very _____ and quite _____.

c. _____ stayed in a youth hostel with her _____ friend.

d. _____ took lots of _____ and _____ a lot of nice people.

e. _____ would like to _____ _____ next year.

TERM 1 - BRINGING IT ALL TOGETHER – QUESTION SKILLS

1. Fill in the missing letters
a. O _ es-tu a _ _ _ en vacances?
b. C _ _ _ _ _ _ as-tu v _ _ _ _ _ ?
c. Comment é _ _ _ _ le v _ _ _ _ _ ?
d. Où a _ -tu l _ _ _ ?
e. C'était b _ _ _ ?
f. Qu'e _ - _ _ que tu as f _ _ _ ?
g. Qu'est-ce que tu as a _ _ _ le p _ _ _ ?
h. Que f _ _ _ -tu pendant ton t _ _ _ _ libre?
i. Qu'est-ce q _ _ tu as fait h _ _ _ après l'école?
j. Qu'est-ce que tu v _ _ f _ _ _ _ ce week-end?
k. À quelle h _ _ _ _ commencent l _ _ c _ _ _ _ ?
l. À q _ _ _ _ _ heure finiss _ _ _ les cours?
m. Q _ _ _ _ cours as-tu le m _ _ _ _ ?
n. Qu'e _ - _ que tu fais a _ _ _ _ le collège?
o. C _ _ _ _ _ _ e _ _ le règlement de t _ _ collège?
p. Es-t _ d _ _ _ all _ à un festival français?
q. Q _ _ _ _ y e _ -tu allé?

2. Choose the option that you hear
a. Je suis allé en vacances en France/Italie/Allemagne.
b. J'ai voyagé en avion/voiture/bateau.
c. Le voyage était long/court/amusant.
d. J'ai logé dans un camping/un hôtel/une auberge.
e. C'était génial/horrible/cool.
f. Le premier jour, j'ai fait du vélo/footing/sport.
g. J'ai passé du temps avec mes parents/cousins/amis.
h. Pendant mon temps libre, je joue du violon/piano.
i. J'ai fait mes devoirs/beaucoup de choses.
j. Je vais aller au cinéma/centre commercial/parc.
k. Les cours commencent à huit/neuf/dix heures.
l. Les cours finissent à trois/quatre/cinq heures.
m. En première heure, j'ai anglais/français/espagnol.
n. Je vais au club de natation/d'équitation/d'échecs.
o. On ne doit pas porter de boucles d'oreilles/jupes.
p. Je suis allé à la campagne/plage/montagne.
q. Je crois que c'était inoubliable/formidable/bien.

3. Listen and write in the missing information
a. L'été _____, je suis allée en _____ avec ma _____. Je suis allée en France.
b. Nous avons voyagé en _____ et le voyage _____ quatre heures et _____.
c. Le _____ était très _____ et assez _____.
d. J'ai _____ dans une _____ au centre-ville.
e. J'ai _____ le voyage parce que les _____ étaient _____.
f. Pendant les vacances, _____ beaucoup de choses. Le premier jour, _____ un _____.
g. Ce que _____ le plus, _____ quand _____ un match de foot avec mon _____ ami.
h. Pendant mon temps _____, j'aime jouer au _____ au _____.
i. Hier, _____ le collège, je suis allé _____ un ami pour _____ à la PlayStation.
j. Ce _____, je vais aller au _____ avec mes _____.
k. Dans mon _____, les cours _____ à _____ heures et demie.
l. _____ mon collège, les cours _____ à _____ heures de l'après-midi.
m. En première _____, j'ai cours de _____. Après, j'ai cours d'_____.
n. _____ le collège, je vais au club d'_____ avec ma _____.
o. Dans mon collège, on ne _____ pas mâcher de _____ dans les _____.
p. Oui, l'année dernière, je suis allé au _____, une _____ qui est célébrée en _____.
q. J'y suis allé l'_____ dernier avec mon _____ et _____.

TERM 1 - BRINGING IT ALL TOGETHER – QUESTION SKILLS

4. Fill in the grid with your personal information

Question	Answer
a. Où es-tu allé(e) en vacances?	
b. Comment as-tu voyagé?	
c. Où as-tu logé?	
d. Qu'est-ce que tu as fait pendant les vacances?	
e. Qu'est-ce que tu as aimé le plus?	
f. Que fais-tu pendant ton temps libre?	
g. Qu'est-ce que tu as fait hier après le collège?	
h. Qu'est-ce que tu vas faire ce week-end?	
i. Quels cours as-tu le lundi matin?	
j. Quels sont les règles dans ton collège?	
k. Es-tu déjà allé(e) à un festival français?	
l. C'était quand? Comment c'était?	

5. Survey two of your classmates using the same questions as above – write down the main information you hear in French

Q.	Person 1	Person 2
a.		
b.		
c.		
d.		
e.		
f.		
g.		
h.		
i.		
j.		
k.		
l.		

No Snakes No Ladders

TERM 1

1 Where did you go on holiday?	2 Last summer, I went on holiday with my family.	3 We went to Germany and we travelled by plane.	4 The trip lasted two hours and it was comfortable.	5 I stayed in a luxury hotel in the city centre.	6 I had a good time because the people were nice.	7 During the holidays I did many things.
START						
15 I like to play football with my friends at the park.	14 Generally, I tidy my room at 9:00 in the morning.	13 What do you normally do in your free time?	12 In my opinion they were unforgettable holidays.	11 What I liked the most was when I saw a football match.	10 In the evening, we went to the shopping mall to go shopping.	8 On the first day, I met a nice girl.
						9 In the morning, I went to the beach to swim in the sea.
16 What did you do yesterday after school?	17 Last Friday, I went jogging in the park with my sister.	18 Next weekend, I would like to go to the cinema.	19 What time do lessons start?	20 At my school, lessons start at 8:45.	21 Breaktime is at 10:30.	22 I like French because it is fun.
						23 At my school, one cannot go to the toilet during lessons.
30 I took a lot of photos during the carnival.	29 After the party, I returned to the hotel and I showered.	28 During the carnival, I laughed a lot.	27 In the morning, it was good weather.	26 When we arrived, we rented a car.	25 Last weekend, I went with my friends to Cannes.	24 At my school, you don't have to wear a uniform.
FINISH						

THE LANGUAGE GYM
FRENCH TRILOGY III

67

No Snakes No Ladders

TERM 1

	7 Pendant les vacances, j'ai fait beaucoup de choses.	**6** J'ai passé un bon moment parce que les gens étaient sympas.	**5** J'ai logé dans un hôtel de luxe en centre-ville.	**4** Le voyage a duré deux heures et c'était confortable.	**3** Nous sommes allés en Allemagne et nous avons voyagé en avion.	**2** L'été dernier, je suis allé(e) en vacances avec ma famille.
	8 Le premier jour, j'ai rencontré une fille sympa.	**9** Le matin, je suis allé(e) à la plage pour nager dans la mer.	**10** Le soir, nous sommes allés au centre commercial pour faire les magasins.	**11** Ce que j'ai aimé le plus, c'était quand j'ai vu un match de foot.	**12** À mon avis, c'étaient des vacances inoubliables.	**13** Que fais-tu normalement pendant ton temps libre?
	23 Dans mon collège, on ne peut pas aller aux toilettes pendant les cours.	**22** J'aime le français parce que c'est amusant.	**21** La récréation est à dix heures et demie.	**20** Dans mon collège, les cours commencent à neuf heures moins le quart.	**19** À quelle heure commencent les cours?	**18** Le week-end prochain, je voudrais aller au cinéma.
	24 Dans mon collège, on ne doit pas porter un uniforme.	**25** Le week-end dernier, je suis allé(e) avec mes amis à Cannes.	**26** Quand nous sommes arrivés, nous avons loué une voiture.	**27** Le matin, il faisait beau.	**28** Pendant le carnaval, j'ai beaucoup rigolé.	**29** Après la fête, je suis rentré(e) à l'hôtel et je me suis douché(e).

| **1** Où es-tu allé(e) en vacances? **DÉPART** | **14** En général, je range ma chambre à neuf heures du matin. | **17** Vendredi dernier, j'ai fait du footing dans le parc avec ma sœur. |
| **15** J'aime jouer au foot avec mes amis au parc. | **16** Qu'est-ce que tu as fait hier après le collège? | **30** J'ai pris beaucoup de photos pendant le carnaval. **ARRIVÉE** |

PYRAMID TRANSLATION

Unit 1-2 Recap

Translate each part of the pyramid out loud with your partner, then write it into the spaces provided below.

a. Last year I went...

b. Last year I went on holiday to France with my family.

c. Last year I went on holiday to France with my family. We travelled by plane and the trip took 3 hours.

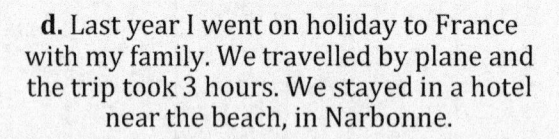

d. Last year I went on holiday to France with my family. We travelled by plane and the trip took 3 hours. We stayed in a hotel near the beach, in Narbonne.

e. Last year I went on holiday to France with my family. We travelled by plane and the trip took 3 hours. We stayed in a hotel near the beach, in Narbonne. We spent a lot of time swimming in the sea and taking photos.

f. Last year I went on holiday to France with my family. We travelled by plane and the trip took 3 hours. We stayed in a hotel near the beach, in Narbonne. We spent a lot of time swimming in the sea and taking photos. They were unforgettable holidays and I would like to go back there one day.

Write your translation here:

SOLUTION: L'année dernière, je suis allé(e) en vacances en France avec ma famille. Nous avons voyagé en avion et le voyage a duré trois heures. Nous avons logé dans un hôtel près de la plage, à Narbonne. Nous avons passé beaucoup de temps à nager dans la mer et à prendre des photos. C'étaient des vacances inoubliables et je voudrais y retourner un jour.

TERM 1 – BRINGING IT ALL TOGETHER

One pen One dice

Play in pairs. You only have 1 pen and 1 dice.
One person has the pen and starts translating the sentence into **English.** The other person rolls the dice until they roll a 6, they swap the pen and translate. The winner is the person who finishes translating all the sentences first.

1. Je suis allé(e) en vacances en France.	
2. J'ai voyagé en avion et ensuite en car.	
3. Le voyage était très long, mais confortable.	
4. Ce que j'ai aimé le plus, c'était quand j'ai passé du temps avec mes grands-parents.	
5. Je voudrais y retourner l'année prochaine.	
6. Pendant la semaine, je vais au centre commercial.	
7. Le week-end, je fais mes devoirs.	
8. Hier, j'ai mangé dans un restaurant chinois.	
9. Vendredi dernier, je suis allé(e) au stade.	
10. J'ai fait du footing au parc.	

TERM 1 – BRINGING IT ALL TOGETHER

One pen One dice

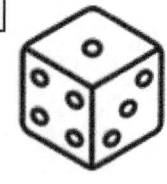

Play in pairs. You only have 1 pen and 1 dice.
One person has the pen and starts translating the sentence into **French.** The other person rolls the dice until they roll a 6, they swap the pen and translate. The winner is the person who finishes translating all the sentences first.

1. I went on holiday to France.	
2. I travelled by plane and then by coach.	
3. The trip was very long, but comfortable.	
4. What I liked the most was when I spent time with my grandparents.	
5. I would like to go back there next year.	
6. During the week, I go to the shopping mall.	
7. At the weekend, I do my homework.	
8. Yesterday, I ate in a Chinese restaurant.	
9. Last Friday, I went to the stadium.	
10. I did jogging in the park.	

TERM 2 – OVERVIEW

This term you will learn:

Unit 6 – Talking about yesterday after school
• Describe a school morning in the past tense, including getting ready, the trip to school and the morning classes
• Talk about what activities you did after school, once you got home

Unit 7 – Talking about what I did last weekend
• Talk about where you went, with whom, and what activities you did
• Talk about how you spent your time

Unit 8 – Talking about a recent outing to the cinema
• Describe a recent cinema trip
• Talk about what genre of film you went to see
• Describe what the film was about

Unit 9 – Talking about a birthday party we went to
• Describe a recent birthday party
• Say where the party was held
• Say what gift you bought your friend

Unit 10 – (OPTIONAL) Making plans for next weekend
• Talk about your plans for next weekend
• Talk about places where you would like to go
• Say what else you would like to do, using the conditional tense

KEY QUESTIONS

À quelle heure tu t'es levé(e) hier?	What time did you get up yesterday?
Comment es-tu allé(e) au collège?	How did you go to school?
Qu'est-ce que tu as fait après le collège?	What did you do yesterday after school?
Qu'est-ce que tu as fait le week-end dernier?	What did you do last weekend?
Qu'est-ce que tu as fait samedi/dimanche?	What did you do on Saturday/Sunday?
Qu'est-ce que tu as fait avant de dormir?	What did you do before going to sleep?
Quand es-tu allé(e) au cinéma pour la dernière fois?	When was the last time you went to the cinema?
Quel film as-tu regardé?	What film did you watch?
De quoi parlait l'histoire?	What was the story about?
Tu as aimé le film? Pourquoi?	Did you like the film? Why
Où était la fête de ton ami(e)?	Where was your friend's party?
Qu'est-ce que tu as fait pendant la fête?	What did you do during the party?
Qu'est-ce que tu as donné à ton ami(e)?	What did you give your friend?
Qu'est-ce que tu vas faire le week-end prochain?	What are you going to do next weekend?
Qu'est-ce que tu vas faire samedi/dimanche?	What are you going to do on Sat/Sun?
Qu'est-ce que tu voudrais faire?	What would you like to do?
Qu'est-ce que tu dois faire?	What do you have to do?

UNIT 6
Talking about yesterday after school

In this unit you will learn how to:

• Describe a school morning in the past tense, including getting ready, the trip to school and the morning classes
• Talk about what activities you did after school, once you got home
• Say what you did before going to bed

UNIT 6
Talking about yesterday after school

À quelle heure tu t'es levé(e) hier?	*What time did you get up yesterday?*
Comment es-tu allé(e) au collège?	*How did you go to school?*
Qu'est-ce que tu as fait après le collège?	*What did you do yesterday after school?*

Hier matin *Yesterday morning*	j'ai pris le petit-déjeuner *I had breakfast* je me suis levé(e) *I got up* je suis allé(e) au collège *I went to school*	à six/sept/huit heures *at six/seven/eight*

Au collège *At school*	j'ai eu cours d'/de *I had a ... lesson*	espagnol français	et	j'ai appris beaucoup de choses *I learnt a lot of things* c'était amusant *it was fun* c'était bien *it was good* c'était un peu ennuyeux *it was a bit boring*

Après *After*	je suis rentré(e) à la maison *I went back home*	à pied *on foot* en bus *by bus* en voiture *by car*	à trois heures *at 3*

Pendant le trajet retour *During the return journey*	j'ai dormi *I slept* j'ai écouté de la musique *I listened to music* j'ai parlé avec mes amis *I talked to my friends*

Quand je suis arrivé(e) à la maison *When I arrived at home*	j'ai fait mes devoirs *I did my homework* j'ai joué aux jeux vidéo *I played video games* j'ai joué du piano *I played the piano* j'ai promené le chien *I walked the dog* j'ai regardé la télé *I watched TV*	dans ma chambre *in my bedroom* dans le salon *in the living room* dans le jardin *in the garden*

Plus tard dans l'après-midi *Later in the afternoon*	j'ai discuté avec mes amis *I chatted with my friends* j'ai rencontré mes amis *I met up with my friends* je suis allé(e) au centre commercial *I went to the shopping mall* je suis allé(e) au parc *I went to the park* je suis allé(e) chez un(e) ami(e) *I went to my friend's house*

Après le dîner *After dinner*	j'ai utilisé mon ordinateur portable *I used my laptop* j'ai utilisé mon téléphone portable *I used my mobile phone* je suis allé(e) sur internet *I went on the internet*	pour *(in order) to*	chercher des informations *look for information* regarder des vidéos sur YouTube *watch videos on YouTube* regarder Instagram *look at Instagram*

Unit 6. Talking about yesterday after school: LISTENING

1. Dictation

a. Qu'_ _ _-ce q_ _ tu as f_ _ _ h_ _ _ ?

b. J'ai p_ _ _ le p_ _ _ _-déjeuner à s_ _ heures.

c. J'ai e_ c_ _ _ _ de f_ _ _ _ _ _ _.

d. P_ _ _ _ _ le t_ _ _ _ retour, j'ai d_ _ _ _.

e. J'ai f_ _ _ mes d_ _ _ _ _ dans le s_ _ _ _.

f. J'ai j_ _ _ du piano d_ _ _ ma c_ _ _ _ _ _.

g. L'a_ _ _ _-m_ _ _, je s_ _ _ a_ _ _ au p_ _ _.

h. Après le d_ _ _ _, je suis a_ _ _ s_ _ internet.

i. J'ai a_ _ _ _ _ b_ _ _ _ _ _ _ de c_ _ _ _ _.

j. J'a_ u_ _ _ _ _ _ m_ _ ordina_ _ _ _ portable.

2. Listen and fill in the gaps

a. Hier matin, je me _____ _____ à _____ heures.

b. Au collège, j'ai eu cours de _____ et c'était _____.

c. Après, je _____ _____ à la maison en _____.

d. Pendant le _____ retour, j'___ _____ avec mes _____.

e. Quand je suis _____ à la maison, j'___ _____.

f. J'____ _____ aux _____ vidéo dans ma _____.

g. L'_____, j'ai _____ mes amis.

h. Après le _____, je suis _____ sur _____.

3. Spot the intruders

Hier matin, je me suis allé au collège à les sept heures et la demie. Au collège, j'ai eu cours d'anglais et c'était très bien. Après, je suis rentré rapidement à la maison à pied à quatre heures dix. Pendant tout le trajet retour, j'ai écouté de la musique classique. Quand je suis arrivé à la ma maison, j'ai joué aux les jeux vidéo dans ma chambre. Plus tard dans l'après-midi, je suis aussi allé au centre commercial. Après le dîner, j'ai utilisé mon nouveau téléphone portable pour regarder sur Instagram.

4. Multiple choice: spot the intruders

e.g.	home	piano	~~bedroom~~
a.	yesterday	I got up	at seven
b.	French	fun	bad time
c.	school	home	foot
d.	journey	I listened	friends
e.	when	I played	dog
f.	afternoon	friends	park
g.	dinner	internet	YouTube
h.	what	you eat	school

5. Faulty translation: listen, identify and correct the errors

e.g. After dinner, I used my mobile phone to ~~look for information~~. **watch videos on YouTube**.

a. Yesterday morning, I had breakfast at 7:30.

b. At school, I had a Spanish lesson and it was fun.

c. After, I returned home at 3:30 by bus.

d. When I arrived at home, I listened to music.

e. When I arrived at home, I did my homework in the living room.

f. Later, in the afternoon, I went to my friend's house.

g. After dinner, I used my mobile phone to look at Instagram.

Unit 6. Talking about yesterday after school: LISTENING

6. Listening slalom: follow the speaker from top to bottom and number the boxes accordingly

a	b	c	d	e
After dinner	At school	After	After	Before school
I had	I returned home	I used	I got up	at 6:30
I went	my mobile phone	by car	an English lesson	at 6:00
and	and I chatted	to the park	to look	with my sister
at 5:00.	at my Instagram.	it was fun.	with my brother.	with my friends.

7. Narrow listening: gapped translation

Salut, je m'_____ André et je _____ d'Annecy. J'ai _____ ans et j'_____ avec mes _____ et mon _____ cadet. Hier _____, je me suis _____ à six heures et _____ et je suis _____ au _____ à _____ heures et demie. Au collège, j'ai _____ cours d'_____ et j'ai _____ beaucoup de _____. Après, je suis _____ à la _____ en bus à trois heures. Pendant le _____ retour, j'ai _____ de la musique. Quand je suis _____ à la maison, j'ai _____ mes _____ dans le _____. Plus _____ dans l'après-midi, je suis allé au _____ avec _____ frère. Après le _____, je suis _____ sur internet pour _____ des vidéos sur YouTube.

8. Listen to the two conversations and answer the questions below in English

Conversation 1

a. At what time did Yvan get up yesterday?

b. How did Yvan travel to school?

c. How did Laura get home from school?

d. What did Laura do when she got home?

e. What did Yvan do yesterday afternoon?

Conversation 2

a. What did Joël do yesterday?

b. What did Marie use her laptop for?

c. Where did Marie listen to music?

d. What time did Marie get up at yesterday?

e. How did Marie travel to school?

Unit 6. Talking about yesterday after school: VOCAB BUILDING

1. Complete with the missing word

a. J'ai _____ le petit-déjeuner — I had breakfast
b. J'ai eu cours de _____ — I had a French lesson
c. J'ai _____ le chien — I walked the dog
d. J'ai _____ avec mes amis — I chatted to my friends
e. J'ai utilisé mon _____ — I used my computer
f. Hier _____ — Yesterday morning
g. J'ai _____ mes _____ — I did my homework
h. J'ai _____ mes amis — I met up with my friends
i. Dans le _____ — In the living room

2. Match

Hier	At 3:00
Je me suis levé	By car
À trois heures	I got up
Ma chambre	It was good
L'après-midi	In the garden
En voiture	Yesterday
C'était bien	At school
Dans le jardin	My bedroom
Au collège	In the afternoon

3. Translate into English

a. Je me suis levée à six heures
b. Plus tard dans l'après-midi
c. Je suis allé au parc avec mon frère
d. J'ai eu cours d'anglais
e. Après le dîner
f. Pour regarder des vidéos sur YouTube
g. J'ai fait mes devoirs dans ma chambre
h. J'ai écouté de la musique dans la voiture

4. Add the missing letter

a. Je suis all _
b. Je me suis le _ ée
c. Je suis r _ ntré
d. J'ai d _ rmi
e. Ord _ nateur
f. Voit _ re
g. J'ai p _ rlé
h. J'ai disc _ té

5. Anagrams

a. mantusA
b. inatOrdeur
c. J'ia aripps
d. aitC'ét nibe
e. lèColge
f. foionsrmatIn
g. xeuJ déovi
h. Chbream

6. Broken words

a. J'ai p _ _ _ le petit- _ _ _ _ _ _ _ _ — I had breakfast
b. Je me su _ _ l _ _ _ à s _ _ heures — I got up at 6:00
c. J'ai _ _ c _ _ _ _ de f _ _ _ _ _ _ _ — I had a French lesson
d. J'ai _ _ _ _ _ _ de la musi _ _ _ — I listened to music
e. Q _ _ _ _ je suis _ _ _ _ _ _ — When I arrived
f. A _ _ _ _ le d _ _ _ _ — After dinner
g. J _ s _ _ _ a _ _ _ sur internet — I went on the internet
h. J' _ _ j _ _ _ aux j _ _ _ vidéo — I played video games
i. J'ai p _ _ _ _ _ _ l _ c _ _ _ _ — I walked the dog

7. Complete with a suitable word

a. Hier matin, _____
b. J'ai eu cours de _____
c. Je suis rentrée en _____
d. J'ai fait mes _____
e. J'ai _____ avec mes amis
f. Pendant le _____ retour
g. J'ai _____ de la musique
h. Je suis arrivé à _____ heures

Unit 6. Talking about yesterday after school: VOCAB BUILDING

8. Spot the intruders

a. Hier de matin, je me suis levée à six heures.
b. Au le collège, j'ai eu cours d'espagnol.
c. Après, je suis rentrée chez à la maison.
d. Pendant sur le trajet retour, j'ai dormi.
e. Quand je me suis arrivé à la maison.
f. L'après-midi, pour j'ai rencontré mes amis.
g. Après du le dîner, j'ai utilisé mon ordinateur.
h. Hier soir matin, je suis allé au collège.
i. J'ai joué aux les jeux vidéo dans le salon.
j. J'ai joué au du piano dans ma chambre.

9. Translate the verbs

a. Hier, j'ai pris le petit-déjeuner à sept heures.
   Yesterday, I _____ at 7:00.
b. Au collège, j'ai eu cours d'espagnol.
   At school, I _____ a Spanish lesson.
c. Après, je suis rentrée à la maison en voiture
   After, I _____ home by car.
d. Pendant le trajet retour, j'ai parlé avec mes amis.
   During the trip home, I _____ to my friends.
e. Je suis arrivé à la maison et j'ai joué du piano.
   I _____ home and I _____ the piano.
f. Après, j'ai rencontré mes amis.
   After, I _____ with my friends.

10. Likely or unlikely: write L for likely or U for unlikely next to each sentence below

a. Après le dîner, je suis allé au collège.
b. Au collège, j'ai eu cours de chien.
c. Je suis rentrée à la maison à quatre heures.
d. Pendant le trajet retour, j'ai eu cours.
e. Quand je suis arrivé à la maison, j'ai joué.
f. L'après-midi, j'ai rencontré mes amis.
g. Après le dîner, j'ai utilisé mon téléphone.
h. Hier matin, je suis allée au collège.
i. J'ai fait mes devoirs et c'était amusant.
j. J'ai joué aux jeux vidéo et c'était bien.

11. Sentence puzzle

a. Hier je allé matin, au collège à suis heures huit.
b. français de J'ai cours eu.
c. suis maison Après, je rentré à quatre à la heures.
d. retour, le trajet j'ai Pendant dormi.
e. arrivé à la Je suis maison et joué du j'ai piano.
f. L'après-midi, je parc allée au avec mes suis amis.
g. Après mon dîner, j'ai le utilisé ordinateur.
h. portable soir, j'ai Hier mon utilisé téléphone.

12. Multiple choice: choose the correct translation

a.	Hier matin	Yesterday afternoon	In the morning	Yesterday morning
b.	Je suis rentré à la maison	Return of the king	I returned home	I returned again
c.	Pendant le trajet	During the journey	During the village	During the test
d.	C'était un peu ennuyeux	I had a great time	It was a bit boring	It was very good
e.	J'ai promené le chien	I walked the dog	I fed the cat	I played with the dog
f.	Après le dîner	Afterwards	After the cinema	After dinner
g.	J'ai eu cours de…	I liked my … lesson	I had a … lesson	You had a … lesson
h.	Dans le salon	In the living room	In the salon	After the living room

Unit 6. Talking about yesterday after school: READING 1

Je m'appelle Robert. J'ai douze ans et j'habite à Valence, en France. Dans ma famille, il y a quatre personnes. J'ai un chien très amusant, il s'appelle Filou. Hier matin, je me suis levé très tôt, à six heures. Après, je me suis douché et je me suis habillé dans ma chambre. Je suis allé au collège en vélo car je n'habite pas loin. Au collège, en première heure, j'ai eu cours d'anglais. C'est ma matière préférée, car ma professeure est intéressante. En deuxième heure, j'ai eu cours de géographie. J'aime cela car j'ai des amis en classe, mais le prof n'explique pas très bien les choses. Je suis rentré à la maison à trois heures et quand je suis arrivé chez moi, j'ai fait mes devoirs dans ma chambre. Après, j'ai rencontré mes amis au centre commercial. Nous avons mangé une glace à l'italienne. Je suis rentré à sept heures. Après le dîner, j'ai utilisé mon téléphone portable pour regarder Instagram. Finalement, je me suis couché à dix heures.

Robert, 12 ans, Valence, France

Je m'appelle Anna. J'ai treize ans et j'habite à Brighton, en Angleterre. Dans ma famille, il y a cinq personnes. Mon père, ma mère, mon frère aîné, ma sœur cadette et moi. J'ai un très joli chat, mais il est un peu méchant. Il s'appelle Tigrou. Hier matin, je me suis levée tôt, à six heures et demie. Après, je me suis douchée et je me suis brossée les dents dans la salle de bains. Je suis allée au collège en voiture car j'habite assez loin. Au collège, en première heure, j'ai eu cours de français. C'est ma matière préférée, car mon prof est très sympa et il explique bien les choses. En deuxième heure, j'ai eu cours de maths. Je n'aime pas cette matière parce que le prof est un peu ennuyeux et il me gronde *(tells me off)* quand je ne fais pas mes devoirs. Après le collège, j'ai fait mes devoirs dans le salon avec mon frère. Il m'aide toujours. Plus tard dans l'après-midi, je suis sortie avec mes amis. Nous sommes allés au parc et nous avons joué au foot. Je suis rentrée chez moi à sept heures. Après le dîner, j'ai utilisé mon téléphone pour chercher des informations pour mes devoirs. Finalement, je me suis couchée à dix heures et quart.

Anna, 13 ans, Brighton, Angleterre

1. Find the French in Robert's text

a. I am 12 years old

b. I showered

c. First period (lesson)

d. The teacher doesn't explain things well

e. In my bedroom

f. We ate an ice cream

g. After dinner

h. I went to bed

2. Who does the statement refer to: Robert or Anna?

a. Has a fun pet

b. Goes to school by bicycle

c. Has an unfriendly pet

d. Gets up the earliest

e. Has French first lesson

f. Has a teacher who doesn't explain things well

g. Sometimes doesn't do their homework

h. Ate ice cream after school

i. Has a brother who always helps them

j. Went to bed the latest

3. Answer the following questions about Anna

a. Who does Anna live with?

b. Why does she go to school by car?

c. What school lessons does she mention? (2 details)

d. Why doesn't she like her maths teacher? (2 details)

e. Where did she do homework with her brother?

f. What did she do at the park?

g. What did she do after dinner?

4. Correct the mistakes

a. Hier pour matin.

b. Je moi suis levé très tôt.

c. Je suis allé le collège en vélo.

d. Je suis rentré à la maison les huit heures

e. À deuxième heure, j'ai cours de maths.

f. Car parfois, je ne fais pas devoirs.

g. Je suis allé dans internet.

Unit 6. Talking about yesterday after school: READING 2

Bonjour, je m'appelle David. J'ai quinze ans et j'habite à Agen, une ville dans le sud-ouest de la France. J'habite dans un appartement assez moderne dans un petit quartier. Je vis avec ma famille. Dans ma famille, il y a cinq personnes. Il y a mes parents, mon frère aîné, mon frère cadet et moi.

Je me lève tous les jours à six heures et demie du matin. Cependant, hier, je me suis levé plus tôt, à six heures. Avant de prendre le petit-déjeuner, je me suis douché et j'ai mis mon uniforme. J'ai mangé des céréales avec du lait et j'ai bu un jus d'orange.

Comme toujours, je suis allé au collège en bus parce que j'habite assez loin. Au collège, en première heure, j'ai eu cours d'anglais. Je n'aime pas l'anglais car mon professeur est très ennuyeux et il n'explique pas très bien les choses. De plus, si tu parles en classe, tu te fais gronder. En deuxième heure, j'ai eu cours de maths. J'adore les maths et je m'entends bien avec la prof car elle est très sympa et elle m'aide toujours.

Après le collège, je ne suis pas rentré directement chez moi, je suis allé chez mon ami dans la voiture de son père. Pendant le trajet, nous avons écouté de la musique et nous avons parlé de nos projets pour ce week-end. Quand nous sommes arrivés chez lui, nous avons joué aux jeux vidéo et nous avons promené son chien dans le parc.

Quand je suis rentré à la maison, j'ai fait mes devoirs dans la salle à manger et j'ai dîné avec ma famille. Après le dîner, j'ai utilisé mon ordinateur portable pour regarder des vidéos sur YouTube.

Finalement, je me suis couché à dix heures et demie.

David, 15 ans, Agen, France

1. Find the French in David's text
a. A city in the southwest of France
b. A quite modern flat
c. I get up every day
d. Yesterday I got up
e. I put on my uniform (perfect tense)
f. I drank an orange juice
g. I live quite far
h. You get told off
i. She always helps me
j. During the journey
k. When we arrived at his house
l. In the dining room
m. I had dinner with my family

2. Spot and correct the mistakes
a. Dans ma famille, il y est cinq personnes
b. Je se lève tous les jours
c. Je suis douché et j'ai mis mon uniforme
d. Je suis allé le collège en bus
e. J'entends bien avec la prof
f. Je pas suis ne rentré directement
g. Quand je rentré à la maison
h. J'ai dîné ma famille
i. Je suis couché à dix heures et demie

3. Tick or cross: tick the phrases that appear in the text above and cross the phrases that don't

a. Dans un petit quartier	f. J'ai bu un jus d'orange	k. Je suis rentré à pied
b. Tous les jours	g. J'habite assez loin	l. Je suis allé chez mon ami
c. De temps en temps	h. J'habite très près	m. Nous avons parlé
d. Je me suis levé plus tôt	i. Je déteste l'anglais	n. J'ai fait mes devoirs
e. J'ai logé dans une auberge	j. Elle est très sympa	o. Le soir

Unit 6. Talking about yesterday after school: READING & WRITING

Le collège

Jules: Hier, j'ai eu cours de français en première heure. J'ai appris beaucoup de choses et j'aime le professeur, mais ce n'était pas amusant.

Arthur: Hier, je suis rentré du collège en bus avec mes amis. Pendant le trajet, j'ai fait mes devoirs.

Hugo: Pendant le trajet retour, j'ai écouté de la musique et ensuite, quand je suis arrivé à la maison, j'ai dû faire mes devoirs.

Mélanie: L'après-midi, je suis allée chez ma meilleure amie. Nous avons utilisé mon ordinateur portable pour chercher des informations pour nos devoirs de sciences.

Irène: Au collège, j'ai eu cours d'anglais et c'était un peu ennuyeux car je n'aime pas la prof. Elle est très méchante et parfois, elle me gronde.

Michel: Quand je suis arrivé à la maison, je suis allé au parc avec mes frères. Nous avons joué au foot et nous avons mangé une glace. Après nous sommes rentrés chez nous pour dîner.

Frédéric: Hier matin, je me suis levé tôt, à six heures et demie. Je suis allé au collège en vélo avec mon ami.

Hélène: Je suis rentrée du collège à trois heures et demie. Quand je suis arrivée à la maison, j'ai promené le chien et j'ai rencontré mes amis au parc près de chez moi.

1. Find someone who...

a. ...did their homework on the way home from school.

b. ...got home from school at 3:30.

c. ...had to do homework when they got home.

d. ...does not like their teacher.

e. ...learnt a lot in lesson, but did not have fun.

f. ...did their homework at a friend's house.

g. ...had an ice cream in the park.

h. ...met up with their friends at the park.

i. ...listened to music on the way home from school.

j. ...woke up early at 6:30

2. Complete with a suitable word

a. En première heure, j'ai eu cours de _____.

b. L'après-midi, je suis allé au _____.

c. Après le dîner, j'ai utilisé mon _____ pour regarder des _____ sur YouTube.

d. Hier _____, je me suis levé tôt.

e. J'ai eu cours de français et c'était _____.

f. Quand je suis _____ à la maison, j'ai joué aux _____ et j'ai promené le _____.

g. Je suis arrivé _____ moi à _____ heures.

3. Using your imagination, write an extension of the sentence said by each person on the left

e.g. Jules: Après, j'ai eu cours d'anglais et c'était bien parce que j'ai appris beaucoup de choses.

Arthur:

Hugo:

Mélanie:

Irène:

Michel:

Frédéric:

Hélène:

Unit 6. Talking about yesterday after school: WRITING

1. Complete the following sentences creatively

a. Hier matin, _____ à sept heures et _____.

b. Au collège, j'ai eu cours de _____ et de _____.

c. Ensuite, je suis rentré à la _____ en _____ et j'ai parlé avec ma _____.

d. Pendant le trajet retour, _____.

e. Quand je suis arrivé chez moi, _____ et _____.

f. Plus tard dans l'après-midi, _____ à cinq _____ et _____.

g. Après le dîner, _____ pour _____.

2. Tangled translation: rewrite in French

a. Hier **morning**, je me suis levé **at 7:00** et j'ai pris des **cereal with milk** et une banane.

b. **At school**, j'ai eu cours de **French** à 9:40. Je déteste **the teacher (m) because** il est **mean**.

c. Après, **I went back** à la maison **at 4:15** en voiture avec mon **father and my younger brother**.

d. Pendant le **return journey**, j'ai écouté de la **music** et **I slept**.

e. Quand **I arrived home, I played** aux jeux vidéo dans le **living room with my** sœur cadette.

f. Ensuite, **in the afternoon, I met up** mes amis au parc **and we chatted**.

g. Après le **dinner, I used my** téléphone portable **in order to look for** des informations pour **my homework**.

3. Fill in the missing letters

a. *In the morning* — L_ m_ _ _ _

b. *I had a French lesson* — J'ai e_ co_ _ _ de f_ _ _ _ _ _ _

c. *I learnt a lot* — J'ai a_ _ _ _ _ b_ _ _ _ _ _ _

d. *I went back* — Je s_ _ _ r_ _ _ _ _

e. *The return journey* — Le t_ _ _ _ _ r_ _ _ _ _

f. *I did my homework* — J'ai f_ _ _ m_ _ d_ _ _ _ _ _

g. *I went to the park* — Je s_ _ s a_ _ é au p_ _ _

h. *I used my computer* — J'ai uti_ _ _ _ mon ordinat_ _ _

4. Translate into French

a. Yesterday morning, I went to school by bus as 8:30.

b. At school, I had a Spanish lesson and I learnt a lot of things.

c. Later, I went back home on foot at 3:30 and, during the return journey, I listened to music.

d. When I arrived at home, I walked the dog with my sister. After, I played video games in my bedroom.

e. Later in the afternoon, I went to the shopping mall with my best friend.

TERM 2 - BRINGING IT ALL TOGETHER – 6

1. Bonjour, je m'appelle Pauline et j'ai quatorze ans. J'habite à Bordeaux, une ville dans le sud-ouest de la France. J'habite dans un appartement dans un vieux bâtiment dans la banlieue de la ville. Je vis avec ma mère et mon frère aîné. Dans mon quartier, il y a beaucoup à faire et ce que j'aime le plus, c'est de rencontrer mes amis au centre commercial pour faire du lèche-vitrines ou regarder un film au cinéma.

2. En général, je me lève à sept heures moins le quart. Je me douche, je m'habille et je vais dans la cuisine pour prendre le petit-déjeuner avec ma famille. Avant le collège, je dois aussi promener le chien. D'habitude, je fais un tour dans le petit parc qui est dans ma rue. Je sors de chez moi à huit heures moins le quart et je vais au collège à pied. J'arrive vers huit heures.

3. Les cours commencent à huit heures et quart et finissent à trois heures moins le quart. J'ai des cours différents tous les jours, mais ma matière préférée, c'est l'informatique. J'ai cours d'informatique le lundi en première heure et le jeudi en troisième heure. J'adore étudier l'informatique parce que c'est intéressant et ma prof est intelligente. Dans mon collège, les règles sont assez strictes. Par exemple, on ne peut pas lever la main en cours et on ne peut pas porter de maquillage.

4. Hier matin, je me suis levée tard, donc je n'ai pas pris de petit-déjeuner pour ne pas arriver en retard au collège. Je suis allée au collège à sept heures et demie comme toujours. J'ai eu cours de chimie et c'était assez ennuyeux parce que j'avais oublié d'apporter mon livre. Ensuite, je suis rentrée chez moi à pied à trois heures et j'ai écouté de la musique sur le trajet.

5. Normalement, quand j'arrive à la maison, je prends un goûter *(snack)*. D'habitude, je mange du pain avec de la confiture. Cependant, hier, je n'avais pas faim, donc j'ai joué aux jeux vidéo avec mon frère dans le salon. Après, je suis allée au parc avec mes amies.

6. Je suis rentrée à la maison à sept heures. Ensuite, j'ai dîné avec ma famille. Après le dîner, je suis allée sur internet pour regarder Instagram et des vidéos.

Pauline, 14 ans. Bordeaux, France

1. Answer the following questions in English
a. Who does Pauline live with?
b. What must Pauline do before school?
c. How does Pauline get to school?
d. What time do classes start at?
e. What does Pauline think of the school rules?
f. At what time did Pauline go to school yesterday?
g. Why didn't she enjoy her science lesson?
h. What did she do on the way home?
i. What did she do at 7:00 p.m.?
j. What did she do after dinner?

2. Find the French equivalent in Pauline's text
a. What I like the most (1)
b. Watch a film at the cinema (1)
c. (In order) to have breakfast with my family (2)
d. I also have to walk the dog (2)
e. I arrive around 8:00 (2)
f. I have different lessons every day (3)
g. My teacher is intelligent (3)
h. One cannot put up their hand in class (3)
i. I went to school at 7:30 (4)
j. When I arrive at home (5)
k. I wasn't hungry (5)
l. After, I went to the park with my friends (5)
m. After dinner, I went on the internet (6)

3. Complete the translation of paragraph 4
Yesterday _____, I got up _____ so I didn't have _____ in order not to _____ late to _____. I went to school at _____ like always. I had a _____ lesson and it was quite _____ because I had forgotten to _____ my _____. Afterwards, I _____ home on _____ at _____ and I _____ to _____ on the way.

83

TERM 2 - BRINGING IT ALL TOGETHER – 6

Amira et Anthony sont cousins. Ils vont dans des collèges différents et parlent de ce qu'ils ont fait hier au collège.	
Amira	Salut, Anthony. Comment était ta journée d'hier au collège?
Anthony	Amira, c'était horrible. Ça s'est très mal passé.
Amira	Pourquoi? Qu'est-ce qu'il s'est passé?
Anthony	Le problème, c'est que mon collège est très strict. Premièrement, je suis arrivé en retard à huit heures vingt.
Amira	À quelle heure commencent les cours?
Anthony	Les cours commencent à huit heures et quart, mais je suis tombé à l'entrée et je suis arrivé cinq minutes après.
Amira	Quelle galère! *(What a pain)* Pourquoi étais-tu en retard?
Anthony	Je me suis levé tard, donc je n'ai pas pu prendre le bus. Quand je suis arrivé au collège, j'ai eu cours d'espagnol et ce n'était pas amusant du tout.
Amira	Moi, j'aime bien l'espagnol. Qu'est-ce que tu as fait quand tu es rentré à la maison?
Anthony	Quand je suis arrivé à la maison, j'ai promené le chien et j'ai fait mes devoirs. C'est à ce moment-là que j'ai réalisé que j'avais perdu mon livre d'espagnol. Et toi?
Amira	Mon pauvre Anthony! Moi, quand je suis rentrée à la maison, j'ai joué aux jeux vidéo et j'ai écouté de la musique. C'était tranquille.
Anthony	Super, Amira. Tu as de la chance. Et comment s'est passé ton cours de géographie?
Amira	Aïe, pas bien du tout! Je n'avais pas fait mes devoirs et j'ai eu un examen aujourd'hui.

4. True (T), False (F) or Not Mentioned (NM)?

a.	Amira and Anthony go to the same school.	
b.	Amira and Anthony are cousins.	
c.	Anthony had a terrible day at school yesterday.	
d.	Anthony's school is not very strict.	
e.	Anthony normally walks to school.	
f.	Anthony arrived at 8:20.	
g.	Amira missed the bus.	
h.	Anthony had a Spanish lesson yesterday.	
i.	Amira likes Spanish.	
j.	Anthony walked his dog.	
k.	Anthony lost his geography book.	
l.	Anthony is happy that Amira had a nice day.	
m.	Amira didn't do her geography homework.	

5. Complete the statements

a. _____ goes to a very strict school.

b. Anthony was late because he _____ _____ by the entrance and he _____ five minutes _____.

c. _____ realised that he had lost his _____ book.

d. Amira _____ _____ and listened to music when she got home.

e. _____ had an exam today.

UNIT 7
Talking about what I did last weekend

In this unit you will learn how to:

- Describe what you did last weekend
- Talk about where you went, with whom, and what activities you did
- Talk about how you spent your time, using the *j'ai passé un moment + à infinitive* structure

UNIT 7
Talking about what I did last weekend

Qu'est-ce que tu as fait le week-end dernier?			*What did you do last weekend?*		
Qu'est-ce que tu as fait samedi/dimanche?			*What did you do on Saturday/Sunday?*		
Qu'est-ce que tu as fait avant de dormir?			*What did you do before going to sleep?*		
Le week-end dernier, *Last weekend,*	**était** *was*	**assez** *quite* **très** *very*		**amusant** *fun* **divertissant** *entertaining*	

Mes amis et moi *My friends and I*	sommes allé(e)s dans beaucoup d'endroits	*(we) went to many places*
	avons fait beaucoup de choses	*(we) did many things*

Vendredi, *On Friday,* **Par exemple,** *For example,*	je suis allé(e) *I went* nous sommes allé(e)s *we went*	au centre commercial *to the shopping mall* au centre-ville *to the city centre*	**pour** *(in order) to*	acheter un cadeau *buy a gift* faire du lèche-vitrines *go window shopping* faire une promenade *go for a walk*

Plus tard, *Later on,*	je suis allé(e) nous sommes allé(e)s	au cinéma *to the cinema*	pour voir un film *to see a ... film*	d'action *action* de science-fiction *sci-fi* récent *recent*

Samedi, *On Saturday,*	**j'ai passé** *I spent*	une heure *an hour* un moment *a while*	à chercher des informations *looking for information* à écouter de la musique *listening to music* à étudier le français *studying French* à jouer de la guitare *playing the guitar* à utiliser mon téléphone portable *using my mobile phone*
avec mon ami(e) *with my friend* seul(e) *alone*		dans ma *in my*	maison *house* chambre *bedroom*

Dimanche, *On Sunday,*	je n'ai pas fait grand-chose *I didn't do much* je n'ai rien fait *I didn't do anything*	**car** *because*	j'avais beaucoup de devoirs *I had a lot of homework* j'étais fatigué(e) *I was tired* j'étais occupé(e) *I was busy* il faisait mauvais *the weather was bad*

Finalement, *Finally,*	je me suis couché(e) *I went to bed*	vers *at about* à *at*	neuf heures *nine* dix heures *ten*

Avant de dormir, *Before going to sleep,*	j'ai écouté un peu de musique *I listened to a bit of music* j'ai lu un livre *I read a book* j'ai parlé avec mon ami(e) *I talked with my friend*

Unit 7. Talking about what I did last weekend: LISTENING

1. Multiple choice: cross out the words you don't hear

e.g.	dernier	*assez*	amusant
a.	amis	sommes allés	choses
b.	nous	centre-ville	promenade
c.	cinéma	voir	fiction
d.	samedi	une	portable
e.	rien	fait	occupé
f.	couché	vers	neuf
g.	dormir	écouté	joué

2. Complete the words

a. A _ _ _ _ _ _ — Fun
b. Nous av _ _ _ f _ _ _ — We did
c. Une pro _ _ _ _ _ _ — A walk
d. Scien _ e-fict _ _ _ — Science fiction
e. Le s _ _ _ _ _ — On Saturday
f. I _ _ _ _ _ _ _ _ _ _ — Information
g. La g _ _ _ _ _ _ — The guitar
h. J'ét _ _ _ occu _ _ — I was busy
i. J _ m _ su _ _ cou _ _ _ — I went to bed
j. J'ai l _ un l _ _ _ _ — I read a book

3. Fill in the blanks

a. Qu'est-ce que _____ hier?

b. Le week-end dernier était assez _____.

c. Mes amis et moi _____ _____ beaucoup de _____.

d. Vendredi, je _____ allée au centre _____.

e. Plus tard, nous _____ allés au _____.

f. Samedi, j'ai _____ un moment à _____ le français.

g. Dimanche, je n'ai _____ fait parce qu'il faisait _____.

4. Spot the intruders

Le week-end du dernier était très assez divertissant. Mes amis et nous moi avons fait beaucoup de les choses. Par exemple, nous sommes tous allés au le centre-ville pour se faire du lèche-vitrines. Samedi matin, j'ai passé une heure à jouer de la guitare électrique avec mon meilleur ami à la maison. Dimanche après-midi, je n'ai rien fait parce que j'avais beaucoup trop de devoirs. Finalement, je me suis couché tôt vers dix heures.

5. Faulty translation: listen, identify and correct the errors

e.g.	Last weekend	was	*very* ~~fun~~ *entertaining*
a.	My friends and I went	to the shopping mall	to go for a walk.
b.	After,	we went to the cinema	to see a recent film.
c.	On Saturday,	I spent an hour	listening to music.
d.	On Friday,	I didn't do anything	because the weather was bad.
e.	Finally,	I went to bed	at 10:00.
f.	Before	going to sleep,	I listened to music.
g.	On Saturday,	I spent a while	studying French.
h.	For example,	I went to the shopping mall	to go window shopping.

Unit 7. Talking about what I did last weekend: LISTENING

6. Complete the table in English

	Opinion	Friday (2 details)	Saturday	Sunday
a. Anita				
b. Patricia				
c. Ian				

7. Narrow listening: gapped translation

Hello, my name is Anthony and I'm _____ years old. Last weekend was _____ fun. My _____ and I did lots of _____. On _____, we went to the _____ _____ to go for a _____ and later, we _____ to the _____ to see an _____ film.

On _____, I spent an hour _____ to _____ with my _____ in my house. On _____, I didn't do anything _____ I was _____. Finally, I went to bed at _____. Before going to sleep, I _____ a _____.

8. Listen to Laura and answer the questions in English

a. How old is Laura?

b. Where does Laura live?

c. How was last weekend for Laura?

d. What did she do at the shopping mall?

e. What kind of film did she watch?

f. What did she spend an hour doing on Saturday?

g. Why didn't she do much on Sunday?

h. What time did she go to bed at on Sunday?

i. What did she do before she went to sleep?

Unit 7. Talking about what I did last weekend: VOCAB BUILDING

1. Match

Dormir	Entertaining
Hier	A walk
Divertissant	To the cinema
Nous sommes allés	The weather was bad
Beaucoup de choses	We went
Une promenade	Window shopping
Au cinéma	I was tired
Étudier	To sleep
Lèche-vitrines	I went to bed
Un moment	Many things
J'étais fatigué	A while
Il faisait mauvais	To study
Je me suis couché	Yesterday

2. Complete the words

a. Qu'est-ce q _ _ tu as f _ _ _ ?   *What did you do?*
b. C'ét _ _ _ tr _ _ amu _ _ _ _   *It was very fun*
c. P _ _ ex _ _ _ _ _   *For example*
d. Au cen _ _ _ commer _ _ _ _   *To the mall*
e. Lè _ _ _ -vitr _ _ _ _   *Window shopping*
f. Po _ _ v _ _ _ un fi _ _   *To see a film*
g. J'ai p _ _ _ _ u _ mom _ _ _   *I spent a while*
h. Cher _ _ _ _   *To look for*
i. Mon t _ _ _ phone port _ _ _ e   *My mobile phone*
j. Pas gr _ _ _ -c _ _ _ _   *Not much*
k. J'ai l _ m _ _ l _ _ _ _   *I read my book*

3. Break the flow

a. Cétaitassezdivertissant
b. Noussommesallésaucinéma
c. Jesuisalléaucentre-ville
d. Unfilmdaction
e. Jaipasséuneheureàjouerdelaguitare
f. Dimanchejenaipasfaitgrand-chose
g. Parcequejétaisoccupé
h. Jemesuiscouchéàdixheures
i. Jaiécoutéunpeudemusique

4. Complete the sentences using the words from the table below (3 words have no match)

a. Qu'est-ce que _____ hier?
b. Mes _____ et moi avons fait beaucoup de choses.
c. J'étais occupé car j'avais beaucoup de _____.
d. Nous sommes allés au cinéma pour _____ un film.
e. _____ un peu de musique avec mon amie.
f. J'ai passé une heure _____ de la guitare.
g. Je n'ai pas fait _____ car il faisait mauvais.
h. Je suis allé au centre _____.
i. Qu'est-ce que tu as fait _____ de dormir?
j. Le week-end dernier était _____ divertissant.
k. Avant de dormir _____ avec mon ami.
l. J'ai passé une heure à chercher des _____.

à jouer	tu as fait	j'ai parlé
informations	meilleur	devoirs
piano	grand-chose	j'ai écouté
voir	amis	assez
avant	avait	commercial

5. Sentence puzzle

a. Le divertissant dernier week-end était.
b. Vendredi, allé au centre suis commercial je.
c. tard, je suis au allé Plus cinéma avec amis mes.
d. étudier Samedi, j'ai à une heure passé.
e. Nous d'endroits allés dans sommes beaucoup.
f. Dimanche, je fait rien n'ai.
g. Finalement, me je vers dix suis heures couché.
h. dormir, j'ai lu Avant mon de livre.
i. exemple, je suis Par allée centre-ville au.

Unit 7. Talking about what I did last weekend: VOCAB BUILDING

6. Multiple choice

a. To go for a walk	Pour aller en ville	Pour faire une promenade	Pour faire du lèche-vitrines
b. Last weekend	Samedi dernier	Le week-end dernier	Plus tard
c. Before going to sleep	Je me suis couchée	Après le repas	Avant de dormir
d. I spent	J'ai passé	Je me suis levé	J'ai parlé
e. I read	J'ai vu	J'ai lu	J'ai bu
f. I was busy	Il faisait mauvais	J'étais fatigué	J'étais occupé
g. To go window shopping	Pour faire du lèche-vitrines	Pour aller en ville	Pour faire une promenade

7. Gapped translation

a. What did _____ _____ yesterday?
Qu'est-ce que tu as fait hier?

b. We _____ to _____ places.
Nous sommes allés dans beaucoup d'endroits.

c. What did ____ ____ before going to _____?
Qu'est-ce que tu as fait avant de dormir?

d. On _____ we went to the _____ centre.
Vendredi, nous sommes allés au centre-ville.

e. I _____ to the _____ _____.
Je suis allée au centre commercial.

f. My _____ and I did _____ things.
Mes amis et moi avons fait beaucoup de choses.

8. Translate into English

a. Le week-end dernier était très divertissant.

b. Samedi, j'ai passé une heure à jouer du piano.

c. Dimanche, je n'ai pas fait grand-chose.

d. Car il faisait mauvais et j'étais fatigué.

e. Vendredi, je suis allée faire du lèche-vitrines.

f. Avant de dormir j'ai écouté de la musique.

g. C'était assez amusant.

h. Finalement, j'ai lu un livre dans ma chambre.

9. Spot and correct the spelling & grammar mistakes (in the French)

a. C'était très amusing	*It was very fun*	g. Pour vu un film	*To see a film*
b. Mes amis et je	*My friends and I*	h. Faire une pramenode	*To go for a walk*
c. Sur vendredi	*On Friday*	i. Nous avons fiat	*We did*
d. Au ville-centre	*To the city centre*	j. J'ai parlé avec mes amis	*I spoke with my friend*
e. Il faisait mal	*The weather was bad*	k. J'ai passé un heure	*Using the mobile phone*
f. Nous somme allé	*We went*	l. Avant de dormant	*Before going to sleep*

Unit 7. Talking about what I did last weekend: READING 1

Bonjour, je m'appelle Iban. J'ai treize ans et j'habite à Espelette, une ville en France. J'habite dans une petite maison dans un vieux quartier. Je vis avec mes parents et mon frère. Mon frère s'appelle Eneko et il a onze ans. Il a les cheveux bruns et les yeux verts. Nous nous entendons bien parce qu'il est très sympa.

Le week-end dernier était assez divertissant. Mon frère et moi sommes allés dans beaucoup d'endroits et nous avons fait beaucoup de choses. Vendredi, nous sommes allés au centre-ville pour faire une promenade et manger une glace chez notre glacier préféré. Ensuite, nous sommes allés au cinéma pour voir un film de science-fiction. Mon frère adore les films de science-fiction, mais moi, je préfère les films d'action. Cependant, j'ai adoré le film. Après le film, nous sommes rentrés à la maison à neuf heures.

Samedi matin, j'ai passé un moment à jouer de la guitare dans ma chambre. J'ai pris le petit-déjeuner dans la salle à manger avec ma famille à neuf heures. Nous avons mangé des fruits avec du yaourt et nous avons bu du jus d'orange. Ensuite, j'ai passé une heure à étudier l'anglais avec mon frère dans le salon. L'après-midi, mon frère et moi sommes allés au parc. Nous avons rencontré nos amis et nous avons passé une heure à jouer au foot. Plus tard, nous sommes rentrés à la maison. Le soir, j'ai passé un moment à écouter de la musique pendant que *(whilst)* je préparais le dîner avec mon père.

Dimanche, je n'ai pas fait grand-chose parce que j'étais fatigué. De plus, il faisait mauvais donc je suis resté à la maison et j'ai fait mes devoirs. Finalement, je me suis couché à dix heures et demie, mais avant de dormir, j'ai lu mon livre.

Iban, 13 ans. Espelette, France

1. Find the French equivalent in the text
a. In a small house
b. My brother is called
c. Was quite entertaining
d. At our favourite ice cream parlour
e. My brother loves science fiction films
f. We returned home at 9:00
g. I spent a while
h. I stayed at home
i. I went to bed at 10:30

3. Answer the questions below in French as if you were Iban
a. Où habites-tu?
b. Qu'est-ce que tu as fait vendredi dernier?
c. Que penses-tu du film que tu as vu?
d. Où as-tu étudié avec ton frère?
e. Avec qui as-tu préparé le dîner?
f. Qu'est-ce que tu as fait avant de dormir dimanche?

2. Gapped sentences
a. Iban lives in a _____ _____ with his _____ and his _____.
b. On Friday, Iban and his brother went to the _____ _____.
c. Iban prefers _____ films.
d. However, Iban _____ the film.
e. On Saturday morning, Iban spent a _____ playing the _____.
f. Iban had breakfast with his family at ____.
g. They ate _____, yoghurt and drank _____ _____ for breakfast.
h. Iban and his brother _____ _____ with their friends at the _____.
i. On Sunday, Iban didn't do much because he was _____ and he stayed at home because the _____ was _____.

Unit 7. Talking about what I did last weekend: READING 2

Bonjour, je m'appelle Cédric et j'ai quatorze ans. J'habite à Plougastel, une ville dans le nord-ouest de la France. J'habite dans un appartement moderne avec mes parents et mes sœurs. Ma sœur aînée s'appelle Valérie et elle a seize ans. Ma sœur cadette s'appelle Béatrice et elle a huit ans. Je m'entends bien avec mes sœurs parce qu'elles sont très amusantes.

Le week-end dernier était assez divertissant. Ma famille et moi avons fait beaucoup de choses. Vendredi soir, nous sommes allés au centre commercial. Nous y sommes allés en voiture et le trajet était rapide. Premièrement, nous avons fait les magasins. Mon magasin préféré est Decathlon car j'adore les vêtements de sport. Ensuite, nous sommes allés au cinéma pour voir un film récent. Moi, j'adore les films de science-fiction, mais pas ma famille, donc nous avons regardé un film d'action. J'ai aimé le film car c'était intéressant.

Samedi matin, j'ai passé un moment à écouter de la musique dans la cuisine avec ma mère. Après, j'ai pris le petit-déjeuner avec mes sœurs à huit heures et quart. Nous avons mangé du pain grillé avec des œufs et c'était très bon. Plus tard, j'ai passé une heure à étudier l'allemand dans ma chambre. L'après-midi, ma sœur aînée et moi sommes allés au centre-ville pour rencontrer nos cousins. Nous sommes allés dans un café et nous avons bu un coca et mangé un sandwich. Le soir, nous sommes rentrés à la maison et nous avons regardé un match de foot dans le salon avec mon père et ma sœur cadette. Ma sœur cadette adore le foot, mais ma sœur aînée déteste ça. Je me suis couché très tard, à minuit et demie.

Dimanche matin, j'ai lu un livre. L'après-midi, je n'ai pas fait grand-chose parce que j'avais beaucoup de devoirs à faire.

Cédric, 14 ans. Plougastel, France

1. Find the French in Cédric's text

a. A city in the northwest of France

b. She is eight years old

c. They are very funny

d. We went there by car

e. I love sports clothes

f. We watched an action film

g. It was interesting

h. In the kitchen

i. To study German in my bedroom

j. (In order) to meet up with our cousins

k. A football match

l. I went to bed very late

m. I had a lot of homework to do

2. Spot and correct the mistakes

a. Ma sœur aînée est s'appelle

b. Nous suis allés au centre commercial

c. J'adore les vêtements de le sport

d. J'avons regardé un film d'action

e. Matin samedi, j'ai passé un moment

f. Nous sommes allés dans une café

g. Ma cadette sœur

h. Je suis me couché très tard

i. L'après-midi, je pas n'ai fait grand-chose

3. Tick or cross: tick the phrases that appear in the text above and cross the phrases that don't

a. J'ai quinze ans	f. Nous sommes allés au parc	k. Du pain grillé avec des œufs
b. Avec mes parents	g. Je déteste les vêtements	l. Ma sœur aînée et moi
c. Je m'entends bien avec	h. Nous sommes allés au cinéma	m. Nous sommes rentrés
d. C'était très divertissant	i. Donc nous avons regardé	n. Je me suis couché très tôt
e. Je n'ai rien fait	j. J'ai passé un moment à écouter	o. J'avais beaucoup de devoirs

Unit 7. Talking about what I did last weekend: READING & WRITING

Le week-end dernier

Philippe: Le week-end dernier était très amusant. Mes amis et moi sommes allés au cinéma pour voir un film.

Laura: Mon cousin et moi sommes allés au centre-ville pour faire du lèche-vitrines. Après, nous avons fait une promenade au parc.

Lucie: Samedi dernier, j'ai passé une heure et demie à jouer de la guitare avec mes sœurs dans le salon.

Paul: Dimanche, je n'ai rien fait parce que j'étais occupé avec mes devoirs de mathématiques.

Adrien: Samedi soir, je me suis couché à onze heures et demie, mais avant de dormir, j'ai écouté un peu de musique.

Sophie: Mes amies et moi avons fait beaucoup de choses le week-end dernier. Samedi matin, nous sommes allées au cinéma pour voir un film d'action récent.

Anna: Samedi après-midi, je suis allée au stade avec mon père pour voir un match de foot. Après, nous sommes rentrés à la maison en bus et c'était assez lent.

Martin: Le week-end dernier était très amusant. Ce que j'ai aimé le plus, c'était quand je suis allé au centre commercial avec mes cousins. Nous avons fait du lèche-vitrines et nous avons mangé une glace.

2. Complete with a suitable word

a. Le dimanche, je n'ai rien fait car j'étais _____.

b. Finalement, je me suis couché à _____ heures.

c. Le _____, j'ai utilisé mon téléphone portable.

d. Vendredi, je n'ai _____ fait car j'étais fatigué.

e. Mes amis et moi _____ _____ au parc.

f. Nous sommes allé au _____ pour voir un film.

g. J'ai passé une heure à étudier dans ma _____.

h. Je suis allé au centre _____ avec mes amis.

i. Le week-end dernier était très _____.

1. Find someone who...

a. ...went to a park with their cousin.

b. ...returned home by bus.

c. ...played the guitar with their sisters.

d. ...went to bed at 11:30.

e. ...watched a recent action film.

f. ...had an ice cream.

g. ...listened to a bit of music before bed.

h. ...went to the cinema with their friends.

i. ...went to the stadium.

j. ...was busy doing their homework.

k. ...went to the shopping mall.

l. ...did lots of things with their friends.

m. ...didn't do anything on Sunday.

3. Write an extension of the sentence said by each person on the left

e.g. Philippe: Au cinéma, nous avons vu un film d'action et j'ai adoré ça.

Laura:

Lucie:

Paul:

Adrien:

Sophie:

Anna:

Martin:

Unit 7. Talking about what I did last weekend: WRITING

1. Complete the following sentences creatively

a. Le _____ dernier était _____ amusant.

b. Mes _____ et moi sommes allés au _____.

c. Nous sommes allés au _____ pour _____.

d. _____, je suis allé au cinéma, c'était _____.

e. Avant de _____, _____ avec mes amis.

f. Qu'est-ce que _____ le _____ ?

g. J'ai passé _____ à étudier _____.

h. Plus tard, _____ et finalement _____.

i. Samedi, j'ai passé un moment _____.

2. Tangled translation: rewrite in French

a. Le **Saturday**, j'ai passé **a while** à **look for** des informations avec mon **friend** dans ma **bedroom**.

b. Finalement, **I went to bed** vers **ten** et demie.

c. Le **Friday, I spent** une heure **to play** de la guitare.

d. J'ai utilisé **my mobile** pour **watch** des vidéos.

e. **I didn't do much** parce qu'il faisait **bad weather**.

f. **When** je suis arrivé à la maison, **I did** mes **homework**.

g. Avant de **going to sleep, I talked to** mon **friend**, Laura.

h. Le week-end **last, I spent** une heure **to study French**.

i. **On Sunday**, je n'ai **nothing** fait car j'avais **a lot of** devoirs.

3. Translate into French

a. *I went to bed* — Je me s _ _ _ c _ _ _ _ _

b. *We did* — Nous a _ _ _ _ f _ _ _

c. *I was busy* — J'é _ _ _ _ o _ _ _ _ _

d. *To go for a walk* — F _ _ _ _ une p _ _ _ _ _ _ _ _

e. *Quite entertaining* — A _ _ _ _ diver _ _ _ _ _ _ _

f. *I didn't do anything* — Je n' _ _ r _ _ _ f _ _ _

g. *The weather was bad* — Il f _ _ _ _ _ m _ _ _ _ _ _

h. *Later on* — P _ _ _ t _ _ _

4. Translate into French

a. Last weekend was very fun. My friends and I went to many places.

b. For example, we went to the city centre to go for a walk.

c. Later on, we went to the shopping mall to go window shopping.

d. Finally, we went to the cinema to see a recent film.

e. On Saturday, I spent a while listening to music alone in my bedroom.

f. I was tired and the weather was bad.

TERM 2 - BRINGING IT ALL TOGETHER – 7

1. Comment ça va mon ami? Je m'appelle Corentin et j'habite au Québec, une province francophone du Canada. J'habite à Montréal, la plus grande ville du Québec. J'habite avec ma famille dans un appartement moderne au centre-ville. Dans mon appartement, il y a cinq pièces. Il y a une salle de bains, un salon, une cuisine, la chambre de mes parents et ma chambre. Dans ma chambre, j'ai ma PlayStation, donc c'est là que je préfère passer mon temps.

2. Tous les jours, je me lève à sept heures moins le quart et je me douche. Pour le petit-déjeuner, en général je mange du pain avec du beurre et de la confiture et je bois un verre de lait, mais hier, j'ai pris des œufs et j'ai bu un jus de pomme. Pendant la semaine, je dois aller au collège. Je vais au collège en bus et j'arrive à huit heures et quart.

3. Dans mon collège, les cours commencent à huit heures et demie. La récréation est à onze heures moins vingt et la pause-déjeuner est à midi et demie. Les cours finissent à trois heures moins le quart. Dans mon collège, il y a quelques règles que nous devons suivre. Il ne faut pas porter d'uniforme, mais on ne peut pas porter de jupes courtes, de maquillage ou de baskets blanches.

4. Le week-end dernier était très amusant car mes amis et moi avons fait beaucoup de choses. Vendredi après-midi, nous sommes allés au centre-ville pour faire du lèche-vitrines et pour faire une promenade. Plus tard, nous sommes allés chez un ami pour regarder un match de foot.

5. Samedi matin, j'ai passé un moment à jouer de la guitare dans ma chambre. J'adore la musique et j'aime apprendre de nouvelles chansons. L'après-midi, j'ai rencontré mes amis au parc à quatre heures pour jouer au foot et manger une glace. Moi, j'aime la glace à la framboise (*raspberry*), mais hier, j'ai pris une glace à la vanille et à la noix de coco.

6. Dimanche matin, je me suis levé assez tard et j'ai joué au jeux vidéo. J'avais beaucoup de devoirs à faire, mais j'étais occupé avec ma console de jeux. Après le déjeuner, j'ai fait mes devoirs et le soir, je suis allé au cinéma pour voir un film avec mes amis. Finalement, je me suis couché vers onze heures et j'ai lu un peu mon livre avant de dormir.

Corentin, 14 ans. Montréal, Québec

1. Answer the following questions in English
a. How does Corentin describe his flat?
b. Why does he prefer his bedroom?
c. What did he have for breakfast yesterday?
d. What time does he arrive at school?
e. When is breaktime at his school?
f. What did he do on Friday in the afternoon?
g. What did he do at his friend's house?
h. What did he do on Saturday morning?
i. Why couldn't he do his homework?
j. What did he do before going to sleep?

2. Find the French equivalent in the text
a. In my flat there are five rooms (1)
b. I prefer to spend time there (1)
c. I eat bread (2)
d. During the week (2)
e. I go to school by bus (2)
f. At my school there are some rules (3)
g. You don't have to wear uniform (3)
h. Last weekend was very fun (4)
i. We went to a friend's house (4)
j. Raspberry ice cream (5)
k. I had lots of homework to do (6)
l. After lunch, I did my homework (6)
m. I went to bed at about 11:00 (6)

3. Complete the translation of paragraph 5
On _____ _____, I spent a while playing the _____ in my _____. I love _____ and I _____ to learn _____ songs. In the _____, I met up with my _____ at the park at _____ in order to _____ football and _____ an ice cream. I like raspberry _____ _____, but _____, I ate a _____ and coconut ice cream.

TERM 2 - BRINGING IT ALL TOGETHER – 7

Nadia et Alexandre sont dans la cour de récréation du collège et ils attendent que les cours commencent. Ils parlent du week-end dernier.	
Alexandre	Salut Nadia, comment ça va aujourd'hui?
Nadia	Salut Alexandre. Ça va très bien et toi?
Alexandre	Je vais très bien, mais je suis aussi très fatigué. J'ai fait beaucoup de choses le week-end dernier.
Nadia	Génial! Qu'est-ce que tu as fait?
Alexandre	Vendredi, mes amis et moi sommes allés au centre commercial pour faire les magasins. J'ai acheté un nouveau tee-shirt.
Nadia	Super! Comment est ton tee-shirt?
Alexandre	C'est un tee-shirt rouge avec la photo d'un pingouin dans le dos, trop cool! Tu aimes les pingouins?
Nadia	Oui! Ce week-end, je suis allée au zoo avec ma sœur et nous avons vu beaucoup de jolis pingouins.
Alexandre	Quelle chance! Quel jour y es-tu allé?
Nadia	J'y suis allée samedi matin. J'ai passé un bon moment. Ensuite, je suis rentrée chez moi, j'ai dîné avec ma famille et j'ai regardé un film.
Alexandre	Qu'est-ce que tu as mangé pour le dîner?
Nadia	J'ai mangé une pizza et j'ai bu de la limonade. Le film était très long donc je ne me suis pas couchée avant minuit et demie.
Alexandre	Moi aussi, je me suis couché tard. Le samedi, je suis allé à la plage et le dimanche, j'ai passé toute la journée à étudier pour mon examen de maths.

4. True (T), False (F) or Not Mentioned (NM)?

a.	Nadia and Alexandre are cousins.	
b.	Nadia is feeling very well.	
c.	Alexandre is very upset.	
d.	Alexandre was very busy this weekend.	
e.	Alexandre went to the shopping mall.	
f.	Alexandre bought two new T-shirts.	
g.	The T-shirt was blue with purple sleeves.	
h.	Nadia likes penguins.	
i.	Alexandre went to the zoo.	
j.	Nadia went to the zoo on Saturday morning.	
k.	When Nadia got home, she watched a film.	
l.	Nadia ate French fries.	
m.	Alexandre spent all of Sunday studying.	

5. Complete the statements

a. Alexandre was feeling _____ _____ but also very _____.

b. Alexandre bought a _____ _____ with a _____ on the back.

c. When Nadia got home, she _____ with her _____ and watched a film.

d. The _____ that Nadia _____ was very long.

e. Nadia and Alexandre both _____ ____ _____ late.

TERM 2 – MIDPOINT – RETRIEVAL PRACTICE

1. Answer the following questions in French

Que fais-tu normalement pendant ton temps libre?	
Qu'est-ce que tu vas faire le week-end prochain?	
À quelle heure commencent les cours dans ton collège?	
Qu'est-ce que tu dois faire après le collège?	
À quelle heure tu t'es levé(e) hier?	
Comment était ta journée au collège?	
Qu'est-ce que tu as fait après le collège?	
Qu'est-ce que tu as fait le week-end dernier?	
Qu'est-ce que tu as fait samedi/dimanche?	
Qu'est-ce que tu as fait avant de dormir?	

2. Write a paragraph in the first person singular (I) providing the following details

a. Your name is Sarah. You are 13 years old and you live with your parents and your brother.

b. Usually, you play basketball in your spare time.

c. This weekend, you are going to the shopping mall with your friends.

d. At your school, lessons start at 8:30.

e. After school, you have to take your dog to the park.

f. Yesterday, you woke up late and went to school on foot.

g. After school, you did your science homework.

h. Last weekend, you went to the cinema with your brother.

i. On Saturday, you went to your grandmother's house and on Sunday, you didn't do much.

j. Before going to sleep, you read your book.

3. Write a paragraph in the third person singular (he/she) about a friend or a family member.

Say:

a. Their name, their age and where they are from.

b. What they usually do in their free time.

c. What they have to do after school.

d. What time they got up at yesterday.

e. What they did after school.

f. What they did last weekend (Saturday and Sunday).

g. What they did before going to sleep.

97

UNIT 8
Talking about a recent outing to the cinema

In this unit you will learn how to:

• Describe a recent cinema trip
• Talk about what genre of film you went to see
• Describe what the film was about
• Say what you ate and drank during the film
• Give your opinion about why you liked and disliked the film

UNIT 8
Talking about a recent outing to the cinema

Quand es-tu allé(e) au cinéma pour la dernière fois?	When was the last time you went to the cinema?
Quel film as-tu regardé?	What film did you watch?
De quoi parlait l'histoire?	What was the story about?
Tu as aimé le film? Pourquoi?	Did you like the film? Why?

Le week-end dernier *Last weekend*	je suis allé(e) au cinéma *I went to the cinema*	avec	ma petite amie	*my girlfriend*
			mon petit ami	*my boyfriend*
			mes amis	*my friends*

pour voir/regarder un film *to see/watch a ... film*	d'action	*action*	de guerre	*war*
	d'amour	*love*	d'horreur	*horror*
	d'aventure	*adventure*	de science-fiction	*science fiction*

| La place de cinéma coûtait cinq euros *The cinema ticket cost 5 euros* | On s'est retrouvé(e)s en face du cinéma *We met each other opposite the cinema* |

Le film parlait d'/de *The film talked about*	harcèlement/racisme	*bullying/racism*
	l'amitié entre un garçon et son chien	*the friendship between a boy and his dog*
	super-héros qui sauvent le monde	*superheroes who save the world*
	une histoire d'espionnage	*a spying story*
	une lutte entre le bien et le mal	*a battle between good and evil*
	une relation amoureuse	*a love relationship*

Pendant le film *During the film*	j'ai mangé *I ate*	des bonbons	*sweets*	et *and*	j'ai bu *I drank*	un coca	*a coke*
		du pop-corn	*popcorn*			une limonade	*a lemonade*
		une glace	*an ice cream*				

Ce que j'ai aimé le plus *What I liked the most*	c'était *was*	comment l'histoire se termine	*how the story ends*
		l'acteur/l'actrice principal(e)	*the main actor/actress*
		la bande sonore	*the soundtrack*
		l'intrigue	*the plot*
	c'étaient *were*	les dialogues	*the dialogues*
		les effets spéciaux	*the special effects*
		les scènes d'action/de combat	*the action/fight scenes*

La performance de *The performance by*	Alban Lenoir	était	émouvante	*moving*
	Audrey Tautou		impressionnante	*impressive*
			inoubliable	*unforgettable*

Unit 8. Talking about a recent outing to the cinema: LISTENING

1. Multiple choice: tick the vocabulary you hear

e.g.	Action ✓	Cinema	Horror
a.	A week ago	Yesterday	A month ago
b.	My friends	My boyfriend	My girlfriend
c.	A battle	Friendship	Superheroes
d.	Sweets	Popcorn	Ice cream
e.	The actor	The actress	The plot
f.	The dialogues	Fight scenes	Special effects
g.	Moving	Impressive	Unforgettable

2. Complete the words

a. Je s _ _ a _ _ _ _   I went (fem)
b. P _ _ _ reg _ _ _ _ _   To watch
c. Un film de g _ _ _ _ _   A war film
d. Eff _ _ _ spé _ _ _ _ _   Special effects
e. Un film d' _ _ _ _ _   A love film
f. L _ pl _ _ _   The ticket
g. L _ harcèl _ _ _ _ _   Bullying
h. E _ _ _ _ _ _ _ _ _   Spying
i. Une g _ _ _ _   An ice cream
j. La ban _ _ s _ _ _ _ _   Soundtrack
k. I _ _ _ _ _ _ _ _ _ _   Unforgettable

3. Fill in the blanks

a. Le week-end _____, je suis allé au cinéma.
b. Je suis allé au cinéma avec mes _____.
c. Nous avons vu un film _____.
d. La place de cinéma _____ cinq euros.
e. Le film _____ d'une histoire d'espionnage.
f. Une _____ entre le _____ et le mal.
g. Pendant le film, _____.

4. Spot the intruders

a. L'amitié entre un enfant et mais son chien.
b. La place de cinéma coûtait cinq dix euros.
c. Le film parlait d'une la relation amoureuse.
d. J'ai mangé des bonbons et après j'ai bu du coca.
e. Ce que j'ai aimé le moins plus, c'était l'intrigue.
f. J'ai beaucoup aimé les scènes de combat.
g. La performance de l'actrice était très émouvante.

5. Dictation

a. L _ week-end d _ _ _ _ _ _ , j _ s _ _ _ a _ _ _ a _ cinéma a _ _ _ mon m _ _ _ _ _ _ _ ami.
b. Nous y s _ _ _ _ _ all _ _ pour v _ _ _ un film d'h _ _ _ _ _ _.
c. O _ s'e _ _ r _ _ _ _ _ _ _ _ en f _ _ _ d _ cinéma à s _ _ _ h _ _ _ _ _ et d _ _ _ _.
d. L _ p _ _ _ _ de cinéma c _ _ _ _ _ _ h _ _ _ e _ _ _ _. Ce n'est pas mal! *(That's not bad!)*
e. L _ f _ _ _ p _ _ _ _ _ _ d _ r _ _ _ _ _ _.
f. P _ _ _ _ _ le film, j' _ _ m _ _ _ _ u _ _ g _ _ _ _.
g. C _ q _ _ j' _ _ a _ _ _ le p _ _ _ , c'é _ _ _ _ c _ _ _ _ _ _ _ l'h _ _ _ _ _ _ _ se t _ _ _ _ _ _.
h. L _ performance d _ l'a _ _ _ _ _ p _ _ _ _ _ _ _ é _ _ _ _ vraiment é _ _ _ _ _ _ _ _.

100

Unit 8. Talking about a recent outing to the cinema: LISTENING

6. Complete the table in English

	Who did they go with?	What kind of movie?	How much was the ticket?	Favourite thing?
a. Jean				
b. Anna				
c. Patricia				

7. Narrow listening: gapped translation

Part 1. Hello, my _____ is Léonard. Last _____ I went to the _____ with my _____ to see an _____ movie. We met up _____ the cinema. The _____ cost _____ euros, it's very _____! The _____ was about _____ who _____ the _____. The film was very _____.

Part 2. During the film, I ate _____ but my _____ ate an _____ _____. We _____ a lemonade. What I _____ the _____ was how the _____ ends. I also liked the _____ _____ and the _____ _____. However, the _____ were not very original. The performance by the _____ _____ was really _____ and _____.

8. Listen to Arielle and answer the questions in English

a. How old is Ariella?

b. When did she go to the cinema?

c. Who did she go with?

d. What kind of film did she watch?

e. Where did they meet up?

f. What was the film about?

g. What did she eat and drink?

h. What did her friend eat?

i. What did she like the most about the film?

j. How was the lead actor's performance?

Unit 8. Talking about a recent outing to the cinema: VOCAB BUILDING

1. Match

Je suis allé(e)	The soundtrack
L'histoire	An ice cream
L'intrigue	I went
La place	The main actress
La bande sonore	The plot
De guerre	It was moving
Parlait de	War
Une glace	During the film
Pendant le film	Opposite the cinema
L'actrice principale	With my boyfriend
En face du cinéma	The story
C'était émouvant	The ticket
Avec mon petit ami	(It) Talked about

2. Complete the chunks

a. A _ _ _ m _ _ pet _ _ a _ _   With my boyfriend
b. U _ film d _ g _ _ _ _ _   A war film
c. L _ b _ _ _ _ s _ _ _ _ _   The soundtrack
d. C'était in _ _ _ _ _ _ _ _ _   It was unforgettable
e. Les ef _ _ _ _ spé _ _ _ _ _ _   The special effects
f. L'h _ _ _ _ _ _ _   The story
g. L' i _ _ _ _ _ _ _   The plot
h. S _ _ c _ _ _ _   His/her dog
i. C'était impress _ _ _ _ _ _ _   It was impressive
j. L _ _ d _ _ _ _ _ _ _ _   The dialogues
k. Le harcè _ _ _ _ _ _   Bullying

3. Break the flow

a. Jesuisalléaucinémaavecmesamis
b. Laplacecoûtaitcinqeuros
c. Jaimangédesbonbons
d. Lefilmparlaitderacisme
e. Onsestretrouvésenfaceducinéma
f. Jaimangéuneglaceetjaibuuncoca
g. Cequejaiaiméleplusétaitlintrigue
h. Pourvoirunfilmdamour
i. Leweek-enddernier

4. Complete with the missing words in the table below (3 words have no match)

a. Quel film as-tu _____?
b. Tu as _____ le film?
c. Ce que j'ai aimé le plus, _____ la bande sonore.
d. Ce que j'ai aimé le plus, c'étaient les _____.
e. La _____ d'Audrey Tautou était émouvante.
f. Pendant le film, j'ai mangé une _____.
g. J'ai regardé un film d'_____.
h. On s'est retrouvés _____ cinéma.
i. Quand es-tu allé au cinéma pour la _____ fois?
j. Le film parlait de _____.
k. De quoi _____ l'histoire?
l. Pendant le film, _____ un coca.

dialogues	performance	français
fête	en face du	j'ai bu
glace	regardé	c'était
dernière	chien	parlait
racisme	aventure	aimé

5. Spot and correct the nonsense sentences

a. Le film parlait de bonbons.
b. Je suis allé au cinéma avec mon petit ami.
c. Ce que j'ai aimé le plus, c'étaient les effets spéciaux.
d. Le film parlait de limonades qui sauvent le monde.
e. Pour voir un film d'horreur.
f. Pendant le film, j'ai bu du pop-corn.
g. La place de cinéma coûtait mille euros.

102

Unit 8. Talking about a recent outing to the cinema: VOCAB BUILDING

6. Sentence puzzle

a. relation parlait Le film amoureuse d'une

b. film allé suis au Je d'action cinéma pour voir un

c. que Ce j'ai le plus, c'était aimé la sonore bande

d. Le lutte parlait bien d'une entre film le le mal et

e. La impressionnante d'Alban Lenoir performance était

f. aimé Ce scènes j'ai le plus, que les de c'étaient combat

g. parlait monde Le film sauvent de super-héros qui le

h. Le d'amour week-end regardé un film dernier, j'ai

8. Translate into English

a. Hier, je suis allé au cinéma avec ma petite amie.

b. La place de cinéma coûtait cinq euros.

c. On s'est retrouvés en face du cinéma.

d. Pendant le film, j'ai mangé une glace à la vanille.

e. Quel film as-tu regardé?

f. L'histoire parlait de l'amitié entre un enfant et son chien.

g. Ce que j'ai aimé le plus, c'était l'acteur principal.

h. J'ai mangé du pop-corn et j'ai bu un coca.

i. Le film parlait d'une lutte entre le bien et le mal.

j. La performance d'Audrey Tautou était très émouvante.

7. Gapped translation

a. Last weekend _____ to the cinema.
Le week-end dernier, je suis allé au cinéma.

b. To _____ a _____ film.
Pour voir un film de science-fiction.

c. During the film, I ate _____.
Pendant le film, j'ai mangé des bonbons.

d. What I liked the _____ was the _____.
Ce que j'ai aimé le plus, c'était la bande sonore.

e. The film was about a _____ story.
Le film parlait d'une histoire d'espionnage.

f. _____ was the last time that_____ to the cinema?
Quand es-tu allé au cinéma pour la dernière fois?

g. _____ opposite the cinema.
On s'est retrouvés en face du cinéma.

h. _____ I liked the _____ were the dialogues.
Ce que j'ai aimé le plus, c'étaient les dialogues.

i. On _____ , I went to the cinema with my _____.
Samedi, je suis allée au cinéma avec mes amis.

j. _____ I drank a coke.
Le week-end dernier, j'ai bu un coca.

k. The _____ _____ were spectacular.
Les effets spéciaux étaient spectaculaires.

9. Spot and correct the spelling & grammar mistakes (in the French)

a. Je suis allé à cinéma	*I went to the cinema*	g. J'ai aimé l'actrisse	*I liked the actress*
b. Par voir un film	*To see a film*	h. Son chine	*His/her dog*
c. Tu es aimé?	*Did you like it?*	i. C'était inoublible	*It was unforgettable*
d. Ça coûtait quinze €	*It cost 5 euros*	j. Le week-end pernier	*Last weekend*
e. Pourqui?	*Why?*	k. En feca du cinéma	*Opposite the cinema*
f. D'adventure	*Adventure*	l. Les efets spécials	*The special effects*

103

Unit 8. Talking about a recent outing to the cinema: READING 1

Bonjour, je m'appelle Charles. J'ai quatorze ans et je suis de Beauvoir, un petit village près du Mont-Saint-Michel en Normandie. J'habite dans un petit quartier avec mes parents et ma grand-mère. Ma grand-mère s'appelle Marie et elle a soixante-douze ans.

La dernière fois que je suis allé au cinéma, c'était le week-end dernier. J'y suis allé samedi à une heure et demie avec mes amis. Mes amis s'appellent Léon, Anthony et Julien. Nous sommes allés au cinéma pour voir un film de guerre récent. Julien voulait voir un film d'horreur, mais mon ami Léon déteste ça.

On s'est retouvés en face du parc qui est à côté du centre commercial où est le cinéma. Normalement, la place coûte huit euros, mais il y avait une promotion et la place coûtait seulement cinq euros ce jour-là. Ce n'est pas mal! Pendant le film, j'ai mangé des bonbons et j'ai bu un coca. Mes amis ont mangé du pop-corn, mais moi, je n'aime pas ça.

À mon avis, le film était bien. C'était une histoire d'espionnage, mais il y avait aussi une relation amoureuse. Ce que j'ai aimé le plus, c'était la bande sonore, même si mes amis ont adoré comment l'histoire se termine. Cependant, j'ai aussi aimé les effets spéciaux, mais par contre je n'ai pas aimé les dialogues. La performance de l'acteur principal était impressionnante.

Après le film, nous sommes allés chez Anthony pour manger. Nous avons mangé du poulet avec des frites et c'était délicieux. Après, je suis rentré à la maison et je me suis couché vers onze heures. Avant de dormir, j'ai lu un livre et j'ai écouté un peu de musique.

Charles, 14 ans. Beauvoir, France

1. Find the French equivalent in the text

a. A small neighbourhood

b. With my friends

c. A recent war film

d. But my friend hates it

e. Is next to the shopping mall

f. My friends ate

g. What I liked the most

h. I went back home

i. I went to bed at around 11:00

3. Answer the questions below in French

a. Quel type de film a vu Charles?

b. Combien coûtait la place de cinéma?

c. Où a-t-il retrouvé ses amis?

d. De quoi parlait le film?

e. Est-ce que Charles a aimé le film?

f. Qu'est-ce qu'il a mangé après le film?

2. Gapped sentences

a. Last weekend, Charles went to the cinema at _____ (time).

b. His friend _____ wanted to watch a _____ film.

c. Charles met his friends _____ the _____.

d. During the film, Charles ate _____ and drank _____.

e. His friends ate _____.

f. Charles liked the _____ most.

g. His friends liked _____.

h. Charles also liked the _____ but he did not like the _____.

i. Before going to bed, Charles _____ a _____ and _____ to music.

Unit 8. Talking about a recent outing to the cinema: READING 2

Bonjour, je m'appelle Jules et j'ai seize ans. J'habite dans un appartement dans un vieux bâtiment à Ribeauvillé, une ville dans le nord-est de la France. Je vis avec ma mère, ma sœur aînée et mon frère cadet. J'ai deux chiens et un perroquet.

Le week-end dernier était très amusant. Samedi soir, je suis allé au cinéma avec ma petite amie pour voir un film de super-héros. Normalement, je préfère regarder des films d'amour, mais cette fois-ci, ma petite amie a choisi *(chose)* le film.

On s'est retrouvés en face de chez moi à midi et demie et nous sommes allés au cinéma en bus. Le trajet était assez court, mais pas très confortable. La place de cinéma coûtait huit euros. Pendant le film, nous avons mangé du pop-corn et des bonbons. Ma petite amie a bu un coca, mais moi, j'ai bu de l'eau. Je n'aime pas du tout le coca car je trouve cela trop sucré.

Je n'ai pas vraiment aimé le film. C'était l'histoire d'une lutte entre le bien et le mal, mais je n'ai pas aimé comment l'histoire se termine. Cependant, ce que j'ai aimé le plus, c'était l'actrice principale. Sa performance était impressionnante et émouvante. Ma petite amie a aimé la bande sonore, mais elle n'a pas aimé les dialogues.

Après le film, nous sommes allés au centre commercial pour manger une glace dans un café. Mon parfum favori, c'est noisette *(hazelnut)*. Ensuite, je suis rentré chez moi et j'ai passé un moment à jouer à la PlayStation avec mon frère. Plus tard, je me suis couché vers onze heures et demie. Avant de dormir, j'ai écouté un peu de musique dans ma chambre.

Jules, 16 ans. Ribeauvillé, France

1. Find the French in Jules' text

a. In an old building

b. Was very fun

c. With my girlfriend

d. We met up opposite my house

e. The journey was quite short

f. We ate popcorn

g. But me, I drank water

h. I didn't like how the story ends

i. What I liked the most

j. She didn't like the dialogues

k. We went to the shopping mall

l. I spent a while playing on the PlayStation

m. At around 11:30

2. Spot and correct the mistakes

a. J'ai dix-six ans

b. Soir samedi, je suis allé au cinéma

c. Je prefer regarder des films d'amour

d. On s'est retrouvés dans ta face de chez moi

e. Je pas vraiment aimé le film

f. Ce que j'ai aimé le plus, c'été l'actrice principale

g. Ma petite amie ai aimé la bande sonore

h. Elle n'a aimé pas les dialogues

i. Mon favori parfum, c'est

3. Tick or cross: tick the phrases that appear in the text above and cross the phrases that don't

a. Une ville dans le nord-est	f. À midi et demie	k. Après le film
b. Dans un bâtiment moderne	g. Nous avons mangé du poulet	l. Pour manger une glace
c. J'ai deux chiens	h. Je n'ai pas bu d'eau	m. Ensuite, je suis rentré
d. C'était très divertissant	i. Je n'ai pas vraiment aimé	n. Vers onze heures et quart
e. Je préfère regarder	j. Ma petite amie a aimé	o. Après avoir dormi

Unit 8. Talking about a recent outing to the cinema: READING & WRITING

Le cinéma

Raphaël: Le week-end dernier, je suis allé au cinéma avec mon oncle et ma tante. Nous avons regardé un film d'action.

Claudia: Hier, je suis allée au cinéma pour voir un film d'horreur. Le film parlait de l'amitié entre un enfant et un fantôme *(ghost)*.

Julie: Le week-end dernier, je suis allée au cinéma avec mon frère pour voir un film d'aventure. La place de cinéma coûtait dix euros. C'est cher!

Éric: Hier, je suis allé au cinéma pour voir un film de guerre avec mon père.

Denis: Il y a deux jours, j'ai vu un film d'action avec mon cousin. Ce que j'ai aimé le plus, c'était la bande sonore, mais je n'ai pas aimé l'acteur principal.

Sarah: Vendredi dernier, je suis allée au cinéma avec ma grand-mère pour voir un film récent. La performance de l'actrice principale était émouvante.

Paul: Hier, j'ai rencontré mes amis au centre commercial pour aller au cinéma. Nous avons vu un film d'amour et j'ai bien aimé ça, mais pas mes amis.

Albane: Hier je suis allée au cinéma pour voir un film de science-fiction. Le film parlait d'une lutte entre le bien et le mal. J'ai mangé du pop-corn pendant le film.

1. Find someone who...

a. ...saw a war film.

b. ...met their friends at the shopping mall.

c. ...watched a horror film.

d. ...ate popcorn during the film.

e. ...paid ten euros to watch a film.

f. ...went to the cinema with their uncle.

g. ...liked the soundtrack most.

h. ...watched a science fiction film.

i. ...watched a film with their grandmother.

j. ...watched an adventure film.

k. ...watched a love film.

l. ...watched an action film.

m. ...went to the cinema two days ago.

2. Complete with a suitable word

a. Je suis allé au _____ avec mon _____.

b. Je suis allé au cinéma pour voir un film _____.

c. Je suis allé au cinéma à _____ heures.

d. La place de cinéma coûtait _____.

e. Pendant le film, _____ du pop-corn.

f. J'ai rencontré mes amis _____ du cinéma.

g. Ce que j'ai aimé le plus, c'était _____.

h. Le film parlait de _____.

i. La performance de l'acteur était _____.

3. Write an extension of the sentence said by each person on the left

e.g. Raphaël: Ce que j'ai aimé le plus, c'étaient les scènes de combat.

Claudia:

Julie:

Éric:

Denis:

Sarah:

Paul:

Albane:

Unit 8. Talking about a recent outing to the cinema: WRITING

1. Complete the following sentences creatively

a. Le week-end dernier, je suis allée au cinéma avec _____.

b. _____ dernier, je suis allé au cinéma pour voir _____.

c. La place de cinéma coûtait _____ et j'ai retrouvé _____.

d. Le film parlait de _____.

e. Pendant le film, j'ai mangé _____ et j'ai bu _____.

f. Ce que j'ai aimé le plus, c'était _____ et _____.

g. Cependant, je n'ai pas aimé _____.

h. J'ai aussi aimé _____.

i. La performance de _____ était _____.

2. Tangled translation: rewrite in French

a. Le week-end **last**, je **went** au cinema avec mes **friends**.

b. Nous y sommes allés **in order to** voir un film d' **love**.

c. **We met** en face du **shopping centre** avant le film.

d. La **ticket** de cinema coûtait **seven** euros. Ce n'est pas **bad**!

e. **During the** film, **I ate** du pop-corn **and sweets** et **I drank lemonade**.

f. Ce que **I liked the most** était la **soundtrack** et comment l'histoire **ends**.

g. J'ai **also** aimé les **special effects** et les **fight scenes**.

h. La performance de l'**actress main** était **impressive** et **unforgettable**.

3. Complete the gapped translation

e.g. La semaine dernière, je suis allé au cinéma.
Last week I went to the cinema.

a. A _ _ _ m _ _ m _ _ _ _ _ _ _ _ a _ _ .
With my best friend (m).

b. L _ p _ _ _ _ c _ _ _ _ _ _ d _ _ e _ _ _ _ .
The ticket cost ten euros.

c. On s'est r _ _ _ _ _ _ _ _ en f _ _ _ d _ c _ _ _ _ _ _ .
We met up opposite the cinema.

d. L 'a _ _ _ _ _ e _ _ _ _ un g _ _ _ _ _ et son c _ _ _ _ .
The friendship between a boy and his dog

e. J'ai m _ _ _ _ une g _ _ _ _ et j'ai b _ un c _ _ _ .
I ate an ice cream and I drank a coke.

f. Ce q _ _ j' _ a _ _ _ le plus é _ _ _ _ l' i _ _ _ _ _ _ _ .
What I liked the most was the plot.

4. Translate into French

a. Last weekend I went to the cinema with my girlfriend.

b. We met up opposite the cinema at 8 o'clock and the ticket cost six euros. That's not bad!

c. The film was about superheroes who save the world.

d. The story was about the friendship between a boy and his dog.

e. What I liked the most was the plot because it was very interesting.

f. The acting by Tom Holland was very moving. He is my favourite actor.

TERM 2 - BRINGING IT ALL TOGETHER – 8

1. Bonjour, je m'appelle David. J'ai onze ans et j'habite à Montpellier, une ville située dans le sud de la France. J'habite dans un appartement au centre-ville. Près de chez moi, il y a la Tour de la Babote, le Jardin des Plantes, l'Arc de Triomphe et la bibliothèque municipale. Dans mon appartement, il y a sept pièces. Il y a aussi une terrasse et un balcon.

2. D'habitude, je vais à la bibliothèque trois ou quatre fois par semaine car j'adore lire. Ce que j'aime le plus, ce sont les bandes dessinées *(comics)* de super-héros qui sauvent le monde. Tous les jours, je dois promener mon chien au parc, mais je rencontre souvent mes amis en même temps.

3. Vendredi dernier, je suis allé au cinéma avec mes amis. On s'est retrouvés à six heures et demie du soir. Nous voulions voir un film de science-fiction. Cependant, il n'y avait plus de places quand nous sommes arrivés, donc nous avons vu un film d'horreur à la place. Je n'aime pas vraiment les films d'horreur, mais il n'y avait pas le choix *(there was no choice)*.

4. La place de cinéma coûtait cinq euros, ce qui n'est pas très cher à mon avis. J'ai acheté du pop-corn pour manger pendant le film. J'ai aussi pris un coca. Le film parlait d'un enfant et de sa mère qui luttait contre un démon. Pour être honnête *(to be honest)*, j'ai eu très peur et je suis presque sorti de la salle.

5. Même si j'ai eu peur, j'ai aimé le film. Ce que j'ai aimé le plus, c'était l'actrice principale parce que sa performance était impressionnante. J'ai aussi aimé les effets spéciaux car le démon paressait réel *(looked real)*. Je n'ai pas aimé la bande sonore car elle faisait très peur.

6. Après le film, nous sommes allés manger de la restauration rapide et faire un tour au centre commercial. Mes amis habitent dans ma rue, donc nous sommes tous rentrés ensemble. Quand je suis arrivé chez moi, je me suis douché et j'ai bu un verre d'eau. Avant de dormir, j'ai lu un livre. J'ai préféré lire mon livre que de voir le film d'horreur.

David, 13 ans. Montpellier, France

1. Answer the following questions in English
a. Where is David's flat?
b. How many rooms are in David's flat?
c. How many times a week does he go to the library?
d. What must David do every day?
e. Where does he often meet up with his friends?
f. What kind of film did they want to watch?
g. What is David's opinion of horror films?
h. What did David eat during the film?
i. Where do David's friends live?
j. What did David do before bed?

2. Find the French equivalent in David's text
a. A city located in the south of France (1)
b. Near my house there are (1)
c. Because I love to read (2)
d. Superheroes that save the world (2)
e. We met up at 6:30 (3)
f. When we arrived (3)
g. There was no choice (3)
h. Not very expensive (4)
i. Who fought against a demon (4)
j. I nearly left the room (4)
k. We went to eat fast food (6)
l. We all returned together (6)
m. I liked reading the book much more than… (6)

3. Complete the translation of paragraph 5
_____ I was very scared, I _____ the _____. What I liked the _____ was the _____ _____ because her _____ was _____. I also liked the _____ _____ because the _____ looked real. I _____ _____ the _____ _____ it was very scary.

TERM 2 - BRINGING IT ALL TOGETHER – 8

	Benoît et Fabien sont dans la même classe. Ils sont en cours de théâtre et parlent du dernier film qu'ils ont vu au cinéma.
Benoît	Quand es-tu allé au cinéma pour la dernière fois, Fabien?
Fabien	Je suis allé au cinéma avec ma petite amie le week-end dernier. Nous avons regardé un film...
Benoît	D'amour!
Fabien	Mais non! Nous avons regardé un film de guerre.
Benoît	De quoi parlait le film?
Fabien	Le film parlait d'une guerre entre les citoyens *(citizens)* d'un monde extraterrestre et les êtres humains *(human beings)*.
Benoît	Ça semble bien. Qu'est-ce que tu as aimé le plus du film?
Fabien	Ce que j'ai aimé le plus, c'était que l'acteur principal tombait amoureux *(fell in love)* d'une extraterrestre.
Benoît	Donc, c'était l'histoire d'une relation amoureuse!
Fabien	Bon, je suppose que oui. J'ai aussi bien aimé les effets spéciaux et la bande sonore.
Benoît	Qu'est-ce que tu as mangé pendant le film?
Fabien	Pendant le film, nous avons mangé des bonbons et du pop-corn. Moi, j'ai bu un coca et ma copine a bu une limonade.
Benoît	Moi je n'aime pas le pop-corn. Je préfère manger une glace.
Fabien	Je voulais manger une glace, mais il n'y en avait plus. La prochaine fois, je vais manger une glace.

4. True (T), False (F) or Not Mentioned (NM)?

a.	Benoît and Fabien are in a Drama lesson.	
b.	Fabien went to the cinema with his girlfriend.	
c.	Fabien went to see a love film.	
d.	Fabien and his girlfriend really like love films.	
e.	Fabien went to watch a war film.	
f.	The film was about cities with extra terrain.	
g.	Benoît doesn't like the sound of the film.	
h.	The main actor fell in love with an alien.	
i.	Fabien liked the dialogues the most.	
j.	Fabien also liked the soundtrack.	
k.	Fabien ate an ice cream	
l.	Benoît doesn't like popcorn.	
m.	Fabien is going to eat an ice cream next time.	

5. Complete the statements

a. The film was about a _____ between humans and _____.

b. Benoît says that the film was about ____ _____ _____.

c. Fabien's girlfriend drank _____.

d. _____ doesn't like to eat _____.

e. _____ wanted to eat an _____ _____ but there were none left.

UNIT 9
Talking about a birthday party we went to

In this unit you will learn how to:

- Describe a recent birthday party
- Say where the party was held
- Say what there was to eat and drink
- Say what you did during the party to have fun
- Say what gift you bought your friend

110

UNIT 9
Talking about a birthday party we went to

Où était la fête de ton ami(e)?	Where was your friend's party?
Qu'est-ce que tu as fait pendant la fête?	What did you do during the party?
Qu'est-ce que tu as donné à ton ami(e)?	What did you give your friend?

Le week-end dernier	c'était la fête d'anniversaire	de mon ami(e)
Last weekend	was the birthday party	of my friend

Mon ami(e)	a organisé la fête *organised the party*	chez lui/elle	at his/her house
		dans un centre commercial	in a shopping mall
		dans un parc d'attractions	in an amusement park
		dans un restaurant	in a restaurant

Il y avait beaucoup à manger et à boire			There was a lot to eat and drink		
j'ai mangé — I ate	des frites	French fries	un hamburger	a burger
nous avons mangé — we ate	des gâteaux	cakes	une pizza	a pizza
j'ai bu — I drank	des boissons sans alcool	soft drinks	du jus d'orange	orange juice
nous avons bu — we drank	du coca	coke	de la limonade	lemonade

Pendant la fête	During the party
Je me suis amusé(e) *I had fun*	en chantant du karaoké — singing karaoke
	en dansant — dancing
	en écoutant de la musique — listening to music
Nous nous sommes amusé(e)s *We had fun*	en jouant à des jeux — playing games
	en racontant des blagues — telling jokes
	en regardant un film — watching a film

J'ai donné un cadeau *I gave a ... gift*	cher/pas cher	expensive/inexpensive	à mon ami(e)
	cool	cool	*to my friend*
	original	original	

Je lui ai acheté *I bought him/her*	un bon d'achat	a gift card	
	un bracelet	a bracelet	et il/elle a beaucoup aimé ça
	un collier	a necklace	*and he/she liked it a lot*
Je lui ai offert *I gifted him/her*	une montre	a watch	
	un tee-shirt	a T-shirt	

La fête était *The party was*	géniale — great	J'ai passé un bon moment
	très amusante — very fun	*I had a good time*

111

Unit 9. Talking about a birthday party: LISTENING

1. Multiple choice: cross out the words you don't hear

e.g.	amie	~~centre-ville~~	restaurant
a.	anniversaire	mon	frère
b.	organisé	fête	maison
c.	beaucoup	poulet	limonade
d.	nous	chantant	jeux
e.	j'ai donné	original	amie
f.	moi	acheté	aimé
g.	fête	amusante	j'ai passé

2. Complete the words

a. J'_ _ d _ _ _ _   I gave
b. Anni _ _ _ _ _ _ _ _   Birthday
c. Je me suis a _ _ _ _   I had fun
d. Des g _ _ _ _ _ _   Cakes
e. D _ _ boi _ _ _ _ _ s _ _ _ al _ _ _ _   Soft drinks
f. Nous n _ _ _ som _ _ _ a _ _ _ _ _   We had fun
g. Des b _ _ _ _ _ _   Jokes
h. Je l _ _ ai a _ _ _ _ _   I bought him/her
i. U _ _ m _ _ _ _ _   A watch
j. U _ c _ _ _ _ _ _   A necklace

3. Fill in the blanks

a. C'était la _____ d'anniversaire de mon _____ ami.

b. _____ était la fête de _____ ami?

c. Mon ami _ organisé la fête dans un parc d'_____.

d. Il y avait beaucoup à _____. J'ai _____ une pizza.

e. Il y avait _____ à boire. J'ai _____ du coca.

f. Nous nous sommes _____ en chantant du karaoké.

g. Je lui ai _____ un bon d'_____ et il a beaucoup aimé ça.

4. Spot the intruders

Le week-end dernier, c'était la ma fête d'anniversaire de mon meilleure amie. Mon amie a organisé la fête chez lui elle. Il y avait beaucoup trop à manger et aussi à boire. J'ai mangé une bonne pizza et des frites mais et j'ai bu du jus d'orange. Nous nous sommes amusés en jouant à des jeux vidéo. J'ai donné un cadeau très cool à mon amie. Je lui ai offert un joli tee-shirt et elle a beaucoup aimé ça. La fête était vraiment géniale. J'ai passé un super bon moment.

5. Faulty translation: listen, identify and correct the errors

e.g.	I gave	**a ~~cheap~~ cool gift**	to my friend.
a.	My friend	organised the party	at a restaurant.
b.	There was a lot to eat.	We ate	cakes.
c.	I gave	an original gift	to my brother.
d.	We had fun	dancing	and telling jokes.
e.	We	had fun	listening to music.
f.	I bought him	a bracelet	and he liked it a lot.
g.	There was a lot to drink.	I drank	lemonade.
h.	My cousin	organised the party	in a shopping mall.

Unit 9. Talking about a birthday party: LISTENING

6. Complete the table in English

	Location of party	Food and drink	Activities	Gift(s)
a. Alice				
b. Romain				
c. Michel				

7. Narrow listening: gapped translation

Hi, my name is Hélène and _____ Toulouse. Last _____, it was the _____ party of my _____. My friend organised the party at his _____. There was a lot to _____ and _____. I ate a _____ and _____ and I drank _____ _____. We had fun _____ _____, listening to music and _____. I gave a _____ gift to my friend. I gifted him a _____ and he liked it a lot. The party was _____. I had a _____ time.

8. Listen to Lorène and answer the questions in English

a. Where does Lorène live?

b. How old is Lorène?

c. What did Lorène do last weekend?

d. Where was the party?

e. Was there much food and drink?

f. What did Lorène eat?

g. What did Lorène drink?

h. What activities does she mention? (2 details)

i. How does Lorène describe the gift she gave?

j. What was the gift?

Unit 9. Talking about a birthday party: VOCAB BUILDING

1. Match

La fête	A watch
Un cadeau	Soft drinks
Nous avons mangé	I bought her
Anniversaire	Cakes
Boissons sans alcool	Inexpensive
Des blagues	Birthday
Je me suis amusé	Jokes
Pas cher	The party
Je lui ai acheté	Expensive
Une montre	A necklace
Des gâteaux	I had fun
Un collier	We ate
Cher	A gift

2. Complete the chunks

a. J'ai orga _ _ _ _ la f _ _ _   I organised the party
b. A _ _ _ _ _ _ _ _ _ _ _   Birthday
c. Des f _ _ _ _ _   French fries
d. U _ c _ _ _ _ _ _   A necklace
e. N _ _ _ a _ _ _ _ b _   We drank
f. Un b _ _ d' _ _ _ _ _   A gift card
g. Beau _ _ _ _ à m _ _ _ _ _   A lot to eat
h. J' _ _ d _ _ _ _   I gave
i. J _ l _ _ a _ o _ _ _ _ _   I gifted him/her
j. J _ l _ _ a _ a _ _ _ _ _   I bought him/her
k. À m _ _ a _ _   To my friend

3. Break the flow

a. Monamiaorganisélafêtechezlui
b. Nousnoussommesamusésendansant
c. Jaipasséunbonmoment
d. Jaidonnéuncadeaucoolàmonami
e. Jeluiaiachetéunbondachat
f. Jeluiaioffertuncollieretilabeaucoupaiméça
g. Lafêteétaittrèsamusante
h. Oùétaitlafêtedetonamie?
i. Questcequetuasfaitpendantlafête?

4. Categorise as food, object or place

Un collier   Un gâteau   Une boisson
Une maison   Un parc   Un tee-shirt
Un bracelet   Une pizza   Des frites
Un jus   Une montre   Un cadeau

Food & drink	Object	Place

5. Spot and correct the nonsense sentences

a. La fête a organisé mon ami chez lui.
b. La fête a bu géniale.
c. Nous avons mangé sur un restaurant.
d. Je lui ai acheté un parc d'attractions.
e. J'ai donné un cool cadeau à mon ami.
f. Nous sommes nous amusés en dansant.
g. Pendant la fête j'ai mangé du coca.
h. Je me suis amusé en jeux à des jouant.

6. Complete with the missing words below

a. Où _____ la fête?
b. Mon ami a _____ la fête chez lui.
c. Je me suis amusé en _____ à des jeux.
d. J' ai _____ du coca et de la limonade.
e. Je lui ai acheté un tee-shirt _____.
f. J'ai mangé un _____.
g. J'ai passé un bon _____.
h. Hier, c'était la _____ de mon ami.

bu	jouant	organisé	original
était	moment	fête	hamburger

114

Unit 9. Talking about a birthday party: VOCAB BUILDING

7. Sentence puzzle

a. sommes Nous un amusés en nous regardant film.

b. beaucoup Il y et à manger à avait boire.

c. ami a parc organisé la Mon dans un fête d'attractions.

d. me amusé en Je jeux jouant à suis des.

e. mangé Nous avons et bu du gâteaux des coca.

f. des Nous bu boissons sans avons alcool.

g. donné J'ai un ami original à cadeau mon.

h. la d'anniversaire C'était de mon fête ami.

i. Qu'est-ce donné à ton que as ami tu?

8. Gapped translation

a. What did you _____ your _____?
Qu'est-ce que tu as donné à ton ami?

b. My _____ organised the _____ in a restaurant.
Mon ami a organisé la fête dans un restaurant.

c. It was the _____ party of my friend.
C'était la fête d'anniversaire de mon amie.

d. I ate a _____ and _____ _____.
J'ai mangé un hamburger et des frites.

e. We drank _____ _____.
Nous avons bu des boissons sans alcool.

f. There was a lot to _____ and _____.
Il y avait beaucoup à manger et à boire.

g. _____ Saturday was my birthday _____.
Samedi dernier, c'était ma fête d'anniversaire.

h. My friend _____ the party at his _____.
Mon ami a organisé la fête chez lui.

i. I gave an _____ _____ to my friend.
J'ai donné un cadeau cher à mon ami.

j. And he _____ the gift _____.
Et il a beaucoup aimé le cadeau.

9. Translate into English

a. Mon ami a organisé la fête dans un centre commercial.

b. Nous nous sommes amusés en racontant des blagues.

c. J'ai passé un bon moment avec mes amies.

d. Je lui ai donné un tee-shirt très cool.

e. Nous avons passé deux heures à chanter du karaoké.

f. Nous avons bu des boissons sans alcool et nous avons mangé des gâteaux.

g. Pendant la fête, je me suis amusé en dansant.

h. La fête était dans un parc d'attractions.

10. Spot and correct the spelling & grammar mistakes (in the French)

a. Pendant la fiêste	*During the party*	g. Ou était la fête?	*Where was the party?*
b. Un commercial centre	*A shopping mall*	h. Boku à boire et à manger	*A lot to eat and drink*
c. Nous bu avons	*We drank*	i. J'ai manger une pizza	*I ate a pizza*
d. La fête est géniale	*The party was great*	j. Un park d'attractions	*An amusement park*
e. Juice d'orange	*Orange juice*	k. Un bon d'acheter	*A gift card*
f. Une bonne moment	*A good time*	l. Un collar cool	*A cool necklace*

Unit 9. Talking about a birthday party: READING 1

Bonjour, je m'appelle Valentin et j'ai quatorze ans. J'habite à Saint-Lunaire, une belle ville située dans le nord-ouest de la France. J'habite dans le centre-ville. Près de chez moi, il y a un centre sportif. Le centre sportif est à cinq minutes à pied de mon appartement. Mon appartement est dans un bâtiment assez moderne et il est très spacieux. Tous les jours, je joue au foot au centre sportif avec mes amis.

Mon meilleur ami s'appelle Benjamin. Samedi dernier, c'était sa fête d'anniversaire. C'était pour fêter ses quinze ans, donc il est plus âgé que moi. Benjamin a organisé la fête dans un parc d'attractions. Nous y sommes allés en voiture et le trajet était amusant. Pendant le trajet, nous avons écouté de la musique et raconté des blagues. Quand nous sommes arrivés au parc d'attractions, nous avons payé les entrées. Cela coûtait trente-cinq euros par personne.

Il y avait beaucoup à manger et à boire pour le déjeuner. Nous avons mangé un hamburger avec des frites et nous avons bu du coca. Nous avons aussi mangé des gâteaux et des gaufres *(waffles)*.

J'ai donné un cadeau très cool et assez cher à mon ami Benjamin. Je lui ai acheté une casquette de marque *(branded)* très jolie et je lui ai aussi donné un bon d'achat pour son magasin préféré, Decathlon.

La fête était géniale et j'ai passé un bon moment. Quand je suis rentré à la maison, je n'ai rien fait parce que j'étais fatigué.
Valentin, 14 ans. Saint-Lunaire, France

1. Find the French equivalent in the text
a. Located in the northwest
b. Near my house, there is
c. It is very spacious
d. To celebrate his 15th birthday
e. The journey was fun
f. We paid the entrance tickets
g. There was a lot to eat and drink
h. I gave a very cool gift
i. His favourite shop

3. Answer the questions below in French
a. Qu'est-ce que Valentin a fait samedi dernier?
b. C'était l'anniversaire de qui?
c. Où était la fête?
d. Qu'est-ce qu'il y avait à boire pour la fête?
e. Qu'est-ce que Valentin a donné à son ami?
f. Qu'est-ce qu'il a fait quand il est rentré chez lui?

2. Gapped sentences
a. In Valentin's neighbourhood there is a _____ _____.

b. Valentin plays football _____ _____ at the sports centre with his _____.

c. Last weekend, Valentin celebrated his friend's _____ at a _____ _____.

d. During the trip, they _____ to _____ and _____ _____.

e. The tickets cost _____ euros.

f. They ate a _____ with _____ _____, cakes and _____.

g. Valentin describes the gift he gave as _____ _____ and _____ _____.

h. Valentin thinks the party was _____.

Unit 9. Talking about a birthday party: READING 2

Bonjour, je m'appelle Florence et j'ai douze ans. J'habite à Belcastel, un joli village dans l'Aveyron, une région dans le sud de la France. J'habite dans une maison dans le bourg *(village centre)*. Ma maison est très moderne à l'intérieur, mais assez vieille à l'extérieur. Mon quartier est assez bruyant, mais les gens sont sympas. Dans ma rue, il y a un magasin de musique, un petit cinéma et un joli parc. Pendant mon temps libre, j'aime rencontrer mes amis au parc.

Le week-end dernier, c'était la fête d'anniversaire de mon frère cadet. Il s'appelle Franck et il vient d'avoir *(he turned)* huit ans. Nous avons organisé la fête à la maison et nous avons invité toute notre famille. Il y avait mes parents, mes grands-parents, mes oncles et tantes et mes cousins et cousines. Il y avait aussi les amis de mon frère.

Il y avait beaucoup à manger et à boire. J'ai mangé de la pizza et des frites, mais je n'ai pas pris de gâteau car je n'aime pas ça. Je préfère manger des fruits avec du yaourt pour le dessert. J'ai bu de la limonade car il n'y avait pas de coca. Mon frère a bu du jus d'orange parce que c'est sa boisson préférée.

Nous nous sommes amusés en dansant et en chantant du karaoké, même si normalement, je n'aime pas chanter. Cependant, j'ai chanté la chanson *L'Aventurier* du groupe Indochine. Après, nous avons passé une heure à jouer à des jeux et j'ai passé un bon moment.

J'ai donné un cadeau cool à mon frère. Je lui ai acheté une montre et il a beaucoup aimé ça. Il a aussi eu de nouveaux jouets *(toys)*. La fête était très amusante. Nous avons tous beaucoup rigolé *(we laughed a lot)* et je me suis couchée très tard.

Florence, 12 ans. Belcastel, France

1. Find the French in Florence's text

a. In the south of
b. But quite old on the outside
c. The people are nice
d. I like to meet my friends
e. We invited all our family
f. I didn't have cake
g. My brother drank orange juice
h. It is his favourite drink
i. I sang the song
j. We spent one hour playing games
k. I bought him a watch
l. He also had
m. The party was very fun

2. Spot and correct the mistakes

a. J'habite dans une bourg dans le maison
b. Il y a un musique de magasin
c. J'aime rencontré mes amis
d. C'étaient la fête d'anniversaire
e. Il y aussi avait les amis de mon frère
f. J'ai mangé du pizza
g. Il n'y pas avait de coca
h. J'ai passé un moment bon
i. Je ai acheté lui une montre

3. Tick or cross: tick the phrases that appear in the text above and cross the phrases that don't

a. Une région dans le sud	f. Il vient d'avoir huit ans	k. Je n'aime pas chanter
b. Ma maison est très moderne	g. Il y avait peu à manger	l. J'ai passé un bon moment.
c. Mon quartier est tranquille	h. Je n'ai pas pris de gâteau	m. Je lui ai acheté un livre
d. J'aime jouer au foot	i. J'ai bu de la limonade	n. Il n'a pas aimé le cadeau
e. De mon frère aîné	j. C'est sa boisson préférée	o. Je me suis couchée très tôt

Unit 9. Talking about a birthday party: READING & WRITING

Les fêtes d'anniversaire

Guillaume: Samedi dernier, c'était l'anniversaire de mon grand-père. Nous avons organisé la fête dans un restaurant.

Alice: Le week-end dernier, c'était l'anniversaire de mon cousin. Je lui ai donné un cadeau cool. Je lui ai acheté une montre et il a beaucoup aimé ça.

Arthur: Vendredi dernier, c'était la fête d'anniversaire de ma mère. C'était génial et j'ai passé un bon moment.

Léonard: Il y a deux jours, c'était l'anniversaire de mon chien. Je lui ai donné un os *(bone)* énorme!

Julie: Il y a deux jours, c'était la fête d'anniversaire de ma meilleure amie. Elle s'appelle Olivia et elle vient d'avoir quatorze ans. Nous avons regardé un bon film.

Lionel: Hier, c'était la fête d'anniversaire de mon frère. Je lui ai donné un maillot de foot, vu qu'il est fan de sport.

Andréa: Dimanche dernier, c'était la fête d'anniversaire de ma tante. Elle a organisé la fête au parc et il y avait beaucoup à manger et à boire. J'ai mangé de la pizza et j'ai bu de la limonade.

Claire: Il y a deux semaines, c'était la fête d'anniversaire de ma grand-mère. Elle vient d'avoir quatre-vingt-quinze ans! Je lui ai offert un collier et elle a beaucoup aimé ça.

1. Find someone who...

a. ...celebrated a birthday at the park.

b. ...gifted somebody a necklace.

c. ...celebrated their grandad's birthday.

d. ...celebrated a pet's birthday.

e. ...celebrated a 14th birthday.

f. ...drank lemonade.

g. ...celebrated their mother's birthday.

h. ...gifted somebody a watch.

i. ...celebrated their brother's birthday.

j. ...celebrated a birthday last Sunday.

k. ...celebrated a 95th birthday.

l. ...watched a good film.

2. Complete with a suitable word

a. _____ c'était la fête d'anniversaire de ma _____.

b. Il y avait beaucoup à _____, mais je n'ai pas mangé de _____.

c. Mon amie a organisé la fête dans _____.

d. J'ai offert _____ à mon amie.

e. Nous nous sommes amusés _____.

f. Je lui ai acheté _____ et elle a aimé ça.

g. La fête était _____ et je me suis bien amusée.

3. Write an extension of the sentence said by each person on the left

e.g. Guillaume: Après, nous sommes allés faire une promenade au jardin botanique.

Alice:

Arthur:

Léonard:

Julie:

Lionel:

Andréa:

Claire:

Unit 9. Talking about a birthday party: WRITING

1. Complete the following sentences creatively

a. Le week-end dernier, c'était _____.

b. Mon _____ a organisé la fête _____.

c. J'ai mangé _____ et j'ai bu _____.

d. Nous nous sommes amusés en _____ et en _____.

e. J'ai donné _____ à mon ami.

f. Nous avons passé _____.

g. Je lui ai donné un cadeau _____ et _____.

h. J'ai mangé _____, mais pas de _____.

2. Tangled translation: rewrite in French

a. **Friday** dernier, **it was** la fête d'anniversaire **of my older sister**.

b. Mon **cousin organised** la fête dans un **amusement park**.

c. **I drank** beaucoup de **soft drinks** et j'ai mangé **a burger**.

d. **During** la fête, **we had fun** et mon ami **liked it a lot**.

e. Il y avait beaucoup **to eat and drink**.

f. **I gave** un cadeau **expensive** à mon ami.

g. Nous nous sommes amusés **telling jokes** et **singing karaoke**.

h. Le **weekend last, we ate in** un restaurant.

3. Translate into French

a. Last Saturday was the birthday party of my grandma.

b. There was a lot to eat, but I didn't eat pizza.

c. My grandma organised her party in a shopping mall.

d. The party was great and I had a good time.

e. Last year she organised her party at the beach.

4. Translate into French

a. La s_____ d_____ était la f___ d'a_____ de mon f____.
   Last week was the birthday party of my brother.

b. Je lui ai d____ un c_____ o_____. Je lui ai a_____ un c_____ et il a a____ ça.
   I gave him an original gift. I bought him a necklace and he loved it.

c. La f___ était a_____ et nous avons p____ des h_____ à c_____ et à d_____.
   The party was fun and we spent hours singing and dancing.

d. C'é____ l'a_____ de ma m___. Je lui a_ d____ u_ j___ b_____.
   It was my mother's birthday. I gave her a pretty bracelet.

e. Pen____ la f___ nous nous s_____ a_____ en r_____ des b_____.
   During the party, we had fun telling jokes.

119

TERM 2 - BRINGING IT ALL TOGETHER – 9

1. Bonjour, je m'appelle Sophie et j'ai douze ans. J'habite au Mans dans un petit quartier dans la banlieue de la ville. J'habite dans une vieille maison avec mon père, mon frère aîné et ma sœur cadette. Je m'entends bien avec mon père car il est affectueux et il m'aide toujours *(always helps me)*. Je m'entends bien aussi avec mon frère et ma sœur, même si ma sœur cadette m'énerve parfois. Cependant, elle est très sympa. Ma meilleure amie s'appelle Isabelle et elle habite dans ma rue.

2. Il y a deux semaines, je suis allée au cinéma pour voir un film d'action. La place de cinéma coûtait seulement quatre euros, donc j'ai aussi acheté du pop-corn, des bonbons et un coca. Ce que j'ai aimé le plus du film, c'étaient les effets spéciaux, mais je n'ai pas aimé la bande sonore. La performance de Tom Holland était impressionnante.

3. Le week-end dernier, c'était la fête d'anniversaire d'Isabelle. Elle vient d'avoir treize ans. Normalement, sa mère organise la fête dans un restaurant local, mais cette fois-ci, elle a organisé la fête chez elle donc je suis allée à la fête à pied. La fête a commencé à une heure et demie de l'après-midi, mais avant d'y aller, j'ai dû faire mes devoirs de mathématiques.

4. Pendant la fête, il y avait beaucoup à manger et à boire. La mère d'Isabelle n'aime pas la restauration rapide, mais il y avait de la pizza, des frites et des hamburgers. Comme boissons, il y avait de tout: du coca, de la limonade, du jus de fruits et de l'eau. Pendant la fête, nous nous sommes amusés en racontant des blagues et en jouant à des jeux. Nous avons aussi passé une heure à danser et à chanter du karaoké.

5. J'ai donné des cadeaux très originaux à Isabelle. Je lui ai acheté un bracelet de l'amitié et un tee-shirt de Taylor Swift, sa chanteuse préférée. Isabelle a beaucoup aimé le cadeau. Sa mère lui a acheté une montre et son père lui a offert des baskets blanches.

6. La fête était géniale et j'ai passé un bon moment. Cependant, après, j'étais très fatiguée. Quand je suis arrivée chez moi, je me suis douchée et je suis allée dans ma chambre pour me reposer. Avant de dormir, j'ai lu un livre.

Sophie, 12 ans. Le Mans, France

1. Answer the following questions in English
a. Who does Sophie live with?
b. What is her best friend called?
c. What kind of film did she watch two weeks ago?
d. What did she like most about the film?
e. How old did Sophie's friend turn last week?
f. Where was the party last week?
g. What did Sophie have to do before the party?
h. What gifts did Sophie buy for her friend?
i. How was Sophie feeling after the party?
j. What did Sophie do before bed?

2. Find the French equivalent in Sophie's text
a. In a small neighbourhood on the outskirts (1)
b. She lives on my street (1)
c. The ticket only cost (2)
d. I also bought some popcorn (2)
e. Normally her mother organises the party (3)
f. I went to the party on foot (3)
g. The party started at 1:30 (3)
h. Isabelle's mother doesn't like fast food (4)
i. I bought her a friendship bracelet (5)
j. Her mother bought her a watch (5)
k. The party was very fun (6)
l. When I arrived at home (6)
m. I went to my bedroom (6)

3. Complete the translation of paragraph 4
During the _____, there was a lot to _____ and to _____. Isabelle's mother doesn't like _____ _____ but there was pizza, _____ and _____. As for _____, there was everything: coke, _____, _____ _____ and _____. _____ the party, we had fun _____ _____ and _____ _____. We also spent _____ hour _____ and _____ karaoke.

TERM 3 - BRINGING IT ALL TOGETHER – 9

Andréa parle avec sa mère Marie. Elle lui raconte la fête d'anniversaire de son amie.

Marie	Ma fille, comment était la fête d'anniversaire de ton amie? C'était l'anniversaire de qui? Je ne me rappelle plus.
Andréa	Maman, je te l'ai déjà dit plusieurs fois. C'était l'anniversaire de Lorène, ma meilleure amie.
Marie	Tu as beaucoup d'amies ma chérie. Bon, dis-moi, où était la fête?
Andréa	Lorène a organisé la fête dans un restaurant chinois près de chez elle.
Marie	Ah, oui? Qu'est-ce qu'il y avait à manger?
Andréa	De la nourriture chinoise bien sûr. J'ai mangé du riz cantonais au poulet, mais il y avait de tout. J'ai bu du coca, mais il y avait aussi du jus de fruits et de l'eau.
Marie	Très bien. Tu t'es bien amusée?
Andréa	Oui. Nous nous sommes amusés en racontant des blagues et en chantant. Après le repas, nous sommes allés au parc pour manger une glace. J'ai pris une glace au chocolat
Marie	Excellent! Et qu'est-ce que tu as offert à Laura?
Andréa	Lorène, maman. Elle s'appelle Lorène. D'ailleurs, le cadeau, c'est toi qui l'a acheté. Je lui ai donné un joli tee-shirt rose et je lui ai aussi offert un bon d'achat chez Zara.
Marie	Ah oui, j'avais oublié. Tu as passé un bon moment?
Andréa	Oui, la fête était géniale et nous avons beaucoup rigolé.
Marie	Et qu'est-ce que tu as fait quand tu es rentrée à la maison?
Andréa	J'étais si fatiguée que je me suis endormie sur le canapé en regardant la télé.

4. True (T), False (F) or Not Mentioned (NM)?

a.	Marie is Andréa's mother.	
b.	Marie cannot remember whose birthday it was.	
c.	It was Andréa's birthday.	
d.	The party was at a Chinese restaurant.	
e.	The Chinese restaurant is near Lorène's house.	
f.	Andréa drank juice and water.	
g.	Andréa had fun at the party.	
h.	After dinner, Andréa went straight home.	
i.	Andréa ate a vanilla ice cream.	
j.	Andréa gave Lorène a pink T-shirt and a gift card.	
k.	Andréa and her friends laughed a lot.	
l.	Andréa can't wait to go to the cinema.	
m.	When she got home, Andréa fell asleep on the sofa.	

5. Complete the statements

a. _____ says that Andréa has _____ friends.

b. _____ the meal, Andréa and her friends went to the park to _____ an _____ _____.

c. _____ keeps forgetting _____'s name.

d. _____ actually bought the present for _____'s friend.

e. _____ was so tired after the _____ that she _____ _____.

UNIT 10
(OPTIONAL) Making plans for next weekend

In this unit you will learn how to:

• Talk about your plans for next weekend
• Talk about places where you would like to go
• Say what you would like to do on Saturday and Sunday
• Say what other obligations you have
• Say what else you would like to do, using the conditional tense

UNIT 10
*OPTIONAL: Making plans for next weekend

Qu'est-ce que tu vas faire le week-end prochain?	What are you going to do next weekend?
Qu'est-ce que tu vas faire samedi/dimanche?	What are you going to do on Sat/Sun?
Qu'est-ce que tu voudrais faire?	What would you like to do?
Qu'est-ce que tu dois faire?	What do you have to do?

Le week-end prochain *Next weekend*	**je voudrais** *I would like*	faire beaucoup de choses		*to do many things*	
		aller *to go*	au centre commercial	*to the shopping mall*	
			au cinéma	*to the cinema*	
			au parc	*to the park*	
			à la pêche	*fishing*	
			au stade	*to the stadium*	
		faire	les magasins	*to go shopping*	
			une promenade	*to go for a walk*	
		passer du temps avec		*to spend time with*	mes ami(e)s
		voir		*to see*	ma famille

Samedi *On Saturday*	matin *morning* après-midi *afternoon*	**je voudrais**	jouer à la PlayStation	*to play on the PlayStation*
			jouer du piano	*to play the piano*
			sortir avec mes amis	*to go out with friends*

Ensuite *Then*	**dimanche** *on Sunday*	**je vais** *I'm going to*	aller sur internet	*go on the internet*
			écouter de la musique	*listen to music*
			jouer aux jeux vidéo	*play video games*
			lire un livre	*read a book*
			parler avec mes amis	*talk with my friends*
			regarder Instagram	*look at Instagram*

Cependant *However*	**je dois aussi** *I also have to*	étudier pour un examen de *study for a ... exam*	**français** **mathématiques** **sciences**
		faire mes devoirs de *do my ... homework*	
		aider à la maison	*help at home*
		chercher des informations	*look for information*
		promener le chien	*walk the dog*

Si j'ai le temps *If I have time*	**je vais**	passer *to spend*	une heure *an hour* un moment *a while*	à jouer de la guitare *to play the guitar* à m'entraîner au gymnase *to train at the gym* à discuter avec mon ami(e) *to chat to my friend*

Je pense que ce sera *I think that it will be*	amusant *fun*	divertissant *entertaining*	relaxant *relaxing*

Unit 10. Making plans for next weekend: LISTENING

1. Fill in the blanks

a. Le week-end _____, je voudrais aller à la pêche.

b. Samedi matin, je voudrais _____ à la PlayStation.

c. Ensuite, _____, je vais _____ un livre.

d. Cependant, je voudrais aussi jouer du _____.

e. Je vais passer une heure à m'entraîner au _____.

f. Je pense que ce _____ très _____.

g. Le week-end prochain, je voudrais _____ mes amis.

h. Samedi _____, je voudrais sortir avec mes amis.

piano	divertissant	lire	après-midi	gymnase
sera	prochain	voir	jouer	dimanche

2. Dictation

a. D _ _ _ _ _ _ _
b. P _ _ _ _ _ _ _
c. J _ v _ _ _ _ _ _
d. V _ _ _ m _ _ a _ _ _
e. L _ m _ _ _ _
f. J _ _ _ _ d _ p _ _ _ _
g. J _ _ _ _ a _ _ j _ _ _ v _ _ _ _
h. P _ _ _ _ _ _ _ l _ c _ _ _ _
i. S _ j' _ _ l _ t _ _ _ _
j. J _ p _ _ _ _ q _ _

3. Break the flow

a. Questcequetuvasfaire?

b. Leweek-endprochainjevoudraisfairebeaucoupdechoses

c. Samediaprès-midijevoudraisjoueràlaPlayStation

d. Ensuitedimanchejevaisécouterdelamusique

e. Cependantjedoisaussiaideràlamaison

f. Sijailetempsjevaisaussijouerdupiano

g. Jepensequeceseratrèsamusant

h. Jevaispasseruneheureàmentraîneraugymnase

4. Spot the differences

Le week-end prochain, je voudrais aller à la pêche avec mes amies. Dimanche matin, je voudrais jouer de la guitare. Ensuite, l'après-midi, je vais aller sur internet et jouer aux jeux vidéo. Cependant, je vais aussi promener mon chien. Si j'ai le temps, je voudrais passer une heure à jouer du piano. Je pense que ce sera amusant.

5. Complete the translations

a. Next _____, I would like to _____ _____ with my _____.

b. On _____ afternoon, I would like to _____ _____ with __ _____.

c. _____, on _____, I am going to _____ at Instagram.

d. _____, I _____ have to do my _____ homework.

e. If I have _____, I am going to _____ a while _____ to my _____.

f. I _____ that it will be _____ fun and quite _____.

g. What _____ you _____ to do next _____?

h. _____ weekend, I _____ like to go _____ with my _____.

Unit 10. Making plans for next weekend: LISTENING

6. Faulty translation: listen, identify and correct the errors

e.g. Then, on ~~Saturday~~ **Sunday**, I am going to speak with my friends.

a. What are you going to do next Friday?

b. Next weekend, I would like to go to the shopping mall with my cousins.

c. On Saturday afternoon, I would like to go out with my family.

d. If I have time, I am going to spend a while playing the piano.

e. Then, on Friday, I am going to play video games with your brother.

f. On Sunday, I also have to do my maths homework.

g. I think that it will be quite fun.

7. Listening slalom: follow the speaker from top to bottom and number the boxes accordingly

a.	b.	c.	d.	e.
Next weekend	On Saturday	Then	However	If I have time
I also	I would like	I am going	afternoon	on Sunday
I would like	have to	to go	I am going to	to spend
a while	fishing	to go out	study for	listen to music
with friends	in my bedroom	playing the guitar	an English exam	to the lake
at 8:00.	at 1:00.	with my family.	at 3:00.	at 4:00.

8. Listen to Éric and answer the questions in English

a. How old is Éric?

b. What would he like to do this weekend?

c. What would he like to do on Saturday morning?

d. What would he like to do on Saturday afternoon?

e. What is he going to do on Sunday morning? (two details)

f. What does he have to do on Sunday afternoon?

g. What is he going to do if he has time?

h. When is he going to train if he doesn't have time?

i. How does he think his weekend will be?

Unit 10. Making plans for next weekend: VOCAB BUILDING

1. Match

Dimanche	I have to
Je voudrais	Also
Je dois	On Sunday
Passer du temps	To spend time
Voir mes amis	In the afternoon
Le matin	Fishing
L'après-midi	However
Aussi	To chat with
Discuter avec	I am going to
Cependant	To see my friends
À la pêche	I would like
Faire les magasins	In the morning
Je vais	To go shopping

2. Complete the chunks

a. J_ v_ _ _ _ _ _ _ — I would like
b. L_ m_ _ _ _ — In the morning
c. C_ s_ _ _ r_ _ _ _ _ _ _ — It will be relaxing
d. P_ _ _ _ _ _ _ le c_ _ _ _ — Walk the dog
e. A_ s_ _ _ _ — To the stadium
f. J_ p_ _ _ _ q_ _ — I think that
g. L_ _ _ u_ l_ _ _ _ — To read a book
h. A_ _ _ _ à l_ m_ _ _ _ _ — To help at home
i. P_ _ _ _ _ u_ m_ _ _ _ _ — To spend a while
j. S_ _ _ _ _ a_ _ _ — To go out with
k. A_ _ _ _ à l_ p_ _ _ _ — To go fishing

3. Break the flow

a. Jevoudraisallerfairelesmagasins
b. Dimanchejevaisjoueraujeuxvidéo
c. Jedoisaussifairemesdevoirsdesciences
d. Questcequetuvasfairedimanche?
e. Lasemaineprochainejevaisalleraucinéma
f. Ensuitejevaisjoueràla PlayStation
g. Jepensequeceseratrèsdivertissant
h. Cependantjedoisaussiétudierlefrançais

4. Complete with the missing words in the table below (2 words have no match)

a. Qu'est-ce que tu vas faire samedi _____?
b. Dimanche prochain, je voudrais _____ à la pêche.
c. La semaine prochaine, je vais passer une heure _____ de la guitare.
d. Dimanche, je vais _____ Instagram.
e. Je voudrais faire beaucoup de _____.
f. Je voudrais _____ avec mes amis.
g. L'après-midi, je vais faire mes _____ de mathématiques.
h. Je vais aussi faire une _____.
i. Je _____ aider à la maison.
j. Qu'est-ce que tu vas _____ dimanche?

sortir	étoile	regarder	promenade
aller	vais	à jouer	kayak
faire	prochain	choses	devoirs

5. Spot and correct the 5 nonsense sentences

a. Je voudrais faire au cinéma.
b. Cependant, je aussi dois aider à la maison.
c. Je dois étudier pour un examen de chien.
d. Je vais passer une heure à m'entraîner.
e. Ensuite, je aller vais sur internet et regarder Instagram.
f. Samedi, je vais aller à la pêche avec mon père.
g. Ensuite, je vais sortir avec mes magasins.

Unit 10. Making plans for next weekend: VOCAB BUILDING

6. Sentence puzzle

a. voudrais Je mes sortir amis avec.

b. vais un Dimanche, je lire dans le livre salon.

c. faire voudrais Qu'est-ce tu que?

d. chercher Je des internet informations dois sur.

e. Je passer voudrais un avec ma moment cousine.

f. j'ai Si le temps, je livre vais lire un.

g. Je aussi dois mes de sciences faire devoirs.

h. prochain, je aider week-end mes vais parents Le.

i. L'après-midi, jouer vais aux je vidéo jeux.

j. voir Vendredi, je mon vais ami meilleur.

7. Gapped translation

a. What _____ you going to do _____ weekend?
Qu'est-ce que tu vas faire le week-end prochain?

b. Next weekend, I _____ like to _____ _____ with my friends.
Le week-end prochain, je voudrais voir mes amis.

c. What do you have _____ _____ in the _____?
Qu'est-ce que tu dois faire l'après-midi?

d. ___ _____ it will be cool.
Je pense que ce sera cool.

e. However, I would like to _____ my dad.
Cependant, je voudrais aider mon père.

f. Then, I am going to _____ in the gym.
Ensuite, je vais m'entraîner au gymnase.

g. I _____ have to walk the dog to _____ _____.
Je dois aussi promener le chien au parc.

h. I would like to _____ for information for my _____.
Je voudrais chercher des informations pour mes devoirs.

i. If I _____ time, I am going to _____ on the internet.
Si j'ai le temps, je vais aller sur internet.

8. Translate into English

a. Samedi après-midi, je voudrais jouer du piano.

b. Je dois aussi chercher des informations sur internet pour mes devoirs.

c. Si j'ai le temps, je vais jouer à la Playstation.

d. Je voudrais jouer au foot, mais je dois étudier.

e. Je vais jouer de la guitare avec mon ami au parc.

f. Dimanche matin, je vais aller à la pêche.

g. La semaine prochaine, je voudrais aller faire les magasins au centre commercial.

h. Vendredi soir, je vais sortir avec mes amis et nous allons aller au centre-ville.

9. Spot and correct the spelling & grammar mistakes (in the French)

a. Je voudra	*I would like*	g. Les matématiques	*Mathematics*
b. Le prochain week-end	*Next weekend*	h. Écouter de music	*To listen to music*
c. Matin dimanche	*On Sunday morning*	i. Avec mons amis	*With my friends*
d. Si avoir le temps	*If I have time*	j. Joure à la PlayStation	*To play on the PlayStation*
e. Je vais entraîner	*I am going to train*	k. Beaucoup choses	*Many things*
f. À jouer la guitare	*To play the guitar*	l. Passer moment	*To spend a while*

Unit 10. Making plans for next weekend: READING 1

Bonjour, je m'appelle Sarah et j'ai dix-sept ans. Je suis française et j'habite à Orléans, une ville dans le centre de la France, à cent trente kilomètres de la capitale du pays, Paris. J'habite dans le quartier de La Madeleine dans une petite maison. Je vis avec mon père, ma belle-mère *(stepmother)* et mes sœurs. Je m'entends bien avec mon père parce qu'il est très sympa et il m'aide toujours.

Le week-end dernier était très amusant. C'était la fête d'anniversaire de ma sœur cadette. Ma belle-mère a organisé la fête dans un bowling *(bowling alley)* dans le centre commercial. C'était génial!

Ce week-end, je voudrais faire beaucoup de choses. Vendredi soir, je voudrais aller au cinéma avec mes amies pour voir un film d'horreur. Ensuite, je voudrais aller faire une promenade au parc avec elles.

Samedi matin, je vais jouer du piano dans le salon car je dois m'entraîner. Cependant, je dois aussi aider à la maison et faire mes devoirs. Je pense que je vais faire mes devoirs dimanche. Samedi après-midi, je voudrais regarder une série sur Netflix avec ma famille et commander une pizza à domicile.

Ensuite, dimanche matin, je ne vais rien faire jusqu'à dix heures et demie. À dix heures et demie, je dois faire mes devoirs de sciences et étudier pour un examen d'anglais. J'adore l'anglais parce que mon professeur est très intelligent. Plus tard, je vais aller manger chez mes grands-parents avec ma famille. Nous allons manger du poisson et du riz.

Si j'ai le temps, je vais passer une heure à m'entraîner au gymnase, mais je pense que ce ne sera pas possible.

Sarah, 17 ans. Orléans, France

1. Find the French equivalent in the text
a. In a small house

b. I get on well with

c. He always helps me

d. It was great

e. I would like to go to the cinema

f. On Saturday morning

g. I think I am going to do

h. I am not going to do anything until

i. We are going to eat fish and rice

3. Answer the questions below in French
a. Où habite Sarah?

b. Avec qui habite-t-elle?

c. Qu'est-ce qu'elle a fait le week-end dernier?

d. Que voudrait-elle faire vendredi?

e. Que va-t-elle commander à domicile?

f. Où va-t-elle manger dimanche?

2. Gapped sentences
a. Last _____, Sarah went to her _____ sister's birthday party at the bowling alley.

b. This weekend, she would like to do _____ _____.

c. She would like to go to the cinema with her _____.

d. She is going to play the _____ because she _____ _____ practise.

e. She is going to do her homework on _____.

f. On Sunday, she is not doing anything until _____.

g. She has to study for an _____ _____.

h. She thinks her English teacher is _____.

i. If she has time, she would like to spend _____ _____ in the _____.

Unit 10. Making plans for next weekend: READING 2

Bonjour, je m'appelle Mélanie et j'ai treize ans. Je suis française et j'habite à Bruxelles, la capitale de la Belgique. J'habite dans une grande maison à la campagne, assez près d'une rivière. J'habite avec mon père, ma mère et mon frère cadet. Mon frère s'appelle Jules et il a onze ans.

Le week-end dernier était très amusant. C'était l'anniversaire de mon cousin. Mon cousin s'appelle Romain et il vient d'avoir quinze ans. Sa mère a organisé la fête dans un parc près du centre commercial. J'ai passé un bon moment et j'ai mangé beaucoup de pizza.

Ce week-end, je voudrais faire beaucoup de choses. Vendredi soir, je voudrais aller au centre commercial avec mes amies pour faire du lèche-vitrines. Je voudrais aussi dîner avec elles au restaurant.

Samedi matin, je voudrais jouer à la PlayStation dans le salon avec mon frère. Cependant, le samedi, je dois toujours faire mes devoirs et ce week-end, je dois étudier pour un examen de mathématiques. L'après-midi, je vais lire un livre ou regarder un film avec ma famille.

Ensuite, dimanche matin, je ne vais pas faire grand-chose. Tous les dimanches, je vais au centre sportif avec ma famille pour jouer au badminton et après nous prenons toujours une boisson au café à côté du centre sportif. Cependant, dimanche, je ne peux pas car je dois m'entraîner au piano. Je pense que ce sera relaxant.

Si j'ai le temps, je vais passer une heure à discuter avec mon amie.

Mélanie, 13 ans. Bruxelles, Belgique

1. Find the French in Mélanie's text

a. In the countryside

b. Quite close to a river

c. He is 11 years old

d. It was my cousin's birthday

e. I had a good time

f. I ate lots of pizza

g. I would like to do many things

h. I would like to go to the shopping mall

i. I would also like to have dinner

j. I would like to play on the PlayStation

k. I always have to do my homework

l. I am going to read a book

m. I think it will be relaxing

2. Spot and correct the mistakes

a. J'habite dans une maison grande

b. J'habite avec moi père

c. Je voudrais vais au centre commercial

d. Dans la salon avec mon frère

e. Je dois study

f. Je aller lire un livre

g. Je ne pas vais faire grand-chose

h. Tous dimanches

i. Je passer vais une heure

3. Tick or cross: tick the phrases that appear in the text above and cross the phrases that don't

a. J'habite à Bruxelles,	f. Sa mère a organisé la fête	k. Je dois aider mes parents
b. Mon frère s'appelle	g. Vendredi soir	l. Je vais lire un livre
c. Il a treize ans	h. Je voudrais me promener	m. Je ne vais pas faire
d. C'était très stressant	i. Dans un restaurant italien	n. Avec mon oncle
e. Mon cousin s'appelle	j. Samedi matin	o. a discuter avec mon amie

Unit 10. Making plans for next weekend: READING & WRITING

Qu'est-ce que tu vas faire le week-end prochain?

Charles: Le week-end prochain, je voudrais aller faire les magasins avec mes cousins.

Martine: Dimanche, je vais jouer aux jeux vidéo. Cependant, je dois aussi faire mes devoirs de mathématiques.

Estelle: Samedi matin, je voudrais sortir avec mes amies au parc.

Jonathan: Dimanche après-midi, je vais lire un livre dans ma chambre et jouer à la PlayStation.

Bernard: Si j'ai le temps, le week-end prochain, je vais passer un moment à jouer de la guitare dans ma chambre. Après, je vais promener le chien.

Rodrigue: Je pense que le week-end prochain sera amusant car je vais aller au cinéma avec mes amis pour voir un film d'action. Ensuite, je voudrais aller au musée.

Gabrièle: Samedi matin, je voudrais jouer du piano. L'après-midi, je voudrais passer du temps avec ma famille chez mon grand-père.

Léa: Le week-end prochain, je voudrais rencontrer mes amies pour aller faire les magasins. Cependant, je dois aussi aider à la maison.

1. Find someone who...

a. ...is going to read a book in their room.

b. ...thinks this weekend will be fun.

c. ...has to do maths homework.

d. ...would like to play the piano.

e. ...has to walk the dog.

f. ...would like to spend time with family.

g. ...would like to go shopping with cousins.

h. ...is going to play video games on Sunday.

i. ...would like to play guitar.

j. ...would like to go to the park with friends.

k. ...would like to go to a museum.

l. ...has to help at home.

m. ...is going to go to the cinema.

2. Complete with suitable words

a. Vendredi prochain, je voudrais aller au _____.

b. Dimanche, je vais jouer aux _____.

c. Cependant, je dois aussi _____.

d. Je dois faire mes devoirs de _____.

e. Je vais passer une heure à _____ de la guitare.

f. Je pense que ce sera _____.

g. Je dois étudier pour un _____ d'anglais.

h. Samedi _____, je vais lire un livre.

i. Je voudrais aller au cinéma avec ma _____.

3. Write an extension of the sentence said by each person on the left

e.g. Charles: Mes cousins s'appellent Daniel et Jean. Nous allons acheter des chaussures.

Martine:

Estelle:

Jonathan:

Bernard:

Rodrigue:

Gabrièle:

Léa:

Unit 10. Making plans for next weekend: WRITING

1. Complete the following sentences creatively

a. Le week-end prochain, _____ avec _____.

b. Samedi _____ au _____.

c. Ensuite, dimanche, je vais _____ et _____.

d. Je dois aussi _____ et après, _____.

f. Si j'ai le temps, _____ , cependant _____.

g. L'après-midi, _____ avec _____.

h. Je voudrais _____. Je pense que ce sera _____.

i. Le matin, _____ avec _____.

2. Tangled translation: rewrite in French

a. Le **weekend** prochain, **I would like** aller **fishing** avec mon **grandfather** au **park**.

b. **Saturday morning,** je voudrais **play video games** dans ma **bedroom**.

c. **Sunday afternoon,** je voudrais **walk the dog**.

d. **Then,** dimanche, je vais **spend** un moment **to chat** avec mon ami.

e. Je voudrais aussi **see** my **friends**.

f. Si j'ai le **time, I would like to** passer un **while** à jouer de la **guitar. I think that** ce sera **fun**.

3. Gapped translation

a. V _ _ _ _ _ _ _ p _ _ _ _ _ _ _, je voud _ _ _ _ aller au c _ _ _ _ _.
Next Friday, I would like to go to the cinema.

b. S _ _ _ _ _ a _ _ _ _ - _ _ _ _, je voudr _ _ _ j _ _ _ _ du piano.
On Saturday afternoon, I would like to play the piano.

c. Le week-end p _ _ _ _ _ _ _, je v _ _ _ _ _ _ _ f _ _ _ _ beau _ _ _ _ de c _ _ _ _ _.
Next weekend, I would like to do many things.

d. D _ _ _ _ _ _ _ m _ _ _ _ _, je v _ _ _ é _ _ _ _ _ _ de la m _ _ _ _ _ dans le p _ _ _.
On Sunday morning, I am going to listen to music in the park.

4. Translate into French

a. Next weekend, I would like to go for a walk with my cousins.

b. On Sunday, I am going to look at Instagram if I have time.

c. In the afternoon, I would like to spend a while playing the guitar with my dad.

d. I have to do my homework, however, after I am going to go shopping.

e. I think it will be relaxing to go to the park for a walk.

f. If I have time, I am going to spend an hour training in the gym. I think it will be tiring *(fatigant),* but fun.

TERM 2 - BRINGING IT ALL TOGETHER – 10

1. Bonjour, je m'appelle Tiana et j'ai dix ans. J'habite à Bourges, une ville dans le centre de la France. J'habite dans un petit quartier, mais il y a beaucoup de choses à faire. Tous les jours, je me lève à sept heures et quart. Avant d'aller au collège, je me douche, je m'habille et je prends le petit-déjeuner. D'habitude, je mange du pain et je bois du jus d'orange. Mon collège est près de chez moi, à cinq minutes à pied, donc je n'arrive jamais en retard.

2. Le week-end dernier, c'était l'anniversaire de mon cousin. Mon cousin s'appelle Thomas et il vient d'avoir treize ans. Thomas a organisé la fête dans un parc d'attractions et j'ai passé un bon moment. Nous y sommes allés en voiture et pendant le trajet, nous nous sommes amusés en écoutant de la musique et en chantant des chansons. Le trajet était assez long et mon frère était très pénible *(annoying)*.

3. Le week-end prochain, je voudrais faire beaucoup de choses. Vendredi soir, je voudrais aller au cinéma avec mes amis pour voir un film d'animation. J'adore le pop-corn du cinéma donc je voudrais en manger pendant le film. Le problème, c'est que la nourriture du cinéma est très chère. Après le film, je vais rentrer chez moi et je vais me coucher.

4. Samedi matin, je voudrais jouer à la PlayStation avec mon frère. Nous jouons souvent à la PlayStation dans le salon car l'écran *(screen)* de la télévision est grand. Ensuite, l'après-midi, je voudrais sortir avec mon amie au parc pour faire du vélo. Cependant, avant de sortir, je dois faire mes devoirs de mathématiques. Peut-être *(maybe)* que mon frère va les faire pour moi parce qu'il me doit *(he owes me)* une faveur.

5. Ensuite, dimanche, je vais me lever tard et écouter de la musique dans ma chambre jusqu'à onze heures. Je voudrais aussi passer une heure à jouer de la guitare, mais je dois étudier pour un examen d'anglais. J'adore l'anglais, mais le professeur est assez méchant. Le soir, je vais dîner avec ma famille chez ma grand-mère. Nous allons manger du poulet et de la salade, mais le meilleur sera le dessert.

6. Je pense que ce sera assez fatigant, mais ce sera aussi très divertissant.

Tiana, 10 ans. Bourges, France

1. Answer the following questions in English
a. What time does Tiana get up at every day?
b. Where is her school?
c. Where was the birthday party held last week?
d. What did she do during the car journey?
e. What kind of film would she like to watch?
f. What food would she like to eat at the cinema?
g. What would she like to do at the park?
h. What homework does she have to do?
i. Who does she hope will do her homework for her?
j. How does she think the weekend will be?

2. Find the French equivalent in Tiana's text
a. There are many things to do (1)
b. Usually, I eat bread (1)
c. I never arrive late (1)
d. I had a good time (2)
e. The journey was quite long (2)
f. I would like to go to the cinema (3)
g. The food from the cinema is very expensive (3)
h. I am going to go home (3)
i. We always play […] in the living room (4)
j. Before going out (4)
k. He owes me a favour (4)
l. I think that it will be quite tiring (6)
m. But it will also be very entertaining (6)

3. Complete the translation of paragraph 5
Then, on _____, I am going to _____ ____ late and _____ to music in my _____ until _____. I would also like to _____ an hour _____ the guitar, but I have to _____ for an English _____. I love English, but my _____ is quite _____. In the _____, I am going to have _____ with my _____ at my grandmother's _____. We are going to eat _____ and salad but the best bit will be the _____.

132

TERM 3 - BRINGING IT ALL TOGETHER – 10

Julien et Michel sont amis. Ils parlent du week-end prochain.	
Julien	Salut Michel. Comment ça va? Qu'est-ce que tu vas faire le week-end prochain?
Michel	Salut Julien, ça va très bien, merci! J'ai hâte à *(I am looking forward to)* ce week-end. Nous allons faire beaucoup de choses. On se retrouve où vendredi?
Julien	Vendredi, on se retrouve au centre commercial à sept heures et demie. Nous allons faire les magasins pendant un moment et après on peut aller prendre une boisson dans un café.
Michel	Parfait! Qu'est-ce que tu vas faire après?
Julien	Après, je vais rentrer à la maison et me coucher assez tôt pour ne pas être fatigué samedi. Tu es prêt *(ready)* pour samedi?
Michel	Oui, j'ai mes chaussures d'escalade. J'ai hâte d'aller à la montagne. On se retrouve à quelle heure?
Julien	On commence l'escalade à sept heures du matin, mais avant, on doit se peindre *(paint)* la figure *(the face)* comme Spiderman.
Michel	Bonne idée! On va récolter des fonds *(fundraise)* et on va s'amuser en même temps.
Julien	Tout à fait, c'est correct. Tu voudrais manger au restaurant après? Quel type de nourriture préfères-tu?
Michel	Je mange de tout. Cependant, je voudrais bien aller dans un restaurant italien et manger une pizza.
Julien	Parfait! Une fois rentrés de la montagne, on va directement au restaurant. Je pense que ce sera très amusant.

4. True (T), False (F) or Not Mentioned (NM)?

a.	The pair are talking about last weekend.	
b.	Michel is looking forward to the weekend	
c.	Michel is too busy to meet up with Julien.	
d.	The two are going to meet up at the shopping mall.	
e.	They are going to meet up at 7:30 and go shopping.	
f.	Michel has to walk his dog first.	
g.	Julien is going to go to bed early.	
h.	Michel has his climbing shoes ready for Saturday.	
i.	Michel is excited to climb the mountain.	
j.	They start climbing at 7:15.	
k.	The two are going to fundraise.	
l.	Michel does not like Italian food.	
m.	Julien thinks the weekend will be very fun.	

5. Complete the statements

a. Julien and Michel are meeting up at the _____ _____ at _____.

b. _____ asks _____ whether they are ready for Saturday.

c. _____ suggests that they paint their _____ like Spiderman.

d. They are not just going to _____, they are going to _____ _____ as well.

e. After they descend the _____, they will go to an _____ _____.

TERM 2 - BRINGING IT ALL TOGETHER – QUESTION SKILLS

1. Fill in the missing letters

a. À q _ _ _ _ _ heure tu t'es l _ _ _ hier?
b. C _ _ _ _ _ _ es-tu a _ _ _ au c _ _ _ _ _ _ ?
c. Qu'est-ce q _ _ tu a _ fait a _ _ _ le collège?
d. Q _ ' _ _ -ce que t _ as fait le week-end d _ _ _ _ _ _ _ ?
e. Qu'est- _ que tu as f _ _ _ a _ _ _ _ de d _ _ _ _ _ ?
f. Q _ _ _ _ e _ - _ _ a _ _ _ a _ cin _ _ _ ?
g. Q _ _ _ film as-tu r _ _ _ _ _ _ ?
h. De q _ _ _ p _ _ _ _ _ _ l'hi _ _ _ _ _ _ ?
i. Tu as a _ _ _ le film? P _ _ _ _ _ _ _ ?
j. O _ était la f _ _ _ de t _ _ a _ _ _ ?
k. Qu' _ _ _ - _ _ que tu a _ fait p _ _ _ _ _ _ la f _ _ _ ?
l. Qu'est-ce q _ _ tu as d _ _ _ _ à ton a _ _ _ ?
m. Qu' _ _ _ -ce que tu v _ _ f _ _ _ _ le week-end p _ _ _ _ _ _ _ ?
n. Q _ ' _ _ _ - _ _ que tu vas faire le diman _ _ _ ?
o. Qu'est-ce que tu v _ _ _ _ _ _ _ faire s _ _ _ _ _ ?
p. Qu'est-ce que tu d _ _ _ faire à la m _ _ _ _ _ ?

2. Choose the option that you hear

a. Je me suis levée à six/sept/huit heures.
b. Je suis allée au collège en voiture/bus/train.
c. Après le collège, je suis allée/rentrée/sortie avec un ami.
d. Je suis allée au parc/musée/cinéma avec mon amie.
e. J'ai joué/fait/écouté de la musique dans ma chambre.
f. Je suis allée au cinéma lundi/dimanche/jeudi dernier.
g. J'ai vu un film d'action/horreur/animation.
h. C'était une histoire d'amour/de super-héros/vraie.
i. J'ai aimé l'intrigue/la bande sonore/l'acteur principal.
j. Il organisé la fête au parc/chez lui/au restaurant.
k. Nous nous sommes amusés en chantant/dansant.
l. Je lui ai offert une montre/un tee-shirt/un collier.
m. Je vais jouer de la guitare/batterie/trompette.
n. Dimanche, je vais jouer au tennis/foot/basket.
o. Je voudrais me coucher/doucher/reposer.
p. Je dois sortir/promener/nourrir le chien.

3. Listen and write in the missing information

a. Hier _____, je me suis _____ à _____ heures.
b. Je suis sortie de _____ et je suis allée au _____ en _____.
c. Après le collège, _____ mes _____ et _____ au centre commercial.
d. Je suis allée au _____ avec mon _____ et nous avons _____ un film récent.
e. Avant de _____, _____ un peu de _____ .
f. Je suis allée au cinéma _____ dernier. La _____ coûte _____ euros.
g. _____ un film de _____.
h. Le film _____ d'une _____ entre le _____ et le _____ .
i. Ce que j'ai aimé _____, c'était comment l'histoire se _____ .
j. Mon ami _____ la fête dans un _____ dans un centre _____ .
k. Nous avons passé une heure _____ des blagues et _____ de la musique.
l. Pour son anniversaire, je lui ai _____ un _____ d'_____ .
m. Je voudrais _____ avec mes amis et _____ un moment _____ avec eux.
n. _____ , je vais aller sur _____ et chercher des _____ pour mes _____.
o. _____ , je voudrais passer une heure _____ au _____ .
p. Je dois _____ pour un examen de _____ . Quelle horreur!

134

TERM 2 - BRINGING IT ALL TOGETHER – QUESTION SKILLS

4. Fill in the grid with your personal information

Question	Answer
1. À quelle heure tu t'es levé(e) hier?	
2. Comment es-tu allé(e) au collège?	
3. Qu'est-ce que tu as fait après le collège?	
4. Quand était la dernière fois que tu es allé(e) au cinéma?	
5. Quel film as-tu vu?	
6. Où était la fête d'anniversaire de ton ami(e)?	
7. Qu'est-ce que tu as fait pendant la fête?	
8. Qu'est-ce que tu vas faire le week-end prochain?	
9. Qu'est-ce que tu voudrais faire samedi/dimanche?	
10. Qu'est-ce que tu dois faire?	

5. Survey two of your classmates using the same questions as above: write down the main information you hear in French

Q.	Person 1	Person 2
1.		
2.		
3.		
4.		
5.		
6.		
7.		
8.		
9.		
10.		

No Snakes No Ladders

TERM 2

	7 Last weekend was very entertaining.	**6** Then, in the afternoon, I met up with my friends.	**5** When I arrived at home, I did my homework in my bedroom.	**4** During the return journey, I listened to music.	**3** At school, I had a French lesson and I learnt a lot of things.	**2** Yesterday morning, I went to school at 7:30.	**1** What did you do yesterday?
	8 My friends and I went to many places.	**9** On Friday, we went to the city centre to go for a walk.	**10** On Saturday, I spent a while playing the guitar.	**11** On Sunday, I didn't do anything because I was tired.	**12** Finally, I went to bed at 11:30.	**13** Last weekend, I went to the cinema with my boyfriend.	**14** I went to the cinema to watch a horror film.
	23 I gave a cool gift to my friend (f). I gifted her a bracelet.	**22** We had fun singing karaoke.	**21** There was a lot to eat and drink. I ate pizza.	**20** My friend organised the party in an amusement park.	**19** Last weekend was the birthday party of my friend.	**18** The performance by Alban Lenoir was moving.	**17** What I liked the most was the soundtrack.
	24 The party was great and I had a good time.	**25** Next weekend, I would like to go fishing with my dad.	**26** On Saturday morning, I would like to play on the PlayStation.	**27** Later, on Sunday, I'm going to read a book.	**28** However, I also have to study for a science exam.	**29** If I have time, I am going to spend an hour training in the gym.	**30** I think it will be very fun.

START — **15** The film talked about a battle between good and evil. — **16** During the film, I ate popcorn and I drank a coke. — **FINISH**

THE LANGUAGE GYM
FRENCH TRILOGY III

136

TERM 2 — No Snakes No Ladders

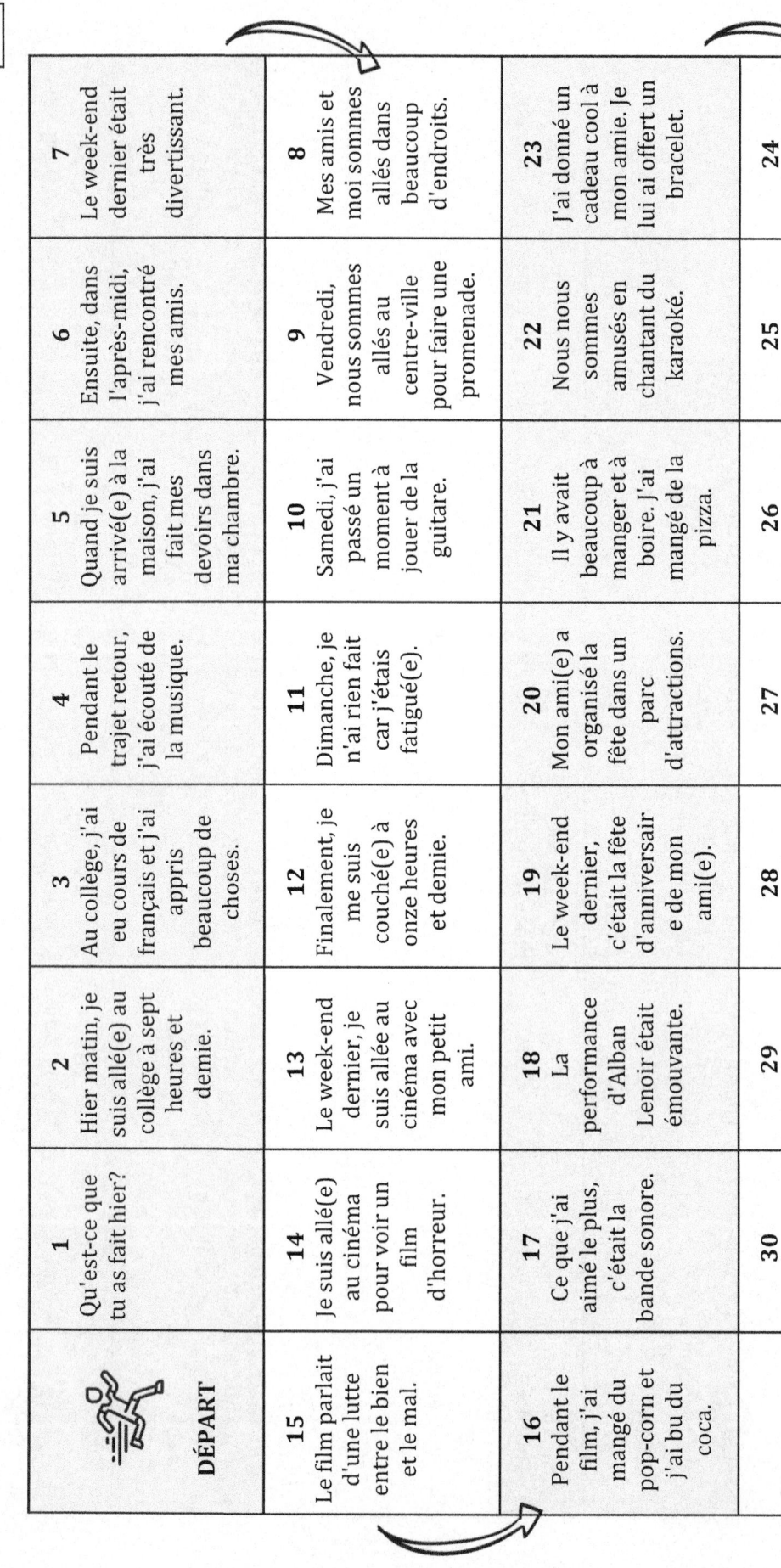

1. Qu'est-ce que tu as fait hier?	2. Hier matin, je suis allé(e) au collège à sept heures et demie.	3. Au collège, j'ai eu cours de français et j'ai appris beaucoup de choses.	4. Pendant le trajet retour, j'ai écouté de la musique.	5. Quand je suis arrivé(e) à la maison, j'ai fait mes devoirs dans ma chambre.	6. Ensuite, dans l'après-midi, j'ai rencontré mes amis.	7. Le week-end dernier était très divertissant.
14. Je suis allé(e) au cinéma pour voir un film d'horreur.	13. Le week-end dernier, je suis allée au cinéma avec mon petit ami.	12. Finalement, je me suis couché(e) à onze heures et demie.	11. Dimanche, je n'ai rien fait car j'étais fatigué(e).	10. Samedi, j'ai passé un moment à jouer de la guitare.	9. Vendredi, nous sommes allés au centre-ville pour faire une promenade.	8. Mes amis et moi sommes allés dans beaucoup d'endroits.
17. Ce que j'ai aimé le plus, c'était la bande sonore.	18. La performance d'Alban Lenoir était émouvante.	19. Le week-end dernier, c'était la fête d'anniversaire de mon ami(e).	20. Mon ami(e) a organisé la fête dans un parc d'attractions.	21. Il y avait beaucoup à manger et à boire. J'ai mangé de la pizza.	22. Nous nous sommes amusés en chantant du karaoké.	23. J'ai donné un cadeau cool à mon amie. Je lui ai offert un bracelet.
30. Je pense que ce sera très amusant.	29. Si j'ai le temps, je vais passer une heure à m'entraîner au gymnase.	28. Cependant, je dois aussi étudier pour un examen de sciences.	27. Ensuite, dimanche, je vais lire un livre.	26. Samedi matin, je voudrais jouer à la PlayStation.	25. Le week-end prochain, je voudrais aller à la pêche avec mon père.	24. La fête était géniale et j'ai passé un bon moment.

DÉPART

15. Le film parlait d'une lutte entre le bien et le mal.

16. Pendant le film, j'ai mangé du pop-corn et j'ai bu du coca.

ARRIVÉE

PYRAMID TRANSLATION

Units 6-7-8 Recap

Translate each part of the pyramid out loud with your partner, then write it into the spaces provided below.

a. Yesterday, I got up at 7:00 am.

b. Yesterday, I got up at 7:00 am. I went to school by car with my father.

c. Yesterday, I got up at 7:00 am. I went to school by car with my father. After school, I did my homework...

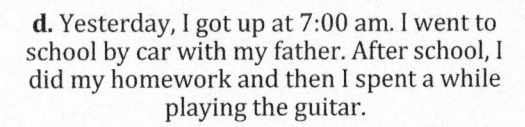

d. Yesterday, I got up at 7:00 am. I went to school by car with my father. After school, I did my homework and then I spent a while playing the guitar.

e. Yesterday, I got up at 7:00 am. I went to school by car with my father. After school, I did my homework and then I spent a while playing the guitar. On Saturday, I went to the cinema with my friends to see a sci-fi film. The cinema ticket cost 10 euros.

f. Yesterday I got up at 7:00 am. I went to school by car with my father. After school, I did my homework and then I spent a while playing the guitar. On Saturday, I went to the cinema with my friends to see a sci-fi film. The cinema ticket cost 10 euros. What I liked the most were the fight scenes.

Write your translation here:

SOLUTION: Hier, je me suis levé(e) à sept heures du matin. Je suis allé(e) au collège en voiture avec mon père. Après le collège, j'ai fait mes devoirs et j'ai passé un moment à jouer de la guitare. Samedi, je suis allé(e) au cinéma avec mes amis pour voir un film de science-fiction. La place de cinéma coûtait dix euros. Ce que j'ai aimé le plus, c'étaient les scènes de combat.

TERM 2 – BRINGING IT ALL TOGETHER

One pen One dice

Play in pairs. You only have 1 pen and 1 dice.
One person has the pen and starts translating the sentence into **English.** The other person rolls the dice until they roll a 6, they swap the pen and translate. The winner is the person who finishes translating all the sentences first.

1. Le week-end prochain.	
2. Je voudrais aller chez mon ami(e).	
3. Je voudrais rencontrer mes amis.	
4. Samedi matin…	
5. Je vais sortir avec mes amis.	
6. Je dois étudier pour un examen.	
7. Je dois aider à la maison.	
8. Si j'ai le temps…	
9. Je voudrais passer une heure à discuter.	
10. Je pense que ce sera très divertissant.	

TERM 2 – BRINGING IT ALL TOGETHER

One pen One dice

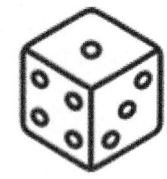

Play in pairs. You only have 1 pen and 1 dice.
One person has the pen and starts translating the sentence into **French.** The other person rolls the dice until they roll a 6, they swap the pen and translate. The winner is the person who finishes translating all the sentences first.

1. Next weekend.	
2. I would like to go to the cinema with my friend.	
3. I would like to meet up with my friends.	
4. On Saturday morning…	
5. I'm going to go out with my friends.	
6. I have to study for an exam.	
7. I have to help at home.	
8. If I have time…	
9. I would like to spend an hour to chat.	
10. I think it will be entertaining.	

TERM 3 – OVERVIEW

This term you will learn:

Unit 11 – Talking about jobs
- Say what jobs people do and where they work
- Say why they like and dislike those jobs
- Say words for types of buildings

Unit 12 – My dreams and aspirations: What I am going to do with my life
- Say what you would like to study next year
- Say what job you would like to do when you are older
- Say what is important to you in life

Unit 13 – Talking about celebrities and role models: their journey to success
- Say which famous person inspires or interests you
- Describe their journey to success
- Talk about what they have been able to achieve in life

Unit 14 – My summer holiday and back-to-school plans
- Talk about your summer plans
- Talk about what you need to do to get ready to go back to school

KEY QUESTIONS

Quel métier fait ton père/ta mère?	What job does your dad/mum do?
Est-ce qu'ils aiment leur métier?	Do they like their job?
Où travaillent-ils?	Where do they work?
Que vas-tu étudier l'année prochaine?	What are you going to study next year?
Quel métier voudrais-tu faire dans le futur?	What job would you like to do in the future?
Où voudrais-tu travailler?	Where would you like to work?
Pour toi, qu'est-ce qui est le plus important dans la vie?	For you, what is the most important thing in life?
Quelle personne célèbre t'inspire? Pourquoi?	Which famous person inspires you? Why?
Quelle personne célèbre t'inspire? Pourquoi?	Which famous person inspires you? Why?
Comment cette personne est-elle devenue célèbre?	How did that person become famous?
Quand a commencé sa carrière?	When did they start their career?
Qu'est-ce qu'il/elle a accompli?	What have they achieved?
Qu'est-ce que tu vas faire cet été?	What are you going to do this summer?
Comment vas-tu passer le temps?	How are you going to spend your time?
As-tu hâte de retourner au collège?	Are you looking forward to going back to school?
Comment vas-tu te préparer pour retourner au collège?	How are you going to prepare to go back to school?

UNIT 11
Talking about jobs

In this unit you will learn how to:

- Say what jobs people do and where they work
- Say why they like and dislike those jobs
- Say words for types of buildings

You will revisit:

- Family members
- Key adjectives for giving opinions

142

UNIT 11
Talking about jobs

Quel métier fait ton père/ta mère?	What job does your dad/mum do?
Est-ce qu'ils aiment leur métier?	Do they like their job?
Où travaillent-ils?	Where do they work?

Mon père *My father* **Mon frère** *My brother* **Mon oncle** *My uncle*	**est** *is* **travaille comme** *works as a*	acteur	actor	homme d'affaires	businessman
		avocat	lawyer	infirmier	nurse
		comptable	accountant	ingénieur	engineer
		cuisinier	chef	mécanicien	mechanic
		écrivain	writer	médecin	doctor
		fermier	farmer	coiffeur	hairdresser
		homme au foyer	househusband	professeur	teacher
Ma mère *My mother* **Ma sœur** *My sister* **Ma tante** *My aunt*		actrice	actress	femme d'affaires	businesswoman
		avocate	lawyer	infirmière	nurse
		comptable	accountant	ingénieure	engineer
		cuisinière	chef	mécanicienne	mechanic
		écrivaine	writer	médecin	doctor
		fermière	farmer	coiffeuse	hairdresser
		femme au foyer	housewife	professeure	teacher

Il/elle adore cela *He/she loves it* Il/elle aime cela *He/she likes it* Il/elle n'aime pas son métier *He/she doesn't like his/her job* Il/elle dit qu'il/elle aime son travail *He/she says he/she likes his/her work* Il/elle dit qu'il/elle n'aime pas cela *He/she says he/she doesn't like it*	**parce que c'est** *because it is*	actif	active
		amusant	fun
		difficile	difficult
		dur	hard
		ennuyeux	boring
		facile	easy
		gratifiant	rewarding
		intéressant	interesting
		motivant	motivating
		répétitif	repetitive
		stressant	stressful

Il/elle travaille dans *He/she works in*	la campagne	the countryside	un hôpital	a hospital
	la ville	the city	un hôtel	a hotel
	un atelier	a workshop	une entreprise	a company
	un bureau	an office	une ferme	a farm
	un collège	a school	un restaurant	a restaurant
	un garage	a garage	un théâtre	a theatre

Unit 11. Talking about jobs: LISTENING

1. Multiple choice: select the correct job

	1	2	3
a.	Accountant	Actor	Housewife
b.	Writer	Farmer	Mechanic
c.	Engineer	Businessman	Chef
d.	Househusband	Doctor	Actress
e.	Accountant	Receptionist	Policeman
f.	Farmer	Actress	Hairdresser
g.	Teacher	Mechanic	Actor
h.	Lawyer	Nurse	Mechanic
i.	Teacher	Singer	Chef

2. Did you hear the masculine or the feminine form?

	Masculine	Feminine
a.	Acteur	Actrice
b.	Cuisinier	Cuisinière
c.	Infirmier	Infirmière
d.	Fermier	Fermière
e.	Coiffeur	Coiffeuse
f.	Avocat	Avocate
g.	Ennuyeux	Ennuyeuse
h.	Actif	Active

3. Spot the intruders: identify the words the speaker is NOT saying

Je m'appelle Charles et moi je vais parler de ma famille. Dans ma famille, nous sommes les trois: mon père, ma mère et puis moi. Mon père s'appelle Jean Paul. Il a est cinquante ans. Il est très grand et un peu gros. Il est complètement chauve. Il est assez sympa et pas travailleur. Il travaille comme un comptable. Il aime beaucoup cela parce que c'est un travail plutôt bien payé. Ma mère travaille comme la coiffeuse. Elle adore cela parce que c'est vraiment actif et gratifiant. Moi, je voudrais bien travailler comme cuisinier et être célèbre comme le Gordon Ramsay.

4. Spot the differences

Je m'appelle Joanna. Je suis de Bidart. Ma personne préférée dans ma famille, c'est ma tante. Elle est assez autoritaire, mais très sympa. Ma grand-mère était médecin, mais aujourd'hui, elle ne travaille pas. Je déteste mon frère. Il est intelligent, mais très ennuyeux. Mon père est professeur, mais il déteste son travail car c'est difficile et stressant. Il travaille dans un hôpital à Biarritz. Chez lui, j'ai une girafe qui s'appelle Donatello. Elle est bizarre, mais très amusante, comme ma mère Cassandra.

5. Listen and fill in the grid

	Person	Job
a.	My father	
b.		Lawyer
c.		
d.		
e.		
f.		
g.		Doctor
h.		

Unit 11. Talking about jobs: LISTENING

6. Narrow listening: gapped translation

My name is _____. In my family there are _____ people. My _____ is called Christian. He is tall and _____. He works as a _____. He loves his job because it is _____. My mother is an _____. She does not _____ her job because it is _____. She wants to be a _____ because it is _____ and she is very _____. My two _____ are students at _____. They love it because it is _____ and _____. I am still a _____ in a secondary school. I hate school because it is _____ and _____.

7. Translate the sentences into English

a.
b.
c.
d.
e.
f.
g.
h.
i.

8. Listen, spot and correct the errors

a. Je travaillais à la campagne.

b. Ma mère travailler comme cuisinière.

c. Mon père a coiffeur.

d. Mes frères ne travaillent plus.

e. Ma petite amie est acteur.

f. Mon meilleur ami est pompiste.

g. Ma cousin est médecin.

h. Mes oncles est fermiers.

9. Listen to Valérie and Fernand and answer the questions in English

Part 1 - Valérie

a. What job does her father do?

b. What does her father think about his job?

c. What job does Valérie's mother do?

d. What does her mother think about her job?

e. What job does Valérie want to do one day? (Mention why)

Part 2 - Fernand

a. What job does his father do?

b. What does his father think about his job?

c. What job does Fernand's mother do?

d. What does his mother think about her job?

e. What job does Fernand want to do one day? (Mention why)

Unit 11. Talking about jobs: VOCAB BUILDING 1

1. Complete with the missing word

a. Mon père est _____ .   *My father is a lawyer.*
b. Ma tante est _____ .   *My aunt is a hairdresser.*
c. Mon frère _____ .   *My younger brother.*
d. Il travaille comme _____ .   *He works as a mechanic.*
e. Ma mère est _____ .   *My mother is a doctor.*
f. Ma sœur _____ .   *My older sister.*
g. Elle travaille comme _____ .   *She works as an engineer.*
h. Mon oncle est _____ .   *My uncle is an accountant.*
i. Mon _____ est _____ .   *My cousin is a farmer.*

2. Match

Ennuyeux	It's stressful
C'est actif	It's fun
C'est difficile	It's difficult
C'est amusant	It's active
C'est motivant	It's rewarding
C'est stressant	Boring
C'est facile	Interesting
C'est gratifiant	It's easy
Intéressant	It's motivating

3. Translate into English

a. Ma mère est mécanicienne.
b. Elle aime son métier.
c. Elle travaille dans un garage.
d. Mon frère est comptable.
e. Il n'aime pas son métier.
f. Mon cousin est coiffeur.
g. Il adore son métier.
h. Parce que c'est amusant.

4. Add the missing letter

a. C'est f _ cile
b. I _ aime cela
c. Ing _ nieure
d. _ édecin
e. C'est s _ ressant
f. Elle t _ availle
g. Elle est in _ irmière
h. Mon _ ncle

5. Anagrams

a. iermFer
b. voAcat
c. deMécin
d. Acurte
e. ceriAct
f. ptaComble
g. Ceuroiff
h. meFem ua yerof

6. Broken words

a. I_ e___ h_____ a__ f_____   *He is a househusband.*
b. I_ a_____ s___ m_____   *He likes his job.*
c. M___ f_____ e___ f_____   *My brother is a farmer.*
d. Il/elle t_____   *He/she works.*
e. D_____ l__ c_____   *In the countryside.*
f. I_ d _____ s___ m_____   *He hates his job.*
g. P_____ q___ c'____ a_____   *Because it is active.*
h. C'____ t____ g_____   *It is very rewarding.*
i. M__ m_____ e___ a_____   *My mother is a lawyer.*

7. Complete with a suitable word

a. Ma mère est _____ .
b. Elle _____ son métier.
c. Elle aime cela car c'est _____ .
d. Elle travaille dans un _____ .
e. Mon _____ est coiffeur.
f. Il _____ pas son métier.
g. Parce que c'est _____ .
h. ____ tante est médecin.
i. Elle aime son _____ .
j. Mon oncle est mécanicien, il travaille dans un _____ .

Unit 11. Talking about jobs: VOCAB BUILDING 2

1. Circle the correct translation

a. Facile	Easy	Cheap	Difficult
b. Atelier	School	Garage	Workshop
c. Entreprise	Office	Company	Bank
d. Ferme	Workshop	Farm	Garage
e. Collège	Farm	Workshop	School
f. Ville	Countryside	City	Seaside
g. Stressant	Stressful	Fun	Exciting
h. Avocat	Fisherman	Teacher	Lawyer
i. Ennuyeux	Boring	Motivating	Interesting

2. Match

Infirmier/ère	Accountant
Cuisinier/ère	Actress
Comptable	Lawyer
Coiffeur/euse	Writer
Fermier/ère	Chef
Actrice	Nurse
Avocat(e)	Doctor
Médecin	Hairdresser
Écrivain(e)	Farmer

3. Spot and add the missing word

a. Est-ce qu'ils leur métier? *Do they like their job?*

b. Quel métier ton père? *What job does your dad do?*

c. Parce que amusant *Because it is fun*

d. Elle travaille un collège *She works in a school*

e. Ma tante est d'affaires *My aunt is a businesswoman*

f. Il n'aime cela *He doesn't like it*

g. Il qu'il aime cela *He says he likes it*

h. Elle dans un hôtel *She works in a hotel*

i. Mon oncle cuisinier *My uncle is a chef*

j. Il travaille dans ville *He works in the city*

4. Sentence puzzle

a. Mon bureau travaille avocat et il est dans un père. *My dad is a lawyer and he works in an office.*

b. Mon hôtel est oncle et il travaille dans un cuisinier. *My uncle is a chef and he works in a hotel.*

c. sœur est Ma médecin, elle dans hôpital un travaille. *My sister is a doctor, she works in a hospital.*

d. Ma actrice est mère et théâtre travaille dans un. *My mother is an actress and works in a theatre.*

e. Ma mécanicienne dans est un tante garage. *My aunt is a mechanic in a garage.*

5. Tangled translation: rewrite in French

a. **My** sœur **is chef** dans un **restaurant**.

b. Ma **aunt says** qu'elle aime **a lot** cela.

c. Il **works** dans un **school** dans **the** campagne.

d. Il dit qu'**he likes it** parce que c'est **rewarding**.

e. Quel **job does** ton père?

f. Ma **mother** est femme d'**business** et **she loves it**.

g. Elle adore cela **because** c'est **motivating**.

h. Mon oncle est **farmer** dans la **countryside**.

i. Il **says** qu'il aime cela car **it is easy**.

j. **My brother** est **nurse** parce que c'est **interesting**.

6. Complete with suitable words

a. Mon oncle travaille dans la _____.

b. Il n'aime pas cela car c'est _____.

c. Il travaille comme _____.

d. Il travaille dans une _____.

e. Il _____ cela car c'est _____.

f. Il _____ qu'il aime cela.

g. Mon frère est professeur. Il travaille dans un _____.

h. Ma mère est _____. Elle _____ son _____ parce que c'est très _____.

Unit 11. Talking about jobs: READING 1

Je m'appelle Philippe. J'ai vingt ans et je vis à Casablanca au Maroc. Dans ma famille il y a quatre personnes. J'ai un chien très amusant, Snoopy. Ma mère travaille comme médecin en ville. Elle aime son travail car c'est gratifiant et actif. Mon oncle Daniel est fermier et il adore son travail. Parfois, c'est un travail dur et difficile, mais il adore les animaux.

Je m'appelle Sébastien. Dans ma famille il y a quatre personnes. Mon père s'appelle Matéo et il est avocat. Il aime son travail car c'est intéressant. Par contre, des fois c'est stressant. Ma mère est femme au foyer et elle aime assez son travail. Elle dit que c'est très gratifiant. Chez nous, nous avons un chien qui s'appelle Yoyo. Il est très grand et amusant! Il n'aime pas les chats.

Je m'appelle Sam. Je suis de Nice. Ma personne favorite dans ma famille, c'est ma mère. Elle est timide, mais très sympa. Ma mère est ingénieure, mais maintenant elle ne travaille pas. Elle déteste mon oncle, il est intelligent, mais très méchant. Mon oncle est professeur, mais il déteste son travail car c'est difficile et ennuyeux. Il travaille dans un collège, mais il déteste les enfants. Chez lui, il a une tortue.

4. Fill in the blanks
Je m'_____ Mariana. J'ai treize a__ et je v__ à Biscarosse. Dans ma f_____ il y a cinq personnes. Mon cousin Christophe e__ très bavard et aimable, il a trente ans. Christophe est pr_____ et il travaille dans un c_____. Il habite à Berlin en Allemagne. Il aime son t_____, car c'est int_____ et gra_____. Chez moi, j'__ un animal qui s'_____Tara. C'est une ara_____: une mygale!

Je m'appelle Camille. Dans ma famille il y a quatre personnes. Ma mère s'appelle Valérie et elle est coiffeuse. Elle aime son travail car c'est intéressant et actif. Mon père est homme au foyer, mais il n'aime pas beaucoup son travail car il dit que c'est très difficile et un peu ennuyeux. Nous n'avons pas d'animal, mais j'aimerais avoir un cheval. Mon cousin a un cheval qui s'appelle Furie et il est grand et fort. Quelle chance!

1. Find the French for the following in Philippe's text
a. I am 20

b. I have a dog

c. My mother works as…

d. Doctor

e. In the city

f. She likes her work

g. It is rewarding

h. He loves his work

i. Sometimes

2. Answer the questions on ALL texts
a. Who is Christophe?

b. Whose dad is a househusband?

c. Who has an uncle that is in the wrong job?

d. Whose mother is a doctor?

e. Who has a dog that doesn't like cats?

f. Who would like a horse?

3. Answer the following questions about Sam's text
a. Where is Sam from?

b. Who is his favourite person?

c. What does his mum do? (2 details)

d. Why does she hate his uncle?

e. Why is his uncle a bad teacher?

5. Fill in the table below

Name	Mariana	Christophe
Age		
City		
Pets/job		
Opinion of job		

Unit 11. Talking about jobs: READING 2

Bonjour, je m'appelle Tristan et j'ai quatorze ans. Je suis français et j'habite à Teahupo'o dans le sud de Tahiti. J'habite dans une vieille maison en bois à la campagne. Ma maison est très jolie et confortable et il y a un très grand jardin tropical. J'habite avec mes parents, mon frère cadet et ma sœur aînée.

Mon père s'appelle Mathias et il a trente-sept ans. Je m'entends bien avec lui car il est très marrant et il m'aide toujours. Il travaille comme mécanicien dans un atelier dans notre village. Il dit qu'il aimeson métier car c'est motivant, même si cela peut être difficile parfois.

Ma mère s'appelle Hélène et elle a trente-six ans. Je m'entends bien avec elle parce qu'elle est affectueuse et très travailleuse. Ma mère est écrivaine et elle dit qu'elle aime cela car c'est intéressant. Cependant, elle dit qu'elle voudrait être professeure.

Ma sœur aînée s'appelle Andréa et elle a dix-neuf ans. Elle veut être avocate donc elle est étudiante à l'université et elle étudie le droit *(law)*. Cependant, elle travaille aussi comme cuisinière à temps partiel. Elle travaille dans un restaurant tahitien qui s'appelle Hinerava. Elle dit qu'elle aime cela car c'est un travail actif, mais cela peut être stressant.

Moi, je voudrais être coiffeur. Je pense que c'est un métier intéressant car on rencontre beaucoup de gens. Cependant, je voudrais aussi être médecin ou ingénieur. Le week-end, je travaille avec mon père dans son atelier. À mon avis, c'est assez facile, mais cela peut être ennuyeux. Ce week-end, je dois nettoyer l'atelier.

Tristan, 14 ans. Teahupo'o, Tahiti

1. Find the French in Tristan's text

a. Very pretty and comfortable

b. There is a very big tropical garden

c. He is 37 years old

d. He says he likes his job

e. Even if it can be difficult

f. I get on well with her

g. She would like to be

h. She wants to be a lawyer

i. As a chef part time

j. But it can be stressful

k. I think it is

l. In his workshop

m. This weekend I have to clean

2. Spot and correct the mistakes

a. Mon cadet frère

b. Il travaille comme mécanique

c. Il dit il aime son métier

d. Elle voudrait professeure être

e. Elle vouloir être avocate

f. Elle travaille dans un tahitien restaurant

g. Je pense c'est un métier intéressant

h. Avec mon père dans lui atelier

i. Je nettoyer dois l'atelier

3. Tick or cross: tick the phrases that appear in the text above and cross the phrases that don't

a. J'ai quinze ans	f. Il dit qu'il n'aime pas cela	k. Elle est étudiante
b. J'habite avec mes parents	g. Cela peut être actif	l. Dans un restaurant italien
c. Ma sœur aînée	h. Elle est affectueuse	m. Cela peut être relaxant
d. Je m'entends mal avec	i. Elle voudrait être professeure	n. Je voudrais être acteur
e. Il travaille comme	j. Elle a dix-neuf ans	o. Cela peut être ennuyeux

Unit 11. Talking about jobs: READING & WRITING

Quel métier font les gens de ta famille?

Daniel: Mon père est acteur. Il adore cela parce que c'est motivant et amusant. Il travaille dans un théâtre en centre-ville.

Michel: Mon frère aîné est comptable et travaille dans une entreprise à Paris. Il dit qu'il aime son métier parce que c'est intéressant.

Lucie: Mon oncle est écrivain et il adore cela car c'est gratifiant.

Cédric: Ma mère est femme au foyer. Elle dit qu'elle aime cela parce que c'est gratifiant. Avant, elle travaillait comme professeure de sciences dans un collège.

Alexandre: Ma tante est ingénieure et elle travaille dans un bureau à Londres. Elle aime cela, mais c'est très stressant.

Julien: Mon frère est coiffeur. Il dit qu'il adore cela parce que c'est motivant et facile.

Patricia: Mon père est médecin et il travaille dans un hôpital en centre-ville. Il adore son métier, mais cela peut être difficile et stressant.

Charles: Ma sœur travaille dans un restaurant et elle travaille aussi dans un hôtel. Elle est très travailleuse.

1. Find someone who...

a. ...has a hardworking sister.
b. ...mentions an accountant.
c. ...has an uncle who is a writer.
d. ...mentions an 'easy' job.
e. ...has a parent with a stressful job.
f. ...has a family member working in the UK.
g. ...has a family member with two jobs.
h. ...has a parent who used to be a teacher.
i. ...has a parent who works in a theatre.
j. ...has a family member working in an office.
k. ...has a parent who loves their job.
l. ...knows a hairdresser.
m. ...mentions a capital city.

2. Complete with a suitable word

a. Mon père est _____ et il adore ça.

b. Ma _____ est médecin et elle aime ça.

c. Mon frère est cuisinier et il _____ beaucoup ça.

d. Il n'aime pas son métier car c'est _____.

e. Mon frère travaille dans une _____.

f. Ma tante est _____ et travaille dans un hôpital.

g. Elle adore son métier car c'est _____.

h. Ma sœur _____ comme actrice.

i. Mon cousin est fermier et travaille à la _____.

3. Write an extension of the sentence said by each person on the left

e.g. Daniel: Je voudrais aussi travailler comme acteur.

Michel:

Lucie:

Cédric:

Alexandre:

Julien:

Patricia:

Charles:

Unit 11. Talking about jobs: TRANSLATION

1. Faulty translation: spot and correct (in the English) any translation mistakes you find

a. Mon père travaille comme acteur et il aime cela car c'est émouvant. Il travaille dans un théâtre.
My father works as a cook and he really likes his job because it is interesting. He works in a school.

b. Ma tante travaille comme femme d'affaires dans un bureau. Elle aime cela, mais c'est dur.
My aunt works as a businesswoman in a hair salon. She hates it but it's hard.

c. Mon ami Frank travaille comme infirmier. Il travaille dans un hôpital et il aime cela.
My enemy Frank works as a nurse. He lives in a hospital and likes his work.

d. Mon oncle Jean-François est cuisinier dans un restaurant italien et il adore cela.
My uncle Jean-François is a lawyer in an Italian restroom and he likes it.

e. Ma mère Angèle est comptable et elle travaille dans un bureau. Elle déteste son travail, car c'est ennuyeux et répétitif.
My mother Angèle is an actress and she works in an office. She loves her work because it is boring and repetitive.

3. Phrase-level translation En to Fr

a. My big brother:

b. Works as:

c. A farmer:

d. He likes:

e. His job:

f. Because it's active:

g. And fun:

2. Translate into English

a. Mon oncle travaille comme:

b. Mon père ne travaille pas:

c. Homme au foyer:

d. Infirmière:

e. Coiffeur:

f. Mécanicien:

g. Elle adore son travail:

h. Il travaille dans un bureau:

i. Elle travaille dans un théâtre:

j. Il travaille dans un garage:

k. C'est gratifiant:

l. C'est dur, mais amusant:

m. Il travaille comme avocat:

4. Sentence-level translation En to Fr

a. My brother is a mechanic.

b. My father is a businessman.

c. My uncle is a farmer and he hates his job.

d. My brother Darren works in a restaurant.

e. At home, I have a snake called Serpentine.

f. At home, I have a nice dog and a mean cat.

g. My aunt is a nurse. She likes her job...

h. ...because it is rewarding.

i. My aunt works in a hospital.

151

Unit 11. Talking about jobs: WRITING

1. Split sentences

Mon frère est	motivant
Ma tante est	comme avocat
Mon cousin travaille	professeure
Il aime	dans un restaurant
Car c'est	entreprise
Elle travaille	son travail
Il travaille dans une	écrivain

2. Rewrite the sentences in the correct order

a. Elle son métier aime beaucoup.

b. travaille dans un comptable Elle comme bureau.

c. Il et homme au foyer est aime cela il.

d. comme oncle fermier Mon travaille.

e. travaille Mon frère un théâtre dans.

f. Mon déteste son grand-père métier.

g. Mon est médecin ami et dans un travaille hôpital.

3. Spot and correct the errors

a. Ma mère est homme au foyer.

b. C'est une travail difficile et ennuyeux.

c. Ma sœur travaille comme coiffeur.

d. Elle déteste son travail car c'est dure et répétitif.

e. Elle travaille dans une hôpital en ville.

f. Elle aime beaucoup son travail car c'est facil.

g. Mon pèrè déteste son travail.

h. Il aime son travail car c'est gratifiants.

4. Anagrams

a. Micédne:

b. Gratantifi:

c. Ritipétéf:

d. Il emai:

e. meeFr:

f. taurRsante:

g. Psorruefes:

5. Guided writing: write 3 short paragraphs describing the people below using the details in the box in the 1st person

Person	Relation	Job	Like/ Dislike	Reason
Georges	My dad	Mechanic	Loves	Active and interesting
Lucien	My brother	Lawyer	Hates	Boring and repetitive
Martine	My aunt	Farmer	Likes	Hard but fun

6. Describe this person in French in the 3rd person:

Name: Madeleine

Hair: blond + green eyes

Physique: tall and slim

Personality: hard-working

Job: nurse

Opinion: likes her job a lot

Reason: interesting and rewarding

TERM 3 - BRINGING IT ALL TOGETHER – 11

1. Bonjour, je m'appelle Rachel et j'ai quatorze ans. Je suis française et j'habite à Avignon, une ville dans le sud-est de la France. J'habite dans un appartement dans le centre historique de la ville. J'adore vivre à Avignon parce que c'est une ville qui combine la richesse *(richness)* historique avec tous les avantages de la vie moderne. Je vis avec mes parents et mon frère aîné. Depuis mon appartement, on peut voir la Place du Palais des Papes, le célèbre Pont d'Avignon et les jardins pontificaux.

2. Le week-end dernier, c'était l'anniversaire de ma meilleure amie. Elle a organisé la fête chez elle. On s'est retrouvés là-bas à cinq heures et demie. Il y avait beaucoup à manger et à boire, mais moi, je n'aime pas la pizza donc j'ai seulement mangé des frites. J'ai aussi bu du coca. Nous nous sommes amusés en racontant des blagues et en dansant et après, nous avons regardé un film d'horreur. J'ai adoré le film, mais je n'ai pas aimé l'acteur principal.

3. Ce week-end, je voudrais faire beaucoup de choses. Par exemple, le samedi, je voudrais faire les magasins avec ma mère. Nous passons toujours un bon moment quand nous allons au centre commercial ensemble. Ensuite, nous allons prendre un chocolat chaud dans un café. D'habitude, nous y allons en bus même si je préfère y aller en voiture car c'est plus confortable. Dimanche, je voudrais aller à la pêche avec mon père. Cependant, cela dépend de quand mes parents travaillent.

4. Mon père est homme d'affaires et il travaille dans un bureau dans le centre de Lyon. Tous les jours, il doit voyager en train à Lyon et le trajet dure une heure et demie. Il dit que d'habitude, pendant le voyage, il écoute de la musique ou il regarde un film sur sa tablette. Il dit qu'il adore son métier parce que c'est motivant, mais cela peut aussi être stressant.

5. Ma mère est coiffeuse, donc elle doit souvent travailler le samedi. Elle adore son métier parce que c'est gratifiant, mais elle dit que cela peut être difficile quand les clients ont un style de coiffure compliqué.

6. Mais on verra s'ils sont occupés ou pas. S'ils sont occupés, je voudrais jouer à la PlayStation avec mon frère aîné.

Rachel, 14 ans. Avignon, France

1. Answer the following questions in English
a. Where is Rachel's flat?
b. What can she see from her flat?
c. What did she do last weekend?
d. What didn't she like about the film?
e. What would she like to do this Saturday?
f. What would she like to do this Sunday?
g. What do her plans depend on?
h. What does her father do for work?
i. What does her mother do for work?
j. What will she do if her parents are busy?

2. Find the French equivalent in Rachel's text
a. Combines (the) rich history with (1)
b. From my flat one can see (1)
c. Last weekend it was (2)
d. We had fun telling jokes (2)
e. After, we watched a horror film (2)
f. I would like to do many things (3)
g. When we go to the mall together (3)
h. Usually, we go there by bus (3)
i. He has to travel by train to Lyon (4)
j. She often has to work on Saturdays (5)
k. But she says it can be difficult (5)
l. We will see if they are busy or not (6)
m. With my older brother (6)

3. Complete the translation of paragraph 4
My _____ is a _____ and he works in an _____ in the centre of Lyon. Every _____ he _____ to travel by train to Lyon and the _____ lasts an _____ and a _____. He says that usually, _____ the journey he _____ to music or watches a film on his _____. He says that he loves his job because it is _____, but it can _____ be _____.

TERM 3 - BRINGING IT ALL TOGETHER – 11

Véronique et Caroline sont amies. Elles parlent du métier de leurs parents.	
Véronique	Ta mère est toujours occupée. Pourquoi? Quel métier fait-elle?
Caroline	Oui, tu as raison, ma mère est toujours occupée. Elle est avocate.
Véronique	Elle aime son métier?
Caroline	Oui, elle adore. Elle dit que c'est motivant et gratifiant, même si c'est aussi difficile parfois. Elle doit travailler beaucoup d'heures par jour.
Véronique	Quel métier fait ton père?
Caroline	Mon père est... je ne sais pas. Bon, je crois qu'il est homme d'affaires parce qu'il porte toujours un costume et une mallette *(briefcase)*.
Véronique	Comment ça tu ne sais pas?
Caroline	C'est-à-dire qu'il travaille beaucoup et ne parle jamais de son travail *(work)*. Il doit souvent aller à l'aéroport immédiatement.
Véronique	Caroline, ton père est... espion?
Caroline	Chut! Ne le dis à personne. *(don't tell anyone).*
Véronique	Génial! Tes parents sont très cools. Mes parents sont très ennuyeux. Mon père est homme au foyer, mais il dit qu'il est artiste.
Caroline	Et ta mère?
Véronique	Ma mère est médecin. C'est elle qui gagne l'argent *(earns money)*!

4. True (T), False (F) or Not Mentioned (NM)?

a.	The girls are talking about their parents' jobs.	
b.	Véronique's mother is always busy.	
c.	Caroline's mother is 47 years old.	
d.	Caroline's mother is a lawyer.	
e.	Caroline's mother loves her job.	
f.	Caroline's father is a businessman.	
g.	Caroline's father always wears a suit.	
h.	Caroline's father doesn't work a lot.	
i.	Caroline's father works at the airport.	
j.	Caroline's father is a spy.	
k.	Véronique's father loves his house.	
l.	Véronique's father says he is an artist.	
m.	Véronique's mother earns very little money.	

5. Complete the statements

a. Caroline's mother's job is _____ and _____, but _____.

b. Caroline's father always wear a _____ and has a _____.

c. Caroline's _____ turns out to be a _____.

d. _____ thinks her parents are very boring.

e. In Véronique's family, her _____ has the larger income.

UNIT 12
My dreams and aspirations: What I am going to do with my life

In this unit you will learn how to:

- Say what you would like to study next year
- Say what job you would like to do when you are older
- Say what vocational training you would like to pursue
- Talk about where you would like to live later on in life
- Say what is important to you in life
- Mention one famous person who inspires you

UNIT 12
My dreams and aspirations: What I am going to do with my life

Que vas-tu étudier l'année prochaine?	*What are you going to study next year?*
Quel métier voudrais-tu faire dans le futur?	*What job would you like to do in the future?*
Où voudrais-tu travailler?	*Where would you like to work?*
Pour toi, qu'est-ce qui est le plus important dans la vie?	*For you, what is the most important thing in life?*
Quelle personne célèbre t'inspire? Pourquoi?	*Which famous person inspires you? Why?*

Dans le futur *In the future*	**je vais étudier** *I am going to study*	l'architecture le droit l'informatique les langues la médecine	*architecture* *law* *IT* *languages* *medicine*	**à l'université** *at university*

Plus tard, *Later,* **Quand je serai plus âgé(e)** *When I am older*	**je veux être** *I want to be (a)*	acteur/actrice artiste avocat(e) écrivain(e) informaticien(ne)	*actor/actress* *artist* *lawyer* *writer* *IT technician*	ingénieur(e) médecin professeur(e) scientifique YouTubeur/euse	*engineer* *doctor* *teacher* *scientist* *YouTuber*

Je voudrais être	*I would like to be (a)*	artisan(e) électricien(ne) maçon(ne) plombier/ère	*tradesperson* *electrician* *builder* *plumber*
Je crois que *I believe that*	**je vais faire une formation pour être** *I am going to train to be a/an*		

Dans dix ans *In ten years*	**je voudrais** *I would like*	travailler *to work* vivre *to live*	à la campagne au Japon à New York dans une grande ville	*in the countryside* *in Japan* *in New York* *in a big city*

Pour moi *For me*	**le plus important dans la vie est** *the most important thing in life is*	d'aider les gens d'apprendre beaucoup de choses d'être célèbre d'être heureux/euse de gagner beaucoup d'argent	*to help people* *to learn many things* *to be famous* *to be happy* *to earn a lot of money*

Une personne célèbre qui *A famous person that*	**m'inspire** *inspires me*	**est**	Kylian Mbappé Taylor Swift	**parce qu' il/elle est**	talentueux/euse *talented* travailleur/euse *hardworking*

Unit 12. My dreams and aspirations: LISTENING

1. Dictation
a. Q _ _ _ _ je s _ _ _ _ p _ _ _ â _ _

b. Je v _ _ _ é _ _ _ _ _ _

c. A _ _ _ _ _ _ _ _ _ _ _

d. Je v _ _ _ ê _ _ _ a _ _ _ _ _ _

e. P _ _ _ ê _ _ _ m _ _ _ _

f. V _ _ _ _ à N _ _ Y _ _ _

g. A _ _ _ _ l _ _ g _ _ _

h. G _ _ _ _ _ beaucoup d'a _ _ _ _ _

i. U _ _ p _ _ _ _ _ _ _ c _ _ _ _ _ _

j. I _ e _ _ t _ _ _ _ _ _ _ _ _ _

2. Listen and fill in the gaps
a. Dans le _____, je vais _____ le _____ à l'université.

b. Plus _____, je _____ être _____.

c. Je _____ que je vais _____ une formation _____ être _____.

d. Dans _____ ans, je voudrais _____ à la _____.

e. Pour _____, le plus _____ dans la _____ est d'être _____.

f. _____ tard, _____ veux être _____.

g. Une _____ célèbre qui m'_____ est Kylian Mbappé parce qu'il est _____.

h. Une personne célèbre _____ m'inspire _____ Taylor Swift parce qu'elle est _____.

i. Je crois _____ je _____ faire une _____ pour être _____.

3. Break the flow
a. Danslefuturjevaisétudierlarchitecture

b. Plustardjeveuxêtrescientifiqueoumédecin

c. Leplusimportantdanslavieestdêtrecélèbre

d. Jevaisfaireuneformationpourêtremaçon

e. LionelMessiminspirecarilesttalentueux

f. Plustardjevoudraisvivreàlacampagne

g. Jevaisfaireuneformationpourêtreélectricien

h. Quandjeseraiplusâgéjevaisétudierlamédecine

i. Plustardjevoudraisvivreà NewYork

4. Multiple choice: spot the intruders

	je voudrais	vivre	~~campagne~~
e.g.			
a.	futur	à	université
b.	plus tard	veux	professeur
c.	que	étudier	maçon
d.	ensuite	je voudrais	vivre
e.	avis	important	heureux
f.	veux	avoir	acteur
g.	célèbre	beaucoup	talentueux
h.	tu	être	prochaine

5. Faulty translation: listen, identify and correct the errors

e.g. I think that I am going to train to be **a builder. an electrician.**

a. In the future, I am going to study programming at university.

b. Later, I want to work as a scientist.

c. I think that I am going to train to be a tradesperson.

d. Later on, I would like to live in New York.

e. What are you going to do next year?

f. What car would you like to have in the future?

g. For me, the most important thing in life is to earn lots of money.

Unit 12. My dreams and aspirations: LISTENING

6. Listening slalom: follow the speaker from top to bottom and number the boxes accordingly

a.	b.	c.	d.	e.
In the future	Later	I believe that	In ten years	When I am older
I want	I am going	I am going	I believe that	I would like
to train	to live	I am not going	to be	to study
architecture	in a big city	to be	an IT technician	to study
or a teacher.	medicine.	at university.	with my sister.	a plumber.

7. Narrow listening: gapped translation

Hello, my _____ is Viviane and I am _____ Bayonne. I am _____ years old and I _____ to study. In the _____, I am going to study _____ at _____. Later, I _____ to be a _____. However, I would also like to be a _____. I don't want to _____ to be a _____. In ten years, I would like to _____ in a _____ _____ like New York. For me, the _____ important thing in life is to _____ people, not to _____ a lot of _____. A _____ person that _____ me is Kylian Mbappé. _____ is one of the best footballers in the _____.

8. Listen to Karine and answer the questions in English

a. How old is Karine?

b. What is Karine going to study in the future?

c. What would she like to be? (2 details)

d. What doesn't she want to train to do?

e. Where would she like to live? (2 details)

f. What is the most important thing for her?

g. What is not the most important thing for her?

h. What famous person inspires her, and why?

158

Unit 12. My dreams and aspirations: VOCAB BUILDING

1. Match

Je vais étudier	A scientist
Informatique	I believe that
Les langues	He is talented
Je veux être	IT
Scientifique	I want to be
Écrivain	I am going to study
Maçon	A builder
Je crois que	Languages
La campagne	A writer
Être heureux	To be happy
Aider les gens	The countryside
Il est talentueux	To help people

2. Missing letters

a. Je v _ is ét _ dier le dr _ it à l'un _ versit _ .
b. Pl _ s t _ rd, je ve _ x être a _ ocat.
c. Q _ and je s _ rai plus _ gé, je veu _ être artist _ .
d. Je v _ is faire une form _ tion po _ r être pl _ mbier.
e. D _ ns di _ ans, je voudr _ is v _ vre au Jap _ n.
f. Je veux _ tre m _ decin et ga _ ner beaucoup d'argent.
g. Le p _ us important dans la v _ e est d'être h _ ure _ x.
h. Je veux a _ prendre beaucou _ de c _ oses.
i. Je cr _ is que je vo _ drais a _ der les g _ ns.
j. Dans dix _ ns, je vou _ rais tra _ ailler à la c _ mpagne.
k. Une perso _ ne qui m'ins _ ire est m _ mère.

3. Faulty translation: correct the English

a. Je vais étudier l'informatique
I am going to train in IT.

b. Je veux étudier le droit à l'université.
I want to study languages at university.

c. Quand je serai plus âgé, je voudrais être ingénieur.
When I am younger, I would like to be an electrician.

d. Je vais faire une formation pour être maçon.
I am going to train as a tradesperson.

e. Je voudrais vivre dans une grande ville.
I would like to live in a small city.

f. Le plus important, c'est d'apprendre beaucoup de choses.
The most important thing is to earn a lot of money.

4. Spot and add in the missing word

a. Dans futur, je vais étudier l'architecture.
b. Je vais étudier langues.
c. Je voudrais vivre Japon.
d. Je crois que je voudrais écrivain.
e. Le plus, c'est d'être heureux.
f. Plus tard, je voudrais vivre à campagne.
g. Dans le futur, je vais étudier l'université.
h. Dans dix ans, je être scientifique.
i. Que vas-tu étudier année prochaine?

5. Sentence puzzle

a. le futur, je Dans étudier la vais médecine. — *In the future, I am going to study medicine.*
b. serai Quand je veux plus je être âgé, avocat. — *When I'm older, I want to be a lawyer.*
c. talentueuse Swift Taylor car elle est m'inspire. — *Taylor Swift inspires me because she is talented.*
d. Je faire une formation maçon pour voudrais être. — *I would like to train as a builder.*
e. Je que étudier je veux les crois langues. — *I believe that I want to study languages.*
f. travailler voudrais-tu Où? — *Where would you like to work?*
g. YouTubeur Dans futur, je le être à veux New York. — *In the future, I want to be a YouTuber in New York.*
h. Je gens aider les voudrais. — *I would like to help people.*
i. je serai célèbre plus âgée, je veux Quand être. — *When I am older, I want to be famous.*

Unit 12. My dreams and aspirations: VOCAB BUILDING

6. Complete with the options below (one word has no match)

a. Je veux _____ pour être ingénieure. *I want to study to be an engineer.*

b. Le plus important, c'est d' _____ . *The most important thing is to learn.*

c. Serena Williams m'_____ ... *Serena Williams inspires me...*

d. ... _____ elle est travailleuse. *...because she's hardworking.*

e. Dans le _____ , je voudrais être acteur. *In the future, I would like to be an actor.*

f. Je veux _____ beaucoup d'argent. *I want to earn a lot of money.*

g. Le plus important, _____ d'aider les gens. *The most important thing is to help people.*

h. L'année _____ , je vais étudier le droit. *Next year, I'm going to study law.*

i. Je veux faire une _____ de plombier. *I want to train as a plumber.*

j. Quand je _____ plus âgé, je veux aller à l'université. *When I'm older, I want to go to university.*

k. Je _____ que je voudrais vivre dans une grande ville. *I believe that I would like to live in a big city.*

parce qu'	formation	serai	crois	prochaine	bûcheron
futur	c'est	apprendre	étudier	gagner	inspire

7. Multiple choice: choose the correct translation

		1	2	3
a.	I get dressed	Je me lave	Je prépare mon sac	Je m'habille
b.	I go to bed	Je me couche	Je me lève	Je me lave
c.	Later on	Plus tard	Demain	Hier
d.	In ten years	Dans dix jours	Dans dix ans	Dans dix minutes
e.	I want to be	Je veux être	Dans le futur	Je voudrais
f.	I would like to be	Je crois que	Je voudrais être	Je ne veux pas
g.	I work as	Je travaille comme	J'étudie	Je suis
h.	To earn money	Gagner de l'argent	Être célèbre	Aider les gens
i.	In the afternoon	Le matin	Le week-end	L'après-midi
j.	In the countryside	Sur la côte	Dans la banlieue	À la campagne

8. Spot and correct the spelling & grammar mistakes (in the French)

a. Je crois kue   *I believe that*
b. Je va faire une formation   *I'm going to train*
c. Aider les gents   *To help people*
d. Car elle est talentée   *Because she's talented*
e. Je voudrais vie   *I would like to live*

f. Je vais estudier   *I'm going to study*
g. Quand je sera plus âgé   *When I am older*
h. À la université   *At university*
i. Gagner bokup d'argent   *To earn a lot of money*
j. Un grand ville   *A big city*

Unit 12. My dreams and aspirations: READING 1

Dans le futur, je vais étudier l'architecture à l'université. Plus tard, quand je serai plus âgé, je veux être architecte comme mon père. Je voudrais faire ce métier car je veux dessiner de beaux bâtiments et apprendre beaucoup de choses. Je crois que je vais faire une formation d'architecte dans une université britannique.

Dans dix ans, je voudrais vivre à la campagne. Pour moi, le plus important dans la vie, c'est d'être heureux et de gagner beaucoup d'argent. Une personne célèbre qui m'inspire est Taylor Swift parce qu'elle est talentueuse et travailleuse.

**Mike, 15 ans.
St Andrews, Écosse**

Dans le futur, je vais étudier le droit à l'université. Plus tard, quand je serai plus âgée, je veux être avocate comme ma mère. Je voudrais être avocate parce que je veux défendre les droits *(rights)* des gens et apprendre beaucoup de choses. Je voudrais faire une formation pour être avocate dans une université aux États-Unis.

Dans dix ans, je voudrais vivre dans une grande ville à l'étranger. J'espère pouvoir vivre à Tokyo un jour, par exemple. Pour moi, le plus important dans la vie est d'aider les gens et de gagner assez *(enough)* d'argent pour bien vivre. Être célèbre n'est pas important pour moi. Une personne célèbre qui m'inspire est Malala parce qu'elle est charismatique et lutte pour les droits des personnes vulnérables.

**Daniela, 13 ans.
Krefeld, Allemagne**

Dans le futur, je vais étudier l'informatique à l'université. Plus tard, quand je serai plus âgé, je veux être informaticien. Je voudrais être informaticien parce que je veux créer des programmes et gagner beaucoup d'argent. Je crois que je vais faire une formation d'informaticien dans une université en ligne. Dans dix ans, mon ambition est de créer une nouvelle application pour aider les personnes handicapées.

Un jour, je voudrais vivre en Californie ou à New York. Pour moi, le plus important dans la vie, c'est d'être heureux, d'aider les gens et de gagner beaucoup d'argent. Une personne célèbre qui m'inspire est Elon Musk parce qu'il est innovateur et créatif.

Soo How, 12 ans. Taiping, Malaisie

1. Find the French equivalent in the texts
a. I want to be an IT technician
b. I want to design beautiful buildings
c. And to earn enough money
d. To be famous is not important to me
e. Just like my mother
f. In a big city abroad
g. My ambition is to create a new application

2. Find someone who...
a. ...wants to be a lawyer.
b. ...wants to be like their father.
c. ...wants to study online.
d. ...wants to live in the countryside.
e. ...wants to study programming.
f. ...wants to study in the UK.
g. ...thinks it is important to help people.

3. Correct the mistakes
a. Dans le futur, Soo How veut créer une application pour dessiner de beaux bâtiments.
b. Daniela veut être avocate comme son père.
c. Daniela admire Malala parce qu'elle gagne beaucoup d'argent.
d. Pour Mike, le plus important dans la vie c'est d'aider les gens.
e. Soo How veut vivre à la montagne.
f. Daniela voudrait vivre à Londres quand elle sera plus âgée.

Unit 12. My dreams and aspirations: READING 2

Bonjour, je m'appelle Éric et je suis de Roubion, un petit village près du Parc national du Mercantour, dans le sud de la France. Au collège, j'aime l'histoire et l'anglais, mais ma matière préférée, c'est la musique. La musique est ma passion. Depuis que je suis petit, j'ai toujours aimé jouer de la guitare dans ma chambre et ensuite, j'ai appris à jouer du piano et du violon. Je passe en moyenne deux ou trois heures par jour à jouer de la guitare et à composer des chansons.

L'année prochaine, je vais étudier la musique au collège. Ensuite, je voudrais étudier la musique au Conservatoire de Paris. Étudier la musique est une excellente opportunité pour explorer et apprendre sur divers genres musicaux.

Quand je serai plus âgé, je voudrais jouer dans un groupe et voyager partout dans le monde. Je veux aussi explorer de nouveaux styles musicaux et collaborer avec d'autres musiciens talentueux.

Dans dix ans, je voudrais vivre dans une ville comme la Nouvelle Orléans, célèbre pour sa richesse musicale. Là-bas, la musique est à chaque coin *(corner)* de rue, du jazz dans les clubs et le son du blues dans les rues.

Une personne célèbre qui m'inspire est mon oncle Ed. Il est musicien et il m'a toujours inspiré avec ses histoires de voyages et les concerts qu'il a fait autour du monde.

Éric, 15 ans. Roubion, France

1. Find the French in Éric's text
Note: They are **not** in order

a. A small village

b. In the south of France

c. Since I was small

d. On average

e. I also want to explore

f. When I am older

g. I would like to play

h. In a band

i. Other talented musicians

j. On every street corner

k. He has always inspired me

l. Travel stories

m. Around the world

2. Spot and correct the mistakes

a. La musique est mon passion

b. Je m'apple Éric

c. Je suis du Roubion

d. Célèbre pour sa musicale richesse

e. Dans le sud de France

f. Ensuite, j'ai appris à jouer le piano

g. La musique est chaque coin de rue

h. Je veux aussi explorer de nouveaux styles musicals

i. J'ai toujours aimer jouer de la guitare

3. Tick or cross: tick the phrases that appear in the text above and cross the phrases that don't

a. Je voudrais vivre	f. Jouer du piano avec ma sœur	k. À chaque coin de rue
b. Presque toujours	g. Près de chez moi	l. Un petit village
c. Dans ma chambre	h. Ma matière préférée	m. Sans aller plus loin
d. Souvent	i. Je déteste le banjo	n. Depuis que je suis petit
e. J'ai rencontré des gens	j. J'adore l'opéra	o. De nouveaux styles musicaux

Unit 12. My dreams and aspirations: READING & WRITING

Les études et les métiers

Sébastien: Dans le futur, je vais étudier la médecine à l'université parce que je veux être médecin. Dans dix ans, je voudrais vivre à New York.

Martine: Je crois que je vais faire une formation pour être mécanicienne. Pour moi, le plus important dans la vie est d'être heureuse.

Claudia: Dans le futur, je vais étudier l'informatique à l'université. Plus tard, je veux être informaticienne.

Xavier: Quand je serai plus âgé, je veux être artiste et dans dix ans, je voudrais vivre au Japon.

Juliette: Pour moi, le plus important dans la vie est d'aider les gens donc je voudrais être professeure.

Béatrice: Une personne qui m'inspire est Taylor Swift car elle est travailleuse. Quand je serai plus âgée, je voudrais être comme elle, mais je ne veux pas être célèbre.

François: Je crois que je vais faire une formation pour être maçon comme mon père. Je veux travailler avec lui.

Yves: Dans le futur, je vais étudier le droit à l'université. Plus tard, je veux être avocat parce que je veux aider les gens.

Léa: Je voudrais être actrice. Cependant, je vais étudier l'architecture à l'université.

Romain: Pour moi, le plus important dans la vie est d'apprendre beaucoup de choses donc dans le futur, je vais étudier les langues pour être professeur.

1. Find someone who...

a. ...wants to work with their dad.

b. ...wants to study teaching at university.

c. ...wants to be an artist.

d. ...wants to be a doctor.

e. ...thinks being happy is the most important thing in life.

f. ...wants to help people (2)

g. ...would not like to be famous.

h. ...wants to study architecture at university.

i. ...wants to be an IT technician.

j. ...wants to train to be a builder.

k. ...wants to study law at university.

l. ...wants to train to be a mechanic.

2. Complete with a suitable word

a. Dans le futur, je vais étudier _____.

b. Plus tard, je veux être _____.

c. Quand je serai plus âgé, je _____ être médecin.

d. Le plus important dans la vie est d'être _____.

e. Une personne qui m'inspire est _____.

f. Dans dix ans, je veux _____ à New York.

g. Je crois que je vais _____ une formation de maçon.

h. Dans le futur, je vais _____ les langues.

i. Dans dix ans, je voudrais vivre en _____.

3. Write an extension of the sentence said by each person on the left

e.g. Sébastien: Pour moi, le plus important dans la vie est d'aider les gens.

Martine:

Claudia:

Xavier:

Juliette:

Béatrice:

François:

Yves:

Léa:

Romain

Unit 12. My dreams and aspirations: WRITING

1. Complete the following sentences creatively

a. Dans le futur, je vais _____ à _____.

b. Quand je serai plus âgé(e), je veux être _____ ou _____.

c. Je voudrais _____ et vivre _____.

d. Pour moi, le plus important est _____ et _____.

e. Je crois que _____.

f. Une personne qui m'inspire est _____ car _____.

g. Je voudrais _____ parce que je veux être _____.

h. Je ne veux pas _____ ni _____.

i. Dans dix ans, je voudrais travailler comme _____ dans _____.

2. Tangled translation: rewrite in French

a. Plus tard, je veux être **lawyer** et vivre dans la **countryside.**

b. **Later**, je crois que **I would like to** faire une formation d'**electrician.**

c. **What** métier voudrais-tu **have** quand tu seras **older**?

d. **I believe that** je vais étudier **at l'university.**

e. Une personne **famous that** m'inspire **is** David Beckham.

f. Il m'inspire parce que **the most important** dans la vie est **to help** les **people**.

g. Pour **me**, le plus important **in the life** est **to be** heureux.

h. je crois que **I want to be** scientifique.

i. **What** vas-tu **study** l'**year** prochaine?

3. Spot and correct the (many) mistakes

a. Pour tu, qu'est-ce que est le plus important dans le vie?

b. Quand je être plus agé, je veux serai artiste. Je ne pas veux étudier la médecin.

c. Dans le future, je vais étudié la médicament à l'université.

d. Je crois quoi je veux être artisant et vivre à la montane.

e. Pour je, le plus important en la vie est d'être celebre.

f. Je crois ke Taylor Swift es tress travailleuse et talentueux.

g. Lionel Messi est une person que inspire moi.

4. Answer the following questions in French.

a. Que vas-tu étudier l'année prochaine?

b. Quel métier voudrais-tu avoir dans le futur?

c. Où voudrais-tu travailler?

d. Pour toi, qu'est-ce qui est le plus important dans la vie?

e. Quelle personne célèbre t'inspire? Pourquoi?

TERM 3 - BRINGING IT ALL TOGETHER – 12

1. Bonjour, je m'appelle Jules et j'habite à Libreville, la capitale du Gabon. J'habite dans un appartement dans un quartier assez près du centre-ville. Mon appartement est assez grand, mais ma famille est aussi très grande. J'habite avec ma mère, mon beau-père, ma demi-sœur, mon demi-frère et mes deux sœurs cadettes.

2. À Libreville, tous les samedis matin, il y a un marché avec des vêtements et de la nourriture donc quand j'ai le temps, je vais faire les courses. Cependant, samedi dernier, je ne suis pas allé au marché parce que j'avais des devoirs d'anglais. Samedi prochain, je voudrais y aller parce que je veux acheter des vêtements neufs. De plus, il y a toujours beaucoup de bons fruits tropicaux. La mangue *(mango)* est mon fruit préféré. C'est le plus savoureux au monde!

3. Ma mère est infirmière et travaille dans un hôpital local. Elle dit qu'elle adore son métier, mais à mon avis, elle est toujours très occupée et je crois que c'est assez stressant.

4. Mon père s'appelle Denis et il est maçon. Il travaille très dur et il dit qu'il adore son métier parce que c'est gratifiant et actif. Il travaille dans des endroits variés, des collèges, des hôtels, des restaurants, mon père sait construire *(to build)* de tout.

5. Dans le futur, je vais étudier l'architecture à l'université parce que j'adore l'art et j'aime beaucoup dessiner. Quand je serai plus âgé, je veux être architecte, mais je voudrais aussi être artiste. Cependant, je crois que je voudrais aussi être maçon comme mon père. Plus tard, je voudrais vivre à New York pour le tohu-bohu *(hustle and bustle)* de la ville, mais je voudrais aussi vivre à la campagne pour la tranquilité et pour être près de la nature.

6. Pour moi, le plus important dans la vie est d'aider les gens. Cependant, je sais aussi qu'il est important de gagner de l'argent. Une personne qui m'inspire est Lionel Messi car il est talentueux et très travailleur. À mon avis, Lionel Messi est un bon modèle *(role model)* à suivre parce qu'il a travaillé dur pour son succès.

Jules, 16 ans. Libreville, Gabon

1. Answer the following questions in English
a. Where is Jules' neighbourhood?
b. How many people does Jules live with?
c. What does Jules tend to do when he has time?
d. What stopped him doing this last Saturday?
e. Why are mangoes Jules' favourite fruit?
f. What does Jules' mother do for work?
g. What does Jules' father do for work?
h. What is Jules going to study at university?
i. What is the most important thing in life for Jules?
j. Why does Lionel Messi inspire Jules?

2. Find the French equivalent in Jules' text
a. My flat is quite big (1)
b. My stepsister (1)
c. Every Saturday (2)
d. When I have time (2)
e. I want to buy new clothes (2)
f. In my opinion (3)
g. I believe it's quite stressful (3)
h. He says he loves his job (4)
i. He works in various places (4)
j. When I am older (5)
k. I also know that (6)
l. A person that inspires me is (6)
m. He has worked hard (6)

3. Complete the translation of paragraph 5
In the _____. I am _____ to study _____ at university because I love art and I _____ drawing a lot. When I am _____, I _____ to be an architect, but I _____ also like to be an _____. _____, I also believe that I would like to be a _____ like my _____. Later on, I would like to _____ in New York for the hustle and bustle of the _____, but I would _____ like to live in the _____ for the _____ and to be close to nature.

TERM 3 - BRINGING IT ALL TOGETHER – 12

Richard et Lucie sont cousins. Ils parlents du futur car ils vont bientôt terminer le lycée *(6th Form college)*.

Richard	Salut Lucie, dis-moi, quels sont tes projets pour le futur?
Lucie	Quand je serai plus âgée, je veux être avocate. L'année prochaine, je vais étudier le droit à l'université.
Richard	Fantastique! Tu vas apprendre beaucoup de choses et tu vas aussi gagner beaucoup d'argent.
Lucie	Oui, c'est possible. Cependant, le plus important pour moi est d'aider les gens.
Richard	Tu es vraiment quelqu'un de bien *(someone good)*! Où vas-tu étudier?
Lucie	Je veux étudier à Paris. Si c'était possible, je voudrais étudier à New York.
Richard	Paris est loin d'ici. Moi, je crois que je vais rester au village et je vais faire une formation de plombier.
Lucie	Tu ne veux pas habiter ailleurs *(elsewhere)*? Tu ne voudrais pas étudier à Paris avec moi?
Richard	Oui, mais d'abord *(first of all)*, je dois travailler avec mon père. Il m'inspire beaucoup.
Lucie	Alors… nous ne nous verrons pas beaucoup l'année prochaine.
Richard	Tu as raison, mais personne ne sait *(nobody knows)* ce qu'il va se passer demain.

4. True (T), False (F) or Not Mentioned (NM)?

a.	Richard and Lucie are boyfriend and girlfriend.	
b.	Richard doesn't study in his free time.	
c.	Lucie wants to be a lawyer.	
d.	Lucie is currently studying law at university.	
e.	Lucie will study law at university next year.	
f.	Richard thinks Lucie won't make much money.	
g.	Richard thinks Lucie is a good person.	
h.	Lucie does not want to help people.	
i.	Lucie wants to study in Paris.	
j.	Lucie doesn't want to study in New York.	
k.	Richard is going to train to be a plumber.	
l.	Richard is inspired by his father.	
m.	Lucie thinks they will see each other a lot next year.	

5. Complete the statements

a. _____ asks _____ about _____ plans for the future.

b. _____ thinks _____ will learn many things.

c. _____ wants _____ to study in Paris with _____.

d. Richard's _____ inspires him ___ _____.

e. _____ thinks they will not _____ each other very much.

TERM 3 – MIDPOINT – RETRIEVAL PRACTICE

1. Answer the following questions in French

Avec qui habites-tu?	
Quel métier font tes parents?	
Ils aiment leur métier?	
Où travaillent-ils?	
Que vas-tu étudier l'année prochaine?	
Quel métier voudrais-tu avoir quand tu seras plus agé(e)?	
Où voudrais-tu travailler?	
Pour toi, qu'est-ce qui est le plus important dans la vie?	
Quelle personne célèbre t'inspire?	
Pourquoi?	

2. Write a paragraph in the first person singular (I) providing the following details

a. Your name is Julien. You are 17 years old and you live with your parents and your sisters.

b. Your father is an artist. He likes his job.

c. Your mother is a doctor. She loves her job, but it can be stressful.

d. Your father works at home and your mother works in a hospital in the city centre.

e. Next year, you are going to study law.

f. You would like to be a lawyer, but you would also like to be a plumber.

g. For you, the most important thing in life is to be happy, not to be famous.

h. A famous person who inspires you is Shakira because she speaks many languages.

3. Write a paragraph in the third person singular (he/she) about a friend or a family member.

Say:

a. Their name, their age and where they are from.

b. What their parents do for work.

c. What their parents think of their jobs.

d. What they are going to study next year.

e. What they would like to be when they are older.

f. What is most important to them in life.

UNIT 13
Talking about celebrities and role models: their journey to success

In this unit you will learn how to:

- Say which famous person inspires or interests you
- Describe their journey to success
- Say what personal qualities they needed to succeed
- Talk about what they have been able to achieve in life
- Say if you would like to be like them when you are older

UNIT 13
Talking about celebrities & role models: their journey to success

Quelle personne célèbre t'inspire? Pourquoi?	Which famous person inspires you? Why?
Comment cette personne est-elle devenue célèbre?	How did that person become famous?
Quand a commencé sa carrière?	When did they start their career?
Qu'est-ce qu'il/elle a accompli?	What have they achieved?

Une personne célèbre *A famous person*	qui m'inspire	*who inspires me*	est	Emma Watson
	qui m'intéresse	*who interests me*		Kylian Mbappé
				Shakira

Il/elle	a commencé sa carrière *started his/her career*	assez tard	*quite late*
		très jeune	*very young*
		quand il/elle avait quinze ans	*when they were 15*

Au début de *At the start of*	sa carrière *his/her career*	il/elle a dû *he/she had to*	croire en lui/elle-même	*believe in him/herself*
Au long de *Throughout*			être courageux/euse	*be brave*
			travailler dur	*work hard*

Il/elle a reçu le soutien de *He/she received support from*	sa famille	*his/her family*	pendant les moments difficiles
	ses abonnés	*his/her followers*	*during difficult moments*
	son manager	*his/her manager*	

Son succès est lié à son/sa (persévérance etc).
His/her success is linked to his/her (perseverance etc).

Grâce à *Thanks to*	son courage	*his/her bravery*
	sa discipline	*his/her discipline*
	sa persévérance	*his/her perseverance*
	son éthique du travail	*his/her work ethic*
	son talent inné	*his/her innate talent*

il/elle a pu *he/she has been able to*	aider des personnes vulnérables	*help vulnerable people*
	avoir beaucoup de succès	*have a lot of success*
	devenir une source d'inspiration	*become an inspiration*
	gagner de nombreux prix	*win numerous prizes*
	mener son équipe à la victoire	*lead their team to victory*
	surmonter des défis	*overcome challenges*

| Un jour *One day* | j'espère être *I hope to be* | comme lui/elle | *like him/her* |
| | je voudrais être *I would like to be* | | |

13. Talking about celebrities and role models: LISTENING

1. Multiple choice: tick the correct answer

e.g.	**Famous person**	*Ariana Grande* ✓	*Lionel Messi*	*Ed Sheeran*
a.	**Started their career**	Very young	Last week	Five years ago
b.	**At the start they had to**	Work hard	Believe in herself	Be brave
c.	**They received support from**	Her family	His followers	Her manager
d.	**Thanks to their**	Perseverance	Hard work	Bravery
e.	**They have achieved**	Multiple prizes	A lot of success	Helping people
f.	**They have been able to**	Overcome challenges	Become very famous	Lead their team
g.	**She has become**	Very rich	A nuisance	An inspiration

2. Spot the intruders

a. Une personne célèbre qui a m'inspire est Barack Obama.

b. Il a commencé sa carrière assez très jeune.

c. Au long de sa carrière, il a dû travailler très dur.

d. Il a reçu beaucoup le soutien de ses abonnés.

e. Grâce à sa grande persévérance, il pu surmonter des défis.

f. Il a pu mener son équipe à la une victoire.

g. Son énorme succès est lié à son talent inné.

h. Un jour, je voudrais bien être comme lui.

3. Complete the words

a. Elle m'i _ _ _ _ _ _   *She inspires me*

b. Il a c _ _ _ _ _ _ _   *He began*

c. Au d _ _ _ _ _ _ _   *At the start of*

d. C _ _ _ _ _ _   *Bravery*

e. Il/elle a r _ _ _   *He/she received*

f. A _ _ _ _ _ _   *Followers*

g. Il _ p _   *He has been able*

h. Son é _ _ _ _ _ _   *His/her ethic*

i. J'esp _ _ _ ê _ _ _   *I hope to be*

4. Fill in the blanks

a. Un sportif qui ____ _____ est Léon Marchand.

b. Il a commencé sa carrière _____ _____.

c. Au long de sa _____, il a dû _____ en lui-même.

d. Il a _____ le _____ de son manager.

e. _____ à son courage, il a pu _____ des défis.

f. Il a _____ pu _____ son _____ à la victoire.

g. Son _____ est lié à son éthique du _____.

h. _____ succès est _____ à son talent _____.

i. Un jour, _____ être comme _____.

5. Faulty translation: listen, identify and correct the errors

(a) A famous person that interests me is Shakira. (b) She started her career quite late. (c) Throughout her career, she had to be brave. (d) She received support from her manager during difficult moments. (e) Thanks to her bravery, she has been able to have a lot of success (f) and has been able to help vulnerable people. (g) Her success is linked largely to her luck. (h) Today, I hope to be like her.

Unit 13. Talking about celebrities and role models: LISTENING

6. Complete the table in English

	Person who inspires them	Early career	Achievements	Determining factors for success
e.g.	*Malala*	*Had to be really brave*	*Overcome challenges, become an inspiration*	*Bravery*
a. Anna	Emma Watson			
b. Yann	Cristiano Ronaldo			
c. Laura	Her mother			

7. Narrow listening: gapped translation

Part 1. Hello, my _____ is Paul. A person who _____ me a lot is Lionel Messi. He _____ his career very _____. At the start of his _____, he had to _____ _____ and also had to be _____. He received support from his _____ and his _____ during difficult moments. Thanks to his _____, he was able to have a lot of _____ and he has been able to _____ his _____ to _____. His _____ is due largely to his _____ _____. One day, I _____ to be like him.

Part 2. _____, my name is Hélène. A _____ who inspires me a ____ is my _____. She is a _____ and started her career when she was _____-_____ years old. At the _____ of her career, she had to _____ in _____ and _____ _____. She received support from her _____ during difficult _____. Thanks to her _____ _____, she has been able to _____ sick _____ and she has been able to have a _____ of _____. Her success is largely linked to her _____. One _____, I hope to ____ like _____.

8. Listen to Julien and answer the questions in English

a. Where does Julien live?

b. How old is he?

c. What does he do in his free time?

d. What would he like to be when he is older? (2)

e. Which person is he inspired by?

f. When did they start their career?

g. Who supported them?

h. What are their main achievements? (2 details)

i. Where are most of their fans located?

j. What is one reason for their success?

Unit 13. Talking about celebrity and role models: VOCAB BUILDING

1. Match

Assez tard	His/her followers
Sa carrière	Throughout
Cela est lié à	Team
Ses abonnés	I hope
Défis	Thanks to
Succès	Bravery
Un jour	Quite late
J'espère	It is linked to
Grâce à	Success
Courage	Challenges
Au début de	His/her career
Au long de	At the start of
Équipe	One day

2. Complete the chunks

a. A _ d _ _ _ _ d _   At the start of
b. G _ _ _ _ à   Thanks to
c. D _ s _ c _ _ _ _ _ _ _ (Of) his/her career
d. A _ _ _ _ t _ _ _   Quite late
e. É _ _ _ _ _ _ d _ t _ _ _ _ _ _   Work ethic
f. I _ a p _   He has been able to
g. C _ _ _ e _ _ l _ _ à   It is linked to
h. Ê _ _ _ c _ _ _ _ _ _ _ _   To be brave (m)
i. T _ _ _ _ _ i _ _ _   Innate talent
j. T _ _ _ j _ _ _ _   Very young
k. P _ _ _ _ _ _ _ _ c _ _ _ _ _ _   Famous person

3. Break the flow

a. Ilareçulesoutiendesafamille
b. Sonsuccèsestliéàsoncourage
c. Elleapusurmonterdesdéfis
d. Ilacommencésacarrièreasseztard
e. Audébutiladûtravaillerdur
f. Elleadûcroireenellemême
g. Grâceàsonéthiquedutravail
h. Elleapuavoirbeaucoupdesuccès
i. Unjourj'espèreêtrecommeelle

4. Complete with the missing words in the table below

a. Quelle personne _____ t'inspire?
b. Elle a reçu le _____ de sa famille.
c. Son succès _____ sa persévérance.
d. Grâce à son _____ inné, elle a pu réussir.
e. Il a pu _____ de nombreux prix.
f. Elle a _____ le soutien de ses abonnés.
g. Il a dû être courageux _____ les moments difficiles.
h. Elle a commencé sa carrière assez _____.
i. Une personne qui m' _____ est Malala.
j. Un jour, _____ être comme elle.
k. Il a pu avoir beaucoup de _____ et _____ une source d'inspiration.

j'espère	célèbre	reçu	succès
devenir	pendant	gagner	talent
est lié à	inspire	soutien	tard

5. Spot and correct the nonsense sentences

a. Elle m'inspire car elle est paresseuse.
b. Il a pu surmonter des abonnés.
c. Son succès n'est pas lié à sa persévérance.
d. Il a reçu le soutien de son chien.
e. Il a dû tout abandonner pendant les moments difficiles.
f. Il a pu avoir très peu de succès.
g. Il a pu mener son équipe à la défaite.

Unit 13. Talking about celebrities and role models: VOCAB BUILDING

6. Sentence puzzle

a. qui Une Shakira célèbre m'inspire est personne.

b. commencé Elle a sa jeune très carrière.

c. défis Elle surmonter a dû des.

d. d'inspiration Elle a pu une source devenir.

e. Son éthique est lié son à succès du travail.

f. j'espère Un jour, être elle comme.

g. Elle soutien reçu le a de et de ses famille sa amis.

h. carrière, Au de sa elle a dû début en elle-même croire.

i. Au de sa travailler carrière, elle dur a long dû.

8. Translate into English

a. Une personne qui m'inspire est ma mère.

b. Elle a commencé sa carrière quand elle avait quinze ans.

c. Au début de sa carrière, elle a dû être courageuse.

d. Comment cette personne est-elle devenue célèbre?

e. Elle a reçu le soutien de son manager et de sa famille.

f. Au long de sa carrière, elle a dû travailler dur.

g. Grâce à son éthique du travail, elle a pu avoir beaucoup de succès.

h. Son succès est lié a sa persévérance.

7. Gapped translation

a. Quand a _____ sa carrière?
When did their career start?

b. Qu'est-ce qu'il/elle a _____?
What have they achieved?

c. J'admire Greta Thunberg pour son _____.
I admire Greta Thunberg because of her bravery.

d. Elle a commencé sa carrière très _____.
She started her career very young.

e. _____, j'espère être comme elle.
One day, I hope to be like her.

f. Elle a _____ avoir beaucoup de succès.
She has been able to have a lot of success.

g. Il a pu _____ son équipe à la victoire.
He has been able to lead his team to victory.

h. Il a reçu le _____ de sa famille pendant les moments difficiles.
He received support from his family during difficult moments.

i. _____ à son talent inné, il a pu _____ de nombreux prix.
Thanks to his innate talent, he has been able to win numerous prizes.

9. Spot and correct the spelling & grammar mistakes (in the French)

a. Qui t'intéresse	*Who interests me*	g. Être courage	*To be brave*
b. Il est commencé	*He started*	h. Beaucoup succès	*A lot of success*
c. Qui nous inspire	*Who inspires me*	i. Je voudrais suis	*I would like to be*
d. Grâce de son talent	*Thanks to his/her talent*	j. Son carrière	*His/her career*
e. Est lied to	*Is linked to*	k. Elle a 15 ans	*She was 15 years old*
f. Moments difficile	*Difficult moments*	l. Une person célèbre	*A famous person*

Unit 13. Talking about celebrities and role models: READING 1

Une personne célèbre qui m'inspire et qui m'intéresse est David Attenborough, un scientifique, écrivain et naturaliste britannique. Il a commencé sa carrière assez tard en comparaison avec beaucoup d'autres, mais cela ne l'a pas empêché de *(it didn't prevent him from)* devenir un personnage incontournable de la télévision et des documentaires sur la nature.

Au début de sa carrière, il a dû croire en lui-même, être courageux et travailler dur pour se démarquer *(to stand out)*. Au long de sa carrière, il a reçu le soutien de sa famille et de ses amis pendant les moments difficiles.

Son succès est lié à son éthique du travail, son courage et son talent inné. Grâce à ces qualités et à sa persévérance, il a pu aider beaucoup d'animaux menacés *(endangered animals)*, comme les éléphants, les gorilles, les tigres et les tortues marines. Il a réussi à sensibiliser le public *(to raise awareness)* sur l'importance de la biodiversité et la protection des habitats naturels.

Il a gagné de nombreux prix pour son travail et grâce à sa détermination, il a pu surmonter des défis dans sa carrière, ce qui lui a permis d'avoir beaucoup de succès. Un jour, j'espère être comme lui car je voudrais avoir un impact positif sur le monde. J'espère pouvoir motiver d'autres personnes à prendre soin de *(to take care of)* l'environnement et à protéger les animaux.

Martin Ringenaldus, 13 ans. Hansweert, Pays Bas

1. Find the French equivalent in the text

a. He started his career quite late

b. Compared to many others

c. He had to believe in himself

d. Thanks to these qualities

e. He has managed to raise awareness

f. The protection of natural habitats

g. He has been able to overcome challenges

h. One day, I hope to be like him

i. To have a positive impact

j. I hope to be able to motivate others to care for the environment

2. Gapped sentences

a. A _____ person that inspires and _____ me.

b. He started his _____ quite late in _____ with many others.

c. It didn't prevent him from _____ a key figure.

d. At the start of his career, he had to _____ in _____.

e. Throughout his _____ he has received support from his _____ and _____.

f. His _____ is linked to his work ethic, _____ and innate _____.

g. He has been able to help many _____ animals.

h. He has won multiple _____ because of his work.

i. He has been able to _____ challenges in his _____.

j. I hope to be able to _____ others to take care of the _____ and protect _____.

3. Answer the questions below in English

a. When did David Attenborough start his career?

b. What is his success linked to?

c. What are some of the animals that David Attenborough has helped to protect?

d. What has he raised awareness about?

e. Why would Martin like to be like him?

Unit 13. Talking about celebrities and role models: READING 2

Une personne qui m'inspire est Lionel Messi, un des meilleurs joueurs de foot au monde. Il a commencé à jouer au foot très jeune, quand il avait seulement six ans. Au début de sa carrière, Messi a dû croire en lui-même et être courageux. Ce n'était pas facile, mais grâce à sa persévérance, il a pu avoir beaucoup de succès et surmonter des défis. Pendant les moments difficiles de sa carrière, il a reçu le soutien de ses parents et de ses fans.

Messi a pu devenir une source d'inspiration pour beaucoup de gens, grâce à son éthique du travail et à son talent inné. Son succès est lié à sa discipline. Il a habité à Barcelone quand il était petit et il a joué au Barcelona FC. Même si au début de sa carrière il a eu des problèmes de croissance *(growth)*, il a reçu le soutien de sa famille et de son manager.

Au long de sa carrière, il a gagné de nombreux prix, y compris *(including)* huit Ballons d'Or. De plus, il a pu mener son équipe à la victoire à de nombreuses occasions. Un de ses plus grands succès était la victoire de la Coupe du Monde en 2022 avec l'équipe d'Argentine, son pays d'origine.

Messi a pu aider des personnes vulnérables grâce à son association caritative *(charity)*, la Fondation Leo Messi. Il a financé des projets de construction d'hôpitaux et des programmes éducatifs.

Moi aussi, j'adore jouer au foot, donc un jour, j'espère être comme lui. Son histoire m'inspire et m'aide à croire en moi-même, à travailler dur et à ne jamais abandonner *(to give up)*, même dans les moments les plus difficiles. Messi est un bon exemple de comment une bonne éthique du travail peut mener au succès.

Christian, 14 ans. Toulouse, France

1. Find the French in Christian's text

a. One of the best footballers in the world
b. When he was just six years old
c. It wasn't easy
d. Thanks to his perseverance
e. An inspiration to many people
f. He lived in Barcelona
g. When he was little
h. He has won multiple prizes
i. Thanks to his charity
j. Therefore, one day I hope to be like him
k. To work hard and never give up
l. How a good work ethic can lead to success

2. Spot and correct the mistakes

a. Il est un de les meilleurs joueurs
b. Des programmes éducatives
c. Messi est pu devenir une source
d. Quand il était seulement six ans
e. Son histoire inspire moi
f. Moi aussi, j'adore jouer foot
g. Il joué au Barcelona FC
h. Son association charitative
i. Ce n'était facile
j. Messi a dû croire en moi-même
k. Il a reçu le soutien de son famille

3. Answer the questions below in French

a. À quel âge Leo Messi a-t-il commencé à jouer au foot?

b. Quels problèmes a-t-il eu au début de sa carrière?

c. Quel a été son plus grand succès?

d. Pourquoi Messi est-il une source d'inspiration pour beaucoup de personnes selon Christian?

e. Comment Leo aide-t-il les personnes vulnérables?

f. Qui a donné son soutien à Leo dans les moments difficiles?

g. Quels sont certains des prix que Messi a reçu pendant sa carrière?

h. Pourquoi Christian voudrait être comme Messi un jour?

Unit 13. Talking about celebrities and role models: READING & WRITING

Les modèles à suivre

Isabelle: Une personne qui m'inspire est la chanteuse colombienne Shakira parce qu'elle a utilisé sa célébrité pour aider les personnes vulnérables.

Gaspard: Je me préoccupe du changement climatique, donc la personne célèbre qui m'inspire est Greta Thunberg parce que c'est une activiste qui lutte pour la protection de l'environnement.

Estelle: Une personne qui m'inspire est Malala parce qu'au début de sa carrière, elle a dû être très courageuse et elle est la plus jeune lauréate du Prix Nobel de la Paix.

Jules: Jane Goodall est la personne célèbre qui m'intéresse. Elle est devenue une source d'inspiration pour les défenseurs des chimpanzés.

Noémie: Mère Teresa a pu aider des personnes vulnérables et surmonter des défis dans son travail pour la justice social. Un jour, je voudrais être comme elle.

Anna: J'adore la natation et donc ma source d'inspiration est Léon Marchand. Au long de sa carrière, il a dû travailler dur et grâce à cela, il a pu gagner de nombreux prix.

Thomas: Je suis passionné de foot et un joueur qui m'inspire est Kylian Mbappé. Il a commencé sa carrière assez jeune et au début, il a dû travailler dur. Son succès est lié à sa persévérance.

1. Answer the questions about the text on the left

a. Why is Gaspard inspired by Greta Thunberg?

b. Who mentions overcoming challenges?

c. Why is Estelle inspired by Malala?

d. What does Noémie say about Mère Teresa?

e. What does Anna love?

f. When did Mbappé start his career?

g. What does Shakira use her fame for?

h. Which celebrity has won several prizes?

i. Whose success is linked to their perseverance?

j. Who would like to be like a famous social activist?

2. Find someone who...

a. ...is worried about climate change.

b. ...loves football.

c. ...mentions hard work.

d. ...feels inspired by a singer.

e. ...mentions someone who had to be very brave.

f. ...mentions someone who started their career quite young.

g. ...mentions someone who helps vulnerable people.

h. ...admires someone who helps protect the environment.

3. Complete the following sentences creatively

a. Il a commencé sa carrière _____ et au début _____.

b. Grâce à _____.

c. J'adore _____ et elle m'inspire car _____.

d. Je voudrais être comme _____ parce que _____.

e. Une personne qui m'intéresse est _____ car _____.

Unit 13. Talking about celebrities and role models: WRITING

1. Complete the following sentences creatively

a. Au début de sa carrière _____.

b. Au long de sa carrière _____.

c. Son succès est lié à _____.

d. Une personne qui m'inspire est _____ car _____.

e. Grâce à _____ il/elle a pu _____.

f. Un jour, je voudrais être comme _____ car il/elle est _____.

g. _____ a commencé sa carrière _____.

h. Il/elle a dû _____ mais il/elle a reçu le soutien de _____.

i. Un personne célèbre qui m'intéresse est _____ car _____.

2. Tangled translation: rewrite in French

a. **He** a commencé **his career** quand il avait **13 years old**.

b. Ma **mother** m'inspire **a lot** car elle a dû être **brave** pendant toute sa **life**.

c. Beyoncé **didn't receive support** de son père.

d. **His/her success** est lié à son **work ethic**.

e. **Thanks to** son succès **he/she has been able to** aider des personnes vulnérables.

f. Elle a pu **become** une **inspiration**.

g. Un **day**, je voudrais **help people** vulnérables.

3. Translate into French

a. I hope to be like him.

b. One day, I would like to win multiple prizes.

c. I hope one day I can be famous.

d. Which famous person inspires you?

e. When did she start her career?

f. He started his career quite late, but he has been able to have a lot of success.

g. At the beginning of her career she had to believe in herself and be brave.

h. She received support from her followers throughout her career.

4. Choose someone inspiring and write a paragraph in French. Mention the following details:

- When they started their career

- What they needed to be like

- What they have achieved

- Why they are inspiring to you

- Would you like to be like them? Why/why not?

TERM 3 - BRINGING IT ALL TOGETHER – 13

1. Bonjour, je m'appelle Georges et j'ai treize ans. J'habite à Fontainebleau, une ville française située à cinquante-cinq kilomètres de Paris. J'habite avec mes parents et mon frère cadet dans un appartement au centre-ville. Je m'entends bien avec mon frère parce qu'il adore le foot et nous jouons dans la même équipe. Nous allons aussi au centre sportif tous les jours pour faire du sport. Nous faisons de la natation, du footing et nous jouons au basket, au ping-pong et au foot.

2. Tous les jours, je me lève à six heures et je fais des pompes *(pushups)*. Après, je vais dans la salle à manger pour prendre le petit-déjeuner avec ma famille. Avant d'aller au collège, je dois promener le chien. Je vais au collège à pied pour faire de l'exercice et pour être en bonne santé. Après le collège, je prends le goûter *(snack)* et je vais au centre sportif. En général, je mange de la baguette avec du beurre ou de la confiture et je bois un chocolat chaud.

3. Ma mère est écrivaine et elle travaille très dur. Elle dit qu'elle adore son métier car c'est intéressant et motivant. Cependant, je crois que c'est difficile car il faut être créatif et moi, je ne le suis pas. Elle écrit des romans de science-fiction, mais je n'ai jamais lu un de ces romans.

4. Mon père est mécanicien et il travaille dans un atelier dans la banlieue de la ville. Il dit qu'il aime son travail parce que c'est gratifiant et il aime aider les gens. Cependant, moi je pense que c'est ennuyeux de réparer des voitures.

5. Dans le futur, je veux être footballeur, mais je voudrais aussi être maçon. Je crois que je vais faire une formation pour être maçon au cas où *(in case)* je n'arrive pas à devenir footballeur professionnel.

6. Une personne célèbre qui m'inspire est Thierry Henry, un ancien joueur de l'équipe de France. Il a commencé sa carrière très jeune. Au début de sa carrière, il a dû travailler dur et croire en lui-même. Il a reçu le soutien de ses entraîneurs *(coaches)* et de sa famille pendant les moments difficiles. Grâce à son courage, il a pu avoir beaucoup de succès. Un jour, j'espère être comme lui.

Georges, 13 ans. Fontainebleau, France

1. Answer the following questions in English
a. Who does Georges live with?
b. Why does he get along with his brother?
c. How often does he go to the sports centre?
d. What does Georges have to do before school?
e. How does Georges get to school?
f. What does Georges' mother do?
g. Why does Georges' father like his job?
h. What does Georges think of his father's job?
i. What does Georges want to be in the future?
j. Why will he train to be a builder?
k. Who did Thierry Henry receive support from?

2. Find the French equivalent in Georges' text
a. We play on the same team (1)
b. We do swimming (1)
c. Every day I get up (2)
d. To do exercise and to be in good health (2)
e. In general, I eat (2)
f. She works very hard (3)
g. One has to be creative (3)
h. I have never read one of her novels (3)
i. On the outskirts of the city (4)
j. He likes to help people (4)
k. I would also like to be a builder (5)
l. In case (5)
m. He started his career (6)

3. Complete the translation of paragraph 6
A famous person who _____ me is Thierry Henry, an ex-footballer from the _____ national football team. He _____ his career very _____. At the _____ of his _____, he had to work _____ and _____ in himself. He received _____ from his football coaches and his _____ during _____ moments. Thanks to his _____ he has been able to _____ a lot of _____. One day, I _____ to be like him.

178

TERM 3 - BRINGING IT ALL TOGETHER – 13

Lucie et Fabien sont frère et sœur. Ils parlent des gens qui les inspirent.

Lucie	Qui sont les personnes que tu admires Fabien?
Fabien	Une personne célèbre qui m'inspire est Sébastien Ogier.
Lucie	Je ne sais pas grand-chose de lui. Il est pilote automobile, non?
Fabien	Oui, il est pilote de rallye et il a gagné plusieurs fois le championnat du monde des rallyes.
Lucie	Comment est-il devenu célèbre?
Fabien	Il a commencé sa carrière très jeune car ses parents lui ont offert un kart quand il avait seulement trois ans. Il a gagné sa première course (*race*) cette année-là.
Lucie	Alors, il a reçu le soutien de ses parents. Quels sont les plus grands succès de sa carrière?
Fabien	Grâce à son éthique du travail, il a pu avoir une longue carrière. Il est le deuxième pilote le plus titré de l'histoire du championnat du monde des rallyes.
Lucie	Génial! Et en plus de cela *(on top of that)* il est français. Moi c'est la chanteuse et actrice Vanessa Paradis qui m'inspire et elle est aussi française.
Fabien	Pourquoi est-ce qu'elle t'inspire?
Lucie	À mon avis, elle a un talent inné et je voudrais être comme elle. J'adore chanter et j'adore encore plus sa musique.

4. True (T), False (F) or Not Mentioned (NM)?

a.	Lucie and Fabien are best friends.	
b.	Lucie asks Fabien who inspires him.	
c.	Lucie doesn't know much about Sébastien Ogier.	
d.	Sébastien Ogier has won the World Rally Championship.	
e.	Sébastien Ogier started his career quite late.	
f.	Sébastien Ogier had his first go-kart at 3 years old.	
g.	Sébastien Ogier won his first race aged 3.	
h.	Sébastien Ogier received support from his father.	
i.	Fabien thinks that Sébastien Ogier has a poor work ethic.	
j.	Sébastien Ogier has won the most races in rally history.	
k.	Both famous people mentioned are French.	
l.	Fabien thinks that Vanessa Paradis has an innate talent.	
m.	Lucie loves to sing.	

5. Complete the statements

a. _____ is inspired by Sébastien Ogier.

b. Sébastien Ogier has _____ several rally _____.

c. Sébastien Ogier _____ a go-kart from his _____.

d. Sébastien Ogier has had a _____ career thanks to his _____ _____.

e. _____ loves Vanessa Paradis' _____.

UNIT 14
My summer holiday and back-to-school plans

In this unit you will learn how to:

- Talk about your summer plans
- Say where you are planning to travel to
- Talk about what accommodation you will stay in
- Describe how you will spend your time
- Talk about what you need to do to get ready to go back to school
- Say whether or not you are looking forward to going back to school after summer, and why

UNIT 14
My summer holiday and back-to-school plans

Qu'est-ce que tu vas faire cet été?	What are you going to do this summer?
Comment vas-tu passer ton temps?	How are you going to spend your time?
As-tu hâte de retourner au collège?	Are you looking forward to going back to school?
Comment vas-tu te préparer pour retourner au collège?	How are you going to prepare to go back to school?

| Cet été | je vais aller en vacances | avec | ma famille | *my family* |
| *This summer* | *I am going to go on holiday* | *with* | mes amis | *my friends* |

| Normalement, nous allons en | Espagne | mais cette année, nous allons aller en | Allemagne |
| *Normally, we go to* | France | *but this year we are going to go to* | Turquie |

Nous allons loger	dans	une auberge de jeunesse	*a youth hostel*
We are going to stay		un hôtel bon marché	*a cheap hotel*
		un hôtel de luxe	*a luxury hotel*

Je vais/nous allons passer du temps	à me/nous reposer	*resting*	à/dans la mer	*by/in the sea*
	à faire du tourisme	*sightseeing*	à la montagne	*in the mountains*
I/We are going to spend time	à faire de la randonnée	*hiking*	en ville	*in the city*
	à nager	*swimming*		
	à prendre des photos	*taking photos*		

| Pendant les vacances | je vais | *I am going* | faire beaucoup de choses |
| *During the holidays* | nous allons | *we are going* | *to do many things* |

Le matin	je voudrais	aller à la plage	*to go to the beach*
	I would like	faire une promenade	*to go for a walk*
In the morning	nous voudrions	me lever tard	*get up late*
	we would like	sortir avec mes amis	*to go out with my friends*

Ensuite, dans l'après-midi	je vais	passer du temps	à discuter avec des amis	*chatting to friends*
	nous allons		à jouer à des jeux vidéo	*playing video games*
Then, in the afternoon		*spend time*	à prendre des photos	*taking photos*
			à regarder des séries	*watching series*

| Après les vacances... | Avant de retourner au collège... |
| *After the holidays...* | *Before going back to school...* |

...je dois	acheter du matériel scolaire	*buy school equipment*
	établir une routine	*establish a routine*
...I have to	me préparer pour mes cours	*prepare for my classes*
	mettre à jour mon calendrier	*update my calendar*

J'ai hâte de retourner au collège	pour	continuer à étudier	*(to) carry on studying*
I am looking forward to going back to school	*(in order) to*	reprendre la routine	*(to) start the routine again*
		voir mes amis	*(to) see my friends*

Unit 14. My summer holiday & back-to-school plans: LISTENING

1. Multiple choice: tick the correct answer

e.g.	Prefers to travel by	Plane ✓	Train	Automobile
a.	Is going to travel with	Family	Best friend	Pet
b.	Normally travels to	Spain	France	Portugal
c.	Is going to stay in	A cheap hotel	A luxury hotel	A youth hostel
d.	Is going to spend time	Resting	Swimming	Taking photos
e.	In the morning	Go for a walk	Go to the beach	Go out with friends
f.	In the afternoon	Playing video games	Watching series	Chatting to friends
g.	Has to	Update calendar	Look after health	Establish a routine

2. Spot the differences

Cet été, je vais aller en vacances avec mes parents. Normalement, nous allons en Italie, mais cette année, nous allons aller en Espagne pour passer trois semaines à Madrid. Nous allons loger dans un hôtel de base près de la plage de la Croisette. Nous allons passer du temps à nager dans la rivière et à prendre des photos dans la campagne. Le matin, je veux faire une excursion au Port Canto. Après les vacances, je dois acheter du matériel sportif et me préparer pour mes matchs. J'ai hâte de retourner au bureau pour continuer à travailler.

3. Complete the words: missing letters

a. A _ _ _ _ en v _ _ _ _ _ _ _ — To go on holidays
b. Nous a _ _ _ _ _ l _ _ _ _ — We're going to stay
c. A _ _ _ _ _ _ de jeun _ _ _ _ — Youth hostel
d. P _ _ _ _ _ du t _ _ _ _ — To spend time
e. À m_ r _ _ _ _ _ _ — Resting (myself)
f. À n _ _ _ _ dans la m _ _ — Swimming in the sea
g. À j _ _ _ _ — Playing
h. À r _ _ _ _ _ _ _ des séries — Watching series

4. Fill in the blanks

a. Je vais passer du temps _____.
b. Je dois _____.
c. Je voudrais _____.
d. Nous allons loger _____.
e. Nous allons passer du temps _____.
f. _____ à jouer à des jeux vidéo.
g. Je dois _____.
h. J'ai hâte de _____.

5. Tangled translation: rewrite in French

Normalement, **I go** en **holidays** avec ma **family**, mais cet été, je vais voyager **with** mon **friend** Charles. Nous allons aller en Turquie et nous allons **stay** dans un hôtel de **luxury**. Nous allons **spend** du temps **taking photos** à la plage. Le **morning** nous voudrions faire une **walk** et ensuite, l'**afternoon**, nous voudrions regarder des séries **on** Netflix. Avant de retourner au **school** je dois **establish** une routine. J'ai hâte de **going back** au collège.

Unit 14. My summer holiday & back-to-school plans: LISTENING

6. Complete the table in English

	Destination	Accomodation	Activities (two details)	Back to school preparation
e.g.	Spain, Barcelona	Cheap hotel near the beach	Would like to go to the beach, go out with friends	Prepare for my classes
a. Estelle				
b. Martine				
c. Mathieu				

7. Narrow listening: gapped translation

Part 1. Hello, my name is _____ and I am ___ years old. This summer, I am going to go on holiday with my _____. Normally, we go to _____, but this year ___ are going to go to _____ _____. We are going to stay in a _____ _____. We are going to spend time _____ _____ in the _____ and by the ____. During the holidays, I would like to ____ typical _____. _____ the holidays, I have to _____ to go _____ ___ _____.

Part 2. Hello, my _____ is _____ and I am ___ years old. This _____, I am going to go on holiday with ___ _____ and his _____. Normally, ___ go to _____, but this year I am going to go to _____. ____ are going to stay in a _____ hotel. We are going to spend time _____ and _____. During the holidays, I _____ _____ to go to the _____. After the _____, I have to _____ a _____.

8. Listen to Alice and answer the questions in English

a. How old is Alice?

b. Where is Alice from?

c. Where does Alice normally go on holiday?

d. Where is she going this year?

e. Where is she going to stay?

f. What activities is she going to do? (2 details)

g. What would she like to do in the morning?

h. What is she going to do in the afternoon?

i. What must she do before going back to school?

j. Why does she want to go back to school?

Unit 14. My summer holiday & back-to-school plans: VOCAB BUILDING

1. Match

Cet été	In the mountains
Un hôtel de luxe	In the sea
À la montagne	A luxury hotel
Je vais nager	The beach
Passer du temps	I have to
Cette année	Hiking
J'ai hâte de	This summer
Randonnée	I am going to swim
Sortir	I'm looking forward to
La plage	This year
Je dois	After
Dans la mer	To go out
Après	To spend time

2. Complete the chunks

a. J _ v _ _ _ a _ _ _ _   I am going to go
b. U _ h _ te _ de _ u _ e   A luxury hotel
c. J' _ _ h _ t _   I'm looking forward
d. A _ _ _ _ à la p _ a _ e   To go to the beach
e. E _ v _ _ _ _   In the city
f. D _ _ _ l'a _ r _ s-m _ d _   In the afternoon
g. Un hôtel b _ _ m _ _ _ _ _   A cheap hotel
h. À la m _ n _ a _ _ e   In the mountains
i. R _ _ _ _ _ _ _ _   To start again
j. Faire une p _ _ _ _ _ _ _ _   To go for a walk
k. J _ d _ _ s   I have to

3. Break the flow

a. Cetétéjevaisallerenvacancesavecmafamille
b. NormalementnousallonsenFrance
c. Nousallonslogerdansunhôtelenville
d. Avantderetourneraucollègejedoisétabliruneroutine
e. Aprèslesvacancesjedoismettreàjourmoncalendrier
f. Jevoudraisallerenvacancesavecmesamis
g. Cetteannéejevaisalleràlaplageau Portugal
h. Lematinjevoudraismelevertard

Quel est le fruit préféré des profs d'histoire?

Je ne sais pas...

Les dattes!

4. Multiple choice

A cheap hotel	Un hôtel de luxe	Un hôtel cher	Un hôtel bon marché
This summer	L'été	Cette année	Cet été
Carry on studying	Retourner au collège	Continuer à étudier	Reprendre la routine
Sightseeing	Faire du tourisme	Faire de la randonnée	Nous allons loger
I am looking forward to	J'ai hâte de	Je voudrais	Je dois
This year	L'année dernière	Cette année	L'année prochaine
After	Après	Plus tard	Dans dix ans
We are going to	Je vais	Nous allons	Nous jouons

184

Unit 14. My summer holiday & back-to-school plans: VOCAB BUILDING

5. Sentence puzzle

a. allons mer Nous loger dans une de auberge à la jeunesse.

b. matin, je Le me voudrais tard lever.

c. Je temps vais du photos à prendre montagne des à la passer.

d. Je voudrais aller avec mes et sortir à la plage amis.

e. les choses vacances, je faire Pendant vais beaucoup de.

f. Le mer, je nager vais dans la matin.

g. retourner Avant de au collège, je établir une dois routine.

6. Anagrams

a. rannéedon	*hiking*
b. bno mércha	*cheap*
c. canvaces	*holidays*
d. menaderop	*(a) walk*
e. regan	*to swim*
f. reprdreen	*to start again*
g. drienercal	*calendar*

7. Faulty translation (correct the English)

a. Le matin, je voudrais me lever tard.
In the morning, I would like to go to bed late.

b. Nous allons passer du temps à discuter.
We are going to spend time playing.

c. Nous allons loger dans un hôtel de luxe.
We are going to stay in a youth hostel.

d. Cet été, je vais aller en vacances.
This year, I'm going to go on holidays.

e. Je vais y aller avec mes amis.
I'm going to go there with my cousins.

8. Gapped translation

a. What are you _____ to do this _____?
Qu'est-ce que tu vas faire cet été?

b. _____ the holidays, I am _____ to do _____ things.
Pendant les vacances, je vais faire beaucoup de choses.

c. Are you looking forward to _____ _____ to _____?
Tu as hâte de retourner au collège?

d. How are you going to _____ your time?
Comment vas-tu passer ton temps?

e. We are going to _____ in a youth _____.
Nous allons loger dans une auberge de jeunesse.

f. I need to _____ my calendar.
Je dois mettre à jour mon calendrier.

g. I would like to _____ _____ late.
Je voudrais me lever tard.

h. I have to _____ _____ studying
Je dois continuer à étudier.

i. In the _____, I am going to spend time _____ a series.
L'après-midi, je vais passer du temps à regarder des vidéos.

9. Translate into English

a. Après les vacances, je dois acheter du matériel scolaire.

b. Ensuite, l'après-midi, je vais passer du temps à jouer à des jeux vidéo.

c. Pendant les vacances, je vais aller à la montagne et je vais faire beaucoup de choses.

d. Normalement, nous logeons dans un hôtel bon marché, mais cette année nous allons loger dans un hôtel de luxe.

e. J'ai hâte de retourner au collège pour reprendre la routine et voir mes amis.

Unit 14. My summer holiday & back-to-school plans: READING 1

Je m'appelle Valentine et je suis de Suède. Dans ma famille, nous sommes quatre personnes: mon père, ma mère, mon frère cadet et moi. J'ai aussi un animal à la maison. Il s'appelle Katt, mais c'est un chien.

Normalement, ma famille et moi allons en vacances en Angleterre et nous passons deux ou trois semaines là-bas dans un hôtel de luxe. Cependant, cet été, nous allons faire quelque chose de différent. Nous allons aller en vacances en Allemagne et nous allons loger dans un camping dans le nord du pays. Le camping s'appelle Camping Klausdorfer Strand et il est situé à Fehmarn, une petite île dans le nord de l'Allemagne. Ce qui est bien dans ce camping, c'est qu'ils acceptent les chiens, donc nous allons amener notre chien Katt avec nous. J'ai hâte, je crois que ce sera amusant.

Nous allons voyager en Allemagne en voiture et le voyage dure quatre heures. Pendant le trajet, nous allons écouter de la musique et manger des bonbons. Katt va dormir dans la voiture. Elle adore se reposer. Elle est plus paresseuse qu'un paresseux.

Pendant les vacances, je vais faire beaucoup de choses. Par exemple, je vais passer du temps à me reposer, faire du tourisme et prendre des photos en ville. Le matin, je voudrais me lever tard et ensuite faire une promenade avec Katt. Ensuite, l'après-midi, je vais nager dans la mer ou aller à la pêche. Mes parents vont probablement aller à l'espace spa.

Après les vacances, je dois mettre à jour mon calendrier, acheter du matériel scolaire et me préparer pour mes cours. J'ai hâte de retourner au collège pour voir mes amis et reprendre la routine, mais je n'aime pas l'idée de continuer à étudier. Je préfère être en vacances!

Valentine, 18 ans. Helsingborg, Suède

1. Find the French equivalent in the text
a. I also have a pet

b. We spend 2 or 3 weeks there

c. A luxury hotel

d. This summer we are going to do

e. What is good about this campsite

f. We are going to travel

g. To eat sweets

h. She loves resting

2. Gapped sentences
a. This _____, Valentine is going to go on holiday to _____.

b. She is going to stay in a _____ with her _____.

c. She is going to _____ to Germany by _____.

d. She has a _____ which is called _____.

e. It is _____ than a sloth.

f. The trip _____ four _____.

g. During the trip she is going to listen to _____ and eat _____.

h. During the holidays, she will spend time _____, doing _____ and taking _____ in the city.

i. She is looking forward to it, she _____ it will be _____.

3. Answer the questions below in French
a. Où va normalement Valentine en vacances?

b. Quel type d'animal a Valentine?

c. Où va loger Valentine pendant les vacances?

d. Combien de temps dure le voyage pour aller en Allemagne?

e. Pourquoi Valentime aime-t-elle bien ce camping?

Unit 14. My summer holiday & back-to-school plans: READING 2

Cet été, je vais aller en vacances à Tavira, dans le sud du Portugal. Normalement, nous allons en Espagne ou en France, mais cette année, nous voudrions faire quelque chose de différent, donc nous allons aller au Portugal. Nous allons loger dans une auberge de jeunesse près de la plage. Ce n'est pas très cher, mais il y a toujours une bonne ambiance, selon les avis *(reviews)* sur TripAdvisor.

Pendant notre séjour *(our stay)*, nous allons passer beaucoup de temps à faire de la randonnée, à nager dans des rivières et des lacs et à prendre des photos de jolis paysages de montagne. Il y a tant de choses que je veux faire pendant les vacances. Le matin, je voudrais aller à la plage pour me détendre et profiter du soleil et je voudrais aussi sortir avec mes amis et explorer d'autres villages près de Tavira, comme Cacela Velha. Ensuite, l'après-midi, nous allons passer un moment à jouer à des jeux vidéo, à parler de nos aventures et à discuter jusqu'à tard.

Après les vacances, je vais me mettre à jour *(get up to date)* et m'organiser pour le retour *(the return)* au collège. Je dois acheter du matériel scolaire, établir une nouvelle routine et bien me préparer pour mes cours. Les vacances sont géniales, mais j'ai hâte de retourner au collège pour continuer à étudier et voir mes amis. J'aime toujours reprendre ma routine journalière.

Janina, 15 ans, Dresde, Allemagne

1. Find the French in Janina's text

a. In the south of Portugal

b. A youth hostel

c. Near the beach

d. According to the reviews

e. Swimming in rivers and lakes

f. Talking about our adventures

g. To rest and enjoy the sun

h. Other villages

i. Also to go out with my friends

j. Holidays are great

2. Spot and correct the mistakes

a. Les vacances son genial

b. Nous allons passé un moment à discuter

c. Nous allons loge dans un auberge de jeunesse

d. Normalment, nous allons à Espagne ou à France

e. Je voudrais aller à plage pour détendre moi

f. J'ai hâte à retourner au collège

g. Près du plage

h. Sortir avec mons amis

i. Je dois acheté du matérial scolaire

3. True, false, or not mentioned

a. This year Janina is going on holiday to Spain.

b. Janina hates going on holiday.

c. She is going to stay in a youth hostel.

d. Accommodation is very expensive.

e. Janina prefers France to Spain.

f. During her stay she is going to go hiking.

g. Janina doesn't like to have a routine.

h. Janina is looking forward to going back to school.

4. Answer in French as if you were Janina

a. Où vas-tu en vacances normalement?

b. Pourquoi vas-tu aller au Portugal cet été?

c. Où est située l'auberge de jeunesse?

d. Qu'est-ce que tu vas faire pendant ton séjour? (trois détails)

e. Qu'est-ce que tu vas faire l'après-midi?

f. Où vas-tu nager?

g. Qu'est-ce que tu dois faire avant de retourner au collège? (deux détails)

h. Tu as hâte de retourner au collège? Pourquoi?

Unit 14. My summer holiday & back-to-school plans: READING & WRITING

Les projets pour l'été prochain

Jean: Normalement, je vais en vacances en France avec ma famille, mais cet été, je vais aller en Égypte avec ma petite amie et sa famille.

Rose: Nous allons passer du temps à nous reposer à la plage parce que j'adore le soleil.

Manu: Cette année, nous allons aller au Japon pour faire de la randonnée. J'adore les vacances sportives. Je n'aime pas le soleil, ni la mer, ni le sable *(sand)*.

Laura: Nous allons aller en vacances aux États-Unis et nous allons faire un long voyage en voiture. Ce sera très amusant.

Philippe: Je ne vais aller nulle part. Je vais rester à la maison parce que cette année je n'ai pas assez d'argent pour voyager.

Romain: Je vais aller à Ibiza avec mes amis. Nous allons passer du temps à danser dans les discothèques la nuit et nous allons faire du tourisme pendant la journée.

Patricia: Normalement, je ne fais rien pendant les vacances, mais cette année j'ai un nouvel appareil photo, donc je veux prendre beaucoup de photos.

Anna: Je vais passer mes vacances dans la ferme de mon oncle. Je vais l'aider à s'occuper des animaux et je vais passer du temps à me détendre dans la nature.

1. Find someone who...

a. ...loves the sun

b. ...is going to go dancing during the holidays.

c. ...doesn't like the sea.

d. ...is going to travel with their girlfriend.

e. ...is going to travel by car.

f. ...is going to stay at home.

g. ...is going to go hiking.

h. ...is going to spend the holiday in a farm.

i. ...is going to spend some time resting at the beach.

j. ...has no money to go on holiday.

k. ...is going to spend the holidays with their uncle.

2. Complete with a suitable word

a. Cet _____, je vais aller en _____ avec mon _____ et sa _____.

b. Nous allons passer du temps à _____ à la _____.

c. Normalement, je ne fais _____ pendant les vacances, mais cette année j'ai un nouvel _____.

d. Je vais aller en _____ et je vais loger dans _____.

e. J'adore les vacances _____.

f. Je préfère quand il fait _____. Je n'aime pas le _____ temps.

3. Write an extension of the sentence said by each person on the left in French

e.g. Jean: Nous allons loger dans une auberge de jeunesse.

Rose:

Manu:

Laura:

Philippe:

Romain:

Patricia:

Anna:

Unit 14. My summer holiday & back-to-school plans: WRITING

1. Complete the following sentences creatively

a. Cet été, je vais aller en vacances en _____ avec _____.

b. Normalement, _____ en France, mais _____ nous allons en _____.

c. Nous allons loger dans _____.

d. Je vais passer du temps à _____ et _____.

e. Si j'ai le temps, je voudrais aussi _____ avec mes amis.

f. Pendant les vacances _____ et _____.

g. avant de retourner au collège, _____.

h. J'ai hâte de _____.

2. Translate into French

a. C _ _ é _ _, j _ v _ _ _ a _ _ _ _ e _ v _ _ _ _ _ _ _ a _ _ _ m _ f _ _ _ _ _ _.
This summer, I am going to go on holiday with my family.

b. P _ _ _ _ _ les v _ _ _ _ _ _ _, n _ _ _ a _ _ _ _ _ f _ _ _ _ b _ _ _ _ _ _ _ de c _ _ _ _ _.
During the holidays, we are going to do many things.

c. L _ m _ _ _ _ _, j _ v _ _ _ p _ _ _ _ _ du t _ _ _ _ à p _ _ _ _ _ _ des p _ _ _ _ _.
In the morning, I am going to spend time taking pictures.

d. N _ _ _ a _ _ _ _ _ _ f _ _ _ _ de la r _ _ _ _ _ _ _ _ à l _ m _ _ _ _ _ _ _.
We are going to do hiking in the mountain.

3. Answer the following questions creatively

a. Where do you usually go on holiday?

b. Who do you usually go on holiday with?

c. What do you usually do?

d. What plans do you have for this summer?

e. Where are you going to stay?

f. What are you going to do?

g. Are you looking forward to going back to school? Why?

TERM 3 - BRINGING IT ALL TOGETHER – 14

1. Bonjour, je m'appelle Olivier et je suis d'Argonay. Je vis seul avec mes parents, vu que je suis fils unique. Je n'ai pas d'animal, mais j'adore les chats. Nous habitons un appartement en centre-ville et je vais au lycée près de chez moi. Je n'aime pas mon lycée parce qu'il y a beaucoup de règles et les cours sont ennuyeux. J'ai vraiment hâte d'aller en vacances.

2. L'année dernière, je suis allé en vacances à Quiberon, un lieu très touristique en Bretagne. C'était génial! Nous avons logé dans un hôtel près de la plage et il y avait beaucoup de choses à faire. Il y avait un gymnase, un espace spa et un terrain de tennis.

3. Mes parents sont très amusants, donc j'adore passer mes vacances avec eux. Nous faisons toujours beaucoup de choses ensemble, comme faire les magasins et manger au restaurant. Je voudrais bien retourner à Quiberon cet été. Cependant, cette année, mes parents doivent travailler donc je vais aller voir mon oncle, ma tante et mes cousins à Toulouse.

4. Je vais voyager seul en train pour la première fois. Ensuite, une fois là-bas, nous allons aller dans les Pyrénées et nous allons loger dans un camping, vu que c'est moins cher et nous serons nombreux: mon oncle, ma tante, mes cousines jumelles Cécile et Sandrine, mon petit cousin Fabien et moi. Ah, leur chien Fifi vient aussi avec nous!

5. Dans les Pyrénées, il y a beaucoup de choses à faire et c'est une bonne destination pour voyager avec un chien. Le matin, nous voudrions faire des promenades dans les montagnes avec Fifi et nous allons faire aussi faire de la randonnée. On peut aussi faire beaucoup de sports extrêmes comme du rafting dans les rapides par exemple. Ce sera génial!

6. Ce que je n'aime pas du tout, c'est la routine journalière, donc je n'ai pas hâte de retourner au lycée. Cependant, après les vacances, je vais mettre à jour mon calendrier et me préparer pour mes cours. Et ce qui est bien, c'est que je vais voir mes amis.

Olivier, 17 ans. Argonay, France

1. Answer the following questions in English
a. How many siblings does Olivier have?
b. What does he think about school? Why?
c. Why is Olivier not going on holidays with his parents this year?
d. How is Olivier travelling to Toulouse?
e. Where is he going to go with his uncle, aunt and cousins?
f. How may cousins does Olivier have?
g. Which water sport can you do in the Pyrenees?
h. Where did Olivier go last summer? (2 details)

2. Find the French equivalent in Olivier's text
a. I don't have any animal
b. I go to sixth-form college near my house
c. A very touristy place
d. It was great
e. There were many things to do
f. I am going to go and see
g. For the first time
h. Extreme sports
i. It will be great
j. What I don't like at all is daily routine
k. I am not looking forward
l. The good thing is

3. Complete the translation of paragraphs 5 & 6
5. In the Pyrenees, there are _____ _____ to do and it is a good _____ for travelling with a _____. In the mornings, we would like to go for a _____ in the mountains with Fifi and also go _____. You can also do all kinds of extreme _____, for example rafting in _____. It will be great!

6. What I don't like at all is the _____ routine, so I am not looking forward to _____ to college. However, after the _____, I'm going to _____ my calendar and _____ for my classes. And the _____ thing is that I'm going to see my _____!

190

TERM 3 - BRINGING IT ALL TOGETHER – 14

Valérie et Lucas sont frère et sœur. Ils parlent de leurs projets pour l'été prochain.

Valérie	Moi je suis très contente d'aller passer mes vacances chez nos grands-parents cet été.
Lucas	Pas du tout! Moi, je préfèrerais aller à la plage.
Valérie	Bien sûr, mais cela est parce que tu as raté *(failed)* tes examens de mathématiques et tu vas devoir étudier le matin et donc tu ne vas pas pouvoir sortir.
Lucas	À mon avis, les meilleures vacances étaient l'été dernier quand nous sommes allés au Maroc, quelle aventure! C'était inoubliable!
Valérie	Dans le village des grands-parents, il y aura tous nos amis. Nous allons aller à la piscine, faire du vélo et de l'escalade. On m'a dit *(I have been told)* qu'il y a une nouvelle voie *(a new route)*. Cette année nous allons aussi aller au Festival du Bout du Monde à Crozon. Ce sera génial!
Lucas	C'est si ennuyeux au village! Il n'y a pas de magasins, ni la wifi. De plus, Adrien et Georges n'arrivent pas avant la fin juillet.
Valérie	Maman a dit que si tu termines tes devoirs de maths, nous pouvons aller passer quelques jours à La Rochelle.
Lucas	J'espère qu'on pourra y aller. Je voudrais profiter du soleil le matin et me détendre à la mer. Nous pourrions visiter l'aquarium et le port.
Valérie	Oui, ce serait fantastique! Après les vacances, je peux t'aider à organiser ton calendrier pour tes cours.
Lucas	Merci Valérie, comme ça je vais réussir mes examens cette fois-ci! *(this time)*

4. True (T), False (F) or Not Mentioned (NM)?

a.	Valérie is happy.	
b.	Lucas loves swimming.	
c.	Valérie has failed her exams.	
d.	Lucas wants to ride a bike.	
e.	Lucas thinks the village is boring.	
f.	Valérie wants to spend time at the shops.	
g.	Lucas thinks is best to stay at home.	
h.	They are planning to go to *Festival du Bout du Monde*	
i.	Valérie doesn't know how to ride a bike.	
j.	They are going to go kayaking.	
k.	They might go to La Rochelle.	
l.	In the village there are many restaurants.	
m.	Lucas would like to relax at the sea.	

5. Complete the statements

a. Valérie and Lucas are _____.

b. Valérie is _____ to spend the holiday at her _____ village.

c. Lucas would have preferred to go to the _____.

d. Lucas has to _____ in the mornings so he cannot ___ _____.

e. Lucas thinks the best holidays were _____ _____.

f. The village is boring because there are no _____ nor _____.

TERM 3 - BRINGING IT ALL TOGETHER – QUESTION SKILLS

1. Fill in the missing words
a. Quel métier fait ta _____ ?
b. Est-ce qu'___ aime son _____ ?
c. _____ travaille-t-elle?
d. Que ____-tu étudier l'_____ prochaine?
e. Quel métier _____-tu avoir dans le futur?
f. Où voudrais-tu _____ ?
g. Pour toi, qu'est-ce qui est le plus _____ dans la _____?
h. Quelle personne _____ t'inspire? Pourquoi?
i. _____ cette personne est-elle devenue _____ ?
j. _____ a _____ sa carrière?
k. Qu'est-ce qu'elle a _____ ?
l. Qu'est-ce que tu _____ faire cet _____?
m. _____ vas-tu passer le _____?
n. _____ hâte de retourner _____ collège?
o. Comment vas-tu te _____ pour _____ au collège?

2. Choose the option that you hear
a. Ma mère est avocate/médecin/fermière.
b. Elle aime cela car c'est actif/facile/gratifiant.
c. Elle travaille dans un bureau/hôpital/collège.
d. Je vais étudier la chimie/géographie/médecine.
e. Je vais faire une formation de maçon/plombier.
f. Je voudrais travailler en Espagne/Chine/Allemagne.
g. Être heureuse/Être célèbre/Être riche.
h. Une personne qui m'inspire, c'est ma tante/mère.
i. Il a commencé sa carrière tard/récemment/jeune.
j. Il a commencé sa carrière en 2014/2008/2004.
k. Surmonter des défis/Aider les gens/Gagner des prix.
l. Cet été, je vais aller en Thaïlande/France/Grèce.
m. Je vais passer du temps à dormir/nager/manger.
n. Oui, pour voir mes amis/mes profs/mes parents.
o. Je dois mettre à jour mon calendrier/acheter du matériel scolaire/établir une routine.

3. Listen and write in the missing information
a. Mon _____ est _____.
b. Il _____ son _____ parce que c'est _____.
c. Il travaille dans une _____ à la _____.
d. Je vais étudier le _____ car _____ être _____.
e. Je vais faire une _____ pour être _____.
f. Je _____ travailler en _____.
g. Pour moi, le plus important dans la vie est de _____.
h. Une personne qui m'inspire, c'est _____ car _____.
i. Il a _____ sa carrière _____.
j. Sa _____ a commencé en _____.
k. Il a pu gagner _____ et inspirer _____.
l. Cet été, nous allons aller aux _____.
m. Je vais passer du temps _____.
n. Oui, j'ai hâte de _____.
o. _____ les vacances _____ du matériel scolaire.

TERM 3 - BRINGING IT ALL TOGETHER – QUESTION SKILLS

4. Fill in the grid with your personal information

Question	Answer
1. Quel métier fait ton père/ta mère?	
2. Il/elle aime son travail?	
3. Et toi, qu'est-ce que tu voudrais faire plus tard?	
4. Pour toi, qu'est-ce qui est le plus important dans la vie?	
5. Quelle personne célèbre t'inspire? Pourquoi?	
6. Qu'est-ce qu'il/elle a accompli?	
7. Qu'est-ce que tu vas faire cet été?	
8. Comment vas-tu passer ton temps?	
9. Tu as hâte de retourner au collège? Pourquoi?	
10. Comment vas-tu te préparer avant de retourner au collège?	

5. Survey two of your classmates using the same questions as above – write down the main information you hear in French

Q.	Person 1	Person 2
1.		
2.		
3.		
4.		
5.		
6.		
7.		
8.		
9.		
10.		

No Snakes No Ladders

TERM 3

	7 He works in an office in the centre of Paris.	**8** What job would you like to do when you are older?	**23** What are you going to do this summer?	**24** This summer, I am going to go on holiday with my friends.
	6 She works in a workshop in the city centre.	**9** In the future, I am going to study architecture.	**22** One day, I would like to be like him.	**25** Normally, we go to Spain but this year we are going to France.
	5 He doesn't like it because it is difficult.	**10** Later, I want to be an actor.	**21** His success is linked to his work ethic.	**26** We are going to stay in a luxury hotel in Nice.
	4 She says she likes it because it is rewarding.	**11** I would like to be a plumber.	**20** He received support from his followers during difficult moments.	**27** We are going to spend time hiking in the mountains.
	3 Do they like their job?	**12** I believe that I am going to train to be a builder.	**19** Throughout his career, he had to believe in himself.	**28** In the morning, I would like to go to the beach.
	2 My father is a lawyer.	**13** In ten years, I would like to live in the countryside.	**18** She started her career very young.	**29** After the holidays, I have to establish a routine.
	1 What job does your mother do?	**14** For me, the most important thing in life is to be happy.	**17** A famous person who interests me is Kylian Mbappé.	**30** I am looking forward to going back to school to see my friends.
	START **15** A famous person that inspires me is Shakira.	**16** Which famous person inspires you?		**FINISH**

TERM 3 — No Snakes No Ladders

	1 Quel métier fait ta mère?	2 Mon père est avocat.	3 Est-ce qu'ils aiment leur métier?	4 Elle dit qu'elle aime cela parce que c'est gratifiant.	5 Il n'aime pas cela parce que c'est difficile.	6 Elle travaille dans un atelier en centre-ville.	7 Il travaille dans un bureau dans le centre de Paris.
DÉPART	14 Pour moi, le plus important dans la vie, c'est d'être heureux/se.	13 Dans dix ans, je voudrais vivre/habiter à la campagne.	12 Je crois que je vais faire une formation pour être maçon.	11 Je voudrais être plombier.	10 Plus tard, je veux être acteur.	9 Dans le futur, je vais étudier l'architecture.	8 Quel métier voudrais-tu faire quand tu es plus âgé(e)?
15 une personne célèbre qui m'inspire est Shakira.	16 Quelle personne célèbre t'inspire?	17 Une personne célèbre qui m'intéresse est Kylian Mbappé.	18 Elle a commencé sa carrière très jeune.	19 Au long de sa carrière, il a dû croire en lui-même.	20 Il a reçu le soutien de ses abonnés pendant les moments difficiles.	21 Son succès est lié à son éthique du travail.	22 Un jour, je voudrais être comme lui.	23 Qu'est-ce que tu vas faire cet été?
30 J'ai hâte de retourner au collège pour voir mes amis.	29 Après les vacances, je dois établir une routine.	28 Le matin, je voudrais aller à la plage.	27 Nous allons passer du temps à faire de la randonnée à la montagne.	26 Nous allons loger dans un hôtel de luxe à Nice.	25 Normalement nous allons en Espagne, mais cette année, nous allons en France.	24 Cet été, je vais aller en vacances avec mes amis.
ARRIVÉE							

PYRAMID TRANSLATION

Unit 11-12 Recap

Translate each part of the pyramid out loud with your partner, then write it into the spaces provided below.

a. My dad is an accountant

b. My dad is an accountant and he works in an office.

c. My dad is an accountant and he works in an office. In the future, I am going to study medicine...

d. My dad is an accountant and he works in an office. In the future, I am going to study medicine at university in England.

e. My dad is an accountant and he works in an office. In the future, I am going to study medicine at university in England. I would like to be a doctor and to live in a big city like New York.

f. My dad is an accountant and he works in an office. In the future, I am going to study medicine at university in England. I would like to be a doctor and to live in a big city like New York. For me, the most important thing in life is to help people.

Write your translation here:

SOLUTION: *Mon père est comptable et il travaille dans un bureau. Dans le futur, je vais étudier la médecine à l'université en Angleterre. Je voudrais être médecin et vivre dans une grande ville comme New York. Pour moi, le plus important dans la vie est d'aider les gens.*

TERM 3 – BRINGING IT ALL TOGETHER

One pen One dice

Play in pairs. You only have 1 pen and 1 dice.
One person has the pen and starts translating the sentence into **French.** The other person rolls the dice until they roll a 6, they swap the pen and translate. The winner is the person who finishes translating all the sentences first.

1. A famous person who inspires me is Shakira.	
2. She started her career very young.	
3. At the start of her career…	
4. She had to believe in herself and be brave.	
5. She received support from her followers…	
6. …during (the) difficult moments.	
7. Her success is linked to her work ethic.	
8. She has been able to help vulnerable people.	
9. She has been able to win multiple prizes.	
10. One day, I hope to be like her.	

TERM 3 – BRINGING IT ALL TOGETHER

One pen One dice

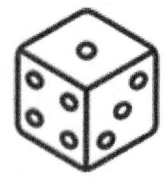

Play in pairs. You only have 1 pen and 1 dice.
One person has the pen and starts translating the sentence into **English.** The other person rolls the dice until they roll a 6, they swap the pen and translate. The winner is the person who finishes translating all the sentences first.

1. Une personne célèbre qui m'inspire est Shakira.	
2. Elle a commencé sa carrière très jeune.	
3. Au début de sa carrière…	
4. Elle a dû croire en elle-même et être courageuse.	
5. Elle a reçu le soutien de ses abonnés…	
6. …pendant les moments difficiles.	
7. Son succès est lié à son éthique du travail.	
8. Elle a pu aider des personnes vulnérables.	
9. Elle a pu gagner de nombreux prix.	
10. Un jour, j'espère être comme elle.	

The End

We hope you have enjoyed using this workbook and found it useful!

As many of you will appreciate, the penguin is a fantastic animal. At Language Gym, we hold it as a symbol of resilience, bravery and good humour; able to thrive in the harshest possible environments, and with, arguably the best gait in the animal kingdom (black panther or penguin, you choose).

Congratulations on completing French Sentence Builders – TRILOGY – Part III – you are now ready for GCSE!

Printed in Great Britain
by Amazon